Wirtschaftsförderung in Lehre und Praxis

Weitere Bände in dieser Reihe
http://www.springer.com/series/15091

Herausgeber:

André Göbel
FB Verwaltungswissenschaften
Hochschule Harz
Halberstadt, Deutschland

Die Buchreihe ergänzt das Studium der Wirtschaftsförderung an der Hochschule Harz und wurde unter der Leitung von Professor Dr. André Göbel in enger Kooperation mit Partnern aus der Wissenschaft und Praxis entwickelt. In einem modularen Aufbau werden Grundlagen-, Methoden- und Schlüsselkompetenzen vermittelt. Neue Bedingungen im kommunalen, regionalen und internationalen Standortwettbewerb erfordern eine moderne Verwaltungsinfrastruktur mit ausgezeichnet qualifiziertem Nachwuchs an Fach- und Führungspersonal. Eine hohe Serviceorientierung, effektive Methoden und Technologien und eine immer stärkere Verzahnung mit der kommunalen Entwicklung prägen das Bild der heutigen Wirtschaftsförderung. Als Bindeglied zwischen Verwaltungen und Unternehmen bieten Wirtschaftsförderungen ein vielseitiges Tätigkeitsfeld. Buchreihe und Zertifikatskurs richten sich an MitarbeiterInnen aus der Wirtschaftsförderung, der kommunalen Verwaltung sowie an politische Mandatsträger und an Interessierte aus ähnlichen Berufsfeldern.

Jörg Lahner • Frank Neubert

Einführung in die Wirtschaftsförderung

Grundlagen für die Praxis

Jörg Lahner
Fakultät R
HAWK
Göttingen, Deutschland

Frank Neubert
Wirtschaftsförderung
Stadt Senftenberg
Brandenburg, Deutschland

Wirtschaftsförderung in Lehre und Praxis
ISBN 978-3-658-12119-8   ISBN 978-3-658-12120-4 (eBook)
DOI 10.1007/978-3-658-12120-4

Die Deutsche Nationalbibliothek verzeichnet diese Publikation in der Deutschen Nationalbibliografie; detaillierte bibliografische Daten sind im Internet über http://dnb.d-nb.de abrufbar

Springer Gabler
© Springer Fachmedien Wiesbaden 2016
Das Werk einschließlich aller seiner Teile ist urheberrechtlich geschützt. Jede Verwertung, die nicht ausdrücklich vom Urheberrechtsgesetz zugelassen ist, bedarf der vorherigen Zustimmung des Verlags. Das gilt insbesondere für Vervielfältigungen, Bearbeitungen, Übersetzungen, Mikroverfilmungen und die Einspeicherung und Verarbeitung in elektronischen Systemen.
Die Wiedergabe von Gebrauchsnamen, Handelsnamen, Warenbezeichnungen usw. in diesem Werk berechtigt auch ohne besondere Kennzeichnung nicht zu der Annahme, dass solche Namen im Sinne der Warenzeichen- und Markenschutz-Gesetzgebung als frei zu betrachten wären und daher von jedermann benutzt werden dürften.
Der Verlag, die Autoren und die Herausgeber gehen davon aus, dass die Angaben und Informationen in diesem Werk zum Zeitpunkt der Veröffentlichung vollständig und korrekt sind. Weder der Verlag, noch die Autoren oder die Herausgeber übernehmen, ausdrücklich oder implizit, Gewähr für den Inhalt des Werkes, etwaige Fehler oder Äußerungen.

Gedruckt auf säurefreiem und chlorfrei gebleichtem Papier

Lektorat: Stefanie Brich

Coverdesign: deblik Berlin unter Verwendung der Grafik der © Hochschule Harz

Springer Gabler ist Teil von Springer Nature
Die eingetragene Gesellschaft ist Springer Fachmedien Wiesbaden GmbH

Reihenvorwort des Herausgebers

Prof. Dr. André Göbel
(Foto: Hochschule Harz)

Der vorliegende erste Band in der neuen Schriftenreihe zur „Wirtschaftsförderung in Lehre und Praxis" soll einen Beitrag zur weiteren Professionalisierung der kommunalen Wirtschaftsförderung im deutschsprachigen Raum leisten. Die Schriftenreihe ist dabei prominent eingebettet in die Entwicklungen und angewandt-wissenschaftlichen Auseinandersetzungen beteiligter Forscherinnen und Forscher am Fachbereich Verwaltungswissenschaften der Hochschule Harz auf dem Campus Halberstadt in Sachsen-Anhalt.

Die Profilierung des Forschungs- und Ausbildungsbereichs im interdisziplinären Themencluster der Wirtschaftsförderung wurde durch die Externalisierung der nicht-technischen Ausbildung zum gehobenen Verwaltungsdienst im Jahre 1997 in Sachsen-Anhalt möglich – ein damaliges Innovationsmodell zur Öffnung der Verwaltungsausbildung und Überführung in eine öffentliche Hochschule. Bis heute wird diese Vorgehensweise als „Halberstädter Modell" bezeichnet und wurde in späteren Jahren auch von anderen deutschen Bundesländern umgesetzt (Bundesvereinigung Hochschullehrerbund 1998, S. 21). Diese Öffnung der Ausbildung ließ erstmals eine breitere Denomination der Professuren und damit auch eine Ausweitung der Ausbildung zu. Mit der Berufung des heutigen Dekans Prof. Dr. Stember auf die Professur für Verwaltungswissenschaften im Jahre 1999 folgte ein erfahrener Wirtschaftsförderer dem Ruf an die Ausbildungsstätte im Harz. Auch durch andere Kolleginnen und Kollegen wurden immer wieder Themen der kommunalen Wirtschaftsförderung in die Ausbildung integriert.

Aus diesem Nukleus heraus entstanden erste Forschungsprojekte bis hin zum Aufbau des heute bundesweit viel beachteten Labors für angewandte IT in der Wirtschaftsförderung. Dieses „Wirtschaftsförderungslabor" führt inzwischen vertraglich mehr als 50 kommunale Wirtschaftsförderungen und die deutschen Markführer von System- und Beratungslösungen für Wirtschaftsförderungen als Partner zusammen. Hier werden seit dem Jahr 2011 in einer einzigartigen Gemeinschaft neue Methoden und Technologien im

Anwendungsfeld der Wirtschaftsförderung analysiert, diskutiert und im Praxiseinsatz erprobt. Hinzu kam im Jahr 2013 der Aufbau eines zugehörigen Lehrlabors zur besseren Verzahnung von Forschung und Ausbildung (vgl. Göbel 2014).

Diese Leistungen wurden durch eine erfolgreiche Teilnahme am Wettbewerb „Aufstieg durch Bildung: offene Hochschulen" honoriert. Hierdurch werden seit 2014 mit Förderung des Bundesministeriums für Bildung und Forschung, kofinanziert durch die Europäische Union mit Mitteln des Europäischen Sozialfonds, erste Zertifikatskurse zur berufsbegleitenden Weiterbildung in der Wirtschaftsförderung realisiert. Ab dem Wintersemester 2016/2017 werden diese geförderten Weiterbildungsangebote nachhaltig zu einem berufsbegleitenden und modular angebotenen Masterstudium an der Hochschule Harz zusammengeführt. Hierdurch wird die Hochschule Harz der bestehenden Nachfrage gerecht, welche die vorliegenden Anfragen und die bisherigen Teilnehmer von der Geschäftsführungsebene bis zur Sachbearbeitung bestätigen.

Um diesen Ausbildungsbeitrag zur Professionalisierung des Berufsbilds der Wirtschaftsförderinnen und Wirtschaftsförderer weiter zu stärken, werden mit der vorliegenden Schriftenreihe die gewonnenen Erkenntnisse aus Lehre und Praxis sowohl als Printmedium sowie auch in Form von digitalen Auszügen über moderne Kommunikationskanäle verfügbar gemacht. Die aktuell in sehr kurzen Zyklen produzierten Bände dieser Schriftenreihe folgen dem modularen Ausbildungsziel des oben genannten Zertifikatsstudiums an der Hochschule Harz. In diesem Rahmen werden je vier Bände mit dem Schwerpunkten Verwaltungswissenschaft, Geografie/Raumplanung sowie Wirtschaftswissenschaft entwickelt und in kurzen Abständen veröffentlicht. Somit soll eine modulare Weiterbildung für aktuell häufig vertretene Berufsgruppen in der kommunalen Wirtschaftsförderung ermöglicht werden. Hierzu gehören vor allem Geografinnen und Geografen mit möglichen Weiterbildungsbedarfen in Verwaltung und Wirtschaft, Soziologinnen und Soziologen sowie Studierende mit einem Abschluss in den Verwaltungswissenschaften mit jeweiligen Weiterbildungsbedarfen in Geografie und Wirtschaft sowie Studierende der Volks- oder Betriebswirtschaft mit denkbaren Weiterbildungsbedarfen in Verwaltung und Geografie. Diese Bedarfe sollen mit der vorliegenden Schriftenreihe zur Wirtschaftsförderung in Lehre und Praxis aufgenommen und bearbeitet werden. Gleichermaßen gelten alle nachfolgenden Kernveröffentlichungen gleichzeitig als Basislektüre für das künftige Masterstudium zur Wirtschaftsförderung sowie den Zertifikatskursen zur Wirtschaftsförderung an der Hochschule Harz. Die vorliegende Schriftenreihe umfasst dabei perspektivisch folgende Bände:

Im Spektrum „Verwaltungswissen für Wirtschaftsförderer" erscheinen:

- Grundlagen der Wirtschaftsförderung
- Steuerung, Methoden und Netzwerke in der Wirtschaftsförderung
- Serviceorientierte Verwaltung und Wirtschaftsförderung
- Neue Technologien in der Wirtschaftsförderung

Zum Themencluster „Geografie und Raumplanung für Wirtschaftsförderer" erscheinen:

- Entwicklung und Regionalökonomie in der Wirtschaftsförderung
- Wissen- und Innovationsgeografie in der Wirtschaftsförderung
- Standortmanagement in der Wirtschaftsförderung
- Standortmarketing in der Wirtschaftsförderung

Im Bereich „Wirtschaftswissen für Wirtschaftsförderer" werden aktuell vorbereitet (Arbeitstitel):

- Existenzgründung und Existenzförderung in der Wirtschaftsförderung
- Unternehmensfinanzierung und -förderung aus Sicht der Wirtschaftsförderung
- Unternehmensführung und Innovation aus Sicht der Wirtschaftsförderung
- Unternehmensführung und Wandel aus Sicht der Wirtschaftsförderung

Neben diesen Aspekten werden auch Querschnittsthemen in die Reihe einfließen, wie zum Beispiel aktuelle Themen der Strategieentwicklung zur Organisation der Wirtschaftsförderung und weitere Aspekte.

Mit all diesen thematischen Facetten soll ein Beitrag zur breiten öffentlichen Diskussion über die Chancen der Professionalisierung sowie über die notwendigen Kompetenzen, Ausstattungen und künftigen Aufgaben der kommunalen Wirtschaftsförderung geleistet werden. Ich freue mich daher Ihnen als Leserin und Leser nun gemeinsam mit Prof. Dr. Jörg Lahner und Frank Neubert diesen Einstiegs- und Übersichtsband in der neuen Schriftenreihe zur Wirtschaftsförderung in Lehre und Praxis anbieten zu können. Wir freuen uns auf Ihre Rückmeldungen und wünschen Ihnen eine angenehme Lektüre.

Ihr
Prof. Dr. André Göbel
Vertreter der Professur für Verwaltungsmanagement und Wirtschaftsförderung, Hochschule Harz, Leiter der Labore für angewandte IT in der Wirtschaftsförderung

Literatur

Bundesvereinigung Hochschullehrerbund. (1998). Halberstädter Modell der FH Harz ist bundesweit einzigartig. *Die neue Hochschule* 39(1).

Göbel, André. (2014). Möglichkeiten einer gezielten Förderung der Zusammenarbeit von Hochschulen, Wirtschaft und Verwaltung. Darstellung am Beispiel des Aufbaus eines Innovationslabors für Wirtschaftsförderung an der Hochschule Harz. In: Lück-Schneider, Dagmar, & Kraatz, Erik (Hrsg.), *Kompetenzen für zeitgemäßes Public Management*. HWR Forschung Bd. 56/57. Berlin: Edition Sigma Verlag.

Inhaltsverzeichnis

1	**Einführung**	1
1.1	Problemhintergrund und Aktualität	1
1.2	Ziele des Moduls und Ausrichtung(en)	2
1.3	Literatur- und Materialienüberblick	2
	Literatur	3
2	**Grundlagen und Strukturen der Wirtschaftsförderung**	5
2.1	Baustein 1: Geschichte und Gegenwart der Wirtschaftsförderung	6
	2.1.1 Ursprünge der Wirtschaftsförderung in Deutschland	6
	2.1.2 Wirtschaftsförderung nach dem Zweiten Weltkrieg	8
	2.1.3 Wirtschaftsförderung als Instrument zum Abbau der Disparitäten	9
	2.1.4 Wirtschaftsförderung als Reaktion auf raumwirksame Megatrends	14
	2.1.5 Wirtschaftsförderung und Lage der öffentlichen Haushalte	15
2.2	Baustein 2: Handlungsfeld Globalisierung	18
	2.2.1 Globalisierung – eine erste Annäherung	18
	2.2.2 Globalisierung und ihre vielfältigen Folgen	19
	2.2.3 Treiber der Globalisierung	23
	2.2.4 Globalisierung als Handlungsfeld für die Wirtschaftsförderung	24
2.3	Baustein 3: Handlungsfeld Demografischer Wandel	26
	2.3.1 Herausforderung demografischer Wandel – Grundlagen	26
	2.3.2 Herausforderung Fachkräftemangel	29
	2.3.3 Fachkräftesicherung als Herausforderung der Wirtschaftsförderung	31
2.4	Baustein 4: Rechtliche Rahmenbedingungen und Grenzen der Wirtschaftsförderung	34
	2.4.1 Eigenständige Wirtschaftsförderung der Kommunen	35
	2.4.2 Rechtliche Grenzen von Wirtschaftsförderaktivitäten	35

2.5	Baustein 5: Grundlagen der aktiven kommunalen Wirtschaftsförderung: Begriffe, Träger, Aufgaben		39
	2.5.1	Kommunale Wirtschaftsförderung – eine begriffliche Einordnung	39
	2.5.2	Partner der Wirtschaftsförderung	41
	2.5.3	Aufgaben der kommunalen Wirtschaftsförderung	44
	2.5.4	Integrierte Wirtschaftsförderung als Lösungsansatz	45
2.6	Baustein 6: Organisationstruktur der Wirtschaftsförderung		47
	2.6.1	Rolle und Organisation der Wirtschaftsförderung	47
	2.6.2	Organisation innerhalb der Verwaltung	49
	2.6.3	Stellenbeschreibungen gemäß der i.R. stehenden Verwaltungsstruktur	50
	2.6.4	Alternative Organisationsstruktur/Wirtschaftsfördergesellschaften/ GmbH	53
	2.6.5	Integrierte Wirtschaftsförderung im Kommunalverbund – das Beispiel „Westlausitz"	55
	2.6.6	Der Idealfall im Innenverhältnis	57
2.7	Baustein 7: Leitbild, Standortanalyse, Wettbewerbssituation		58
	2.7.1	Leitbildentwicklung	58
	2.7.2	Wirtschaftsförderliche Belange einbringen	59
	2.7.3	Leitbild der Wirtschaftsförderung	59
	2.7.4	Bewertung des Standortes/Standortanalyse	62
	2.7.5	Ermittlung der Standortfaktoren	63
	2.7.6	Stärken-Schwächen-Erkennung	63
	2.7.7	SWOT-Analyse am Beispiel Senftenberg 2013	64
	2.7.8	Vermarktung des Wirtschaftsstandortes nach der SWOT-Analyse	65
	2.7.9	Wettbewerbssituation	67
2.8	Baustein 8: Unternehmerische Standortentscheidungen		69
	2.8.1	Arten der Standortentscheidung	69
	2.8.2	Standortfaktoren als Kriterien der Standortwahl	70
	2.8.3	Standortwahl als Prozess	73
2.9	Baustein 9: Politische Handlungsfelder		76
	2.9.1	Wirtschaftsförderung in allen Wahlprogrammen	76
	2.9.2	Rechte und Pflichten der Kreistagsabgeordneten/ Stadtverordneten/Gemeinderäte	76
	2.9.3	Kommunalpolitische Entscheidungen im Bereich gewerblicher Grundstücke	77
	2.9.4	Umsetzung eines Kaufantrages zum Erwerb eines gewerblichen Grundstückes am Beispiel der Stadt Senftenberg	79
	2.9.5	Die politische Bedeutung von Investitionszusagen	82

2.9.6	Politische Handlungsfelder der Wirtschaftsförderung zu Angelegenheiten der Landes – und Bundespolitik	83
2.9.7	Bedeutung des Bundes – z. B. für Infrastrukturmaßnahmen	84
2.10	Baustein 10: Strategische Planung und zentrale Aufgabenfelder	87
2.10.1	Steuerungsplan für die Zukunft eines Standortes	87
2.10.2	Rahmenbedingungen und Grundlagen der Strategie	89
2.10.3	Strategische Grundlinien	90
2.10.4	Strategische Handlungsfelder	91
2.10.5	Servicestelle Wirtschaftsförderung	91
2.10.6	Unternehmensbesuche als Kernaufgabe	92
2.10.7	Management der Unternehmensdatenbank	93
2.10.8	Beratungsaufgaben für Existenzgründer und bestehende Unternehmen bei Neugründungen und Fördermitteln	93
2.10.9	Standortplanung und – Standortentwicklung	94
2.10.10	Gewerbeflächenmanagement	94
2.10.11	Stadt – und Standortmarketing	95
2.10.12	Verwaltungstechnische und finanzielle Grundausstattung einer Wirtschaftsförderung	96
2.11	Baustein 11: Strategische Ansiedlungspolitik	101
2.11.1	Wer sind „meine" Investoren?	101
2.11.2	Wie erreiche ich die passenden Investoren?	102
2.11.3	Wie erkennen mich die Investoren?	103
2.11.4	Welche Ansprache interessiert mögliche Investoren?	103
2.11.5	Erstkontakt und Standortdarstellung	106
2.11.6	Grundstücksunterlagen und Investorenmappe	108
2.11.7	Folgeberatung und Ämterkonferenz	108
2.11.8	Kaufvertrag und Aktivitäten bei Baubeginn	109
2.11.9	Wohnen und Wohlfühlen am Standort	109
2.12	Baustein 12: Bestandspflege	111
2.12.1	Hauptinhalte der Bestandspflege	112
2.12.2	Aktivitäten der Bestandspflege: Beispiele aus der Praxis	112
2.12.3	Bestandspflege – Wirtschaftskreisläufe aktivieren	115
2.12.4	Umsetzung und Verhaltenshandeln	117
2.13	Baustein 13: Konflikte, Netzwerke und Kooperationen	118
2.13.1	Zuständigkeiten in der Organisationsstruktur	118
2.13.2	Konflikte im Bereich Liegenschaften	118
2.13.3	Konflikte im Bereich Stadtplanung	119
2.13.4	Konflikte im Bereich Kämmerei	120
2.13.5	Konflikte in den Bereichen Ordnungsbehörde und Bauamt	121
2.13.6	Konflikte der Wirtschaftsfördergesellschaften	122
2.13.7	Konfliktmanagement	123
2.13.8	Schnelle Einnahmen oder langfristige Strategien?	123

	2.13.9	Interkommunale Zusammenarbeit	124
	2.13.10	Netzwerke der Wirtschaftsförderung	126
2.14	Baustein 14: Öffentlichkeits- und Pressearbeit		127
	2.14.1	Aufgabenverteilung in der Organisationsstruktur	127
	2.14.2	Pressearbeit in Wirtschaftsfördergesellschaften	128
	2.14.3	Der Idealfall in der Öffentlichkeits- und Pressearbeit	128
	2.14.4	Kontaktdatenbank	129
	2.14.5	Medienkontaktaufnahme und – pflege	129
	2.14.6	Aufbau einer Presseinformation	130
	2.14.7	Presseinformationen, Werbeaktionen und Kampagnen	134
	2.14.8	Korrekturen und Richtigstellungen	136
	2.14.9	Überregionale Publicity	137
2.15	Baustein 15: Nachhaltige Ideenumsetzung und Marketingstrategien		138
	2.15.1	Kreativität und Eigeninitiative gefragt – Richtlinien und Aufgabenfestschreibungen fehlen	138
	2.15.2	Ideen und Aktionen am Beispiel Senftenberg (ca. 25.000 Einwohner)	139
	2.15.3	Effekte für den Arbeitsmarkt in der Stadt Senftenberg	144
	2.15.4	Hardfacts der Stadt Senftenberg	145
	2.15.5	Softfacts der Stadt Senftenberg	145
	2.15.6	Weitere Effekte und Erfolge	146
	2.15.7	Netzwerke und Partner	146
	2.15.8	Erreichbare Zielstellungen	147
	2.15.9	Herausforderungen und Probleme der regionalen Wirtschaft	147
	Literatur		150

3 Abschlusskontrolle ... 151
   3.1 Abschließende Kontrollfragen ... 151
      3.1.1 Aufgabe 1: Strategie und Planung in der Wirtschaftsförderung ... 151
      3.1.2 Aufgabe 2: Marketingkonzept für Revitalisierungsaktivitäten ... 152
      3.1.3 Standortsicherung für Innenstadthändler ... 153

Abbildungsverzeichnis

Abb. 2.1	Ferdinand von Steinbeis (Quelle: http://www.steinbeis.de/wir-ueber-uns/historie/ferdinand-von-steinbeis.html (Stand: 25.1.2014))	7
Abb. 2.2	BIP pro Einwohner als Indikator für Disparitäten in Europa (Quelle: http://ec.europa.eu/eurostat/statistical-atlas/gis/viewer/ (Stand: 25.01.2016))	12
Abb. 2.3	Regionale Disparitäten am Beispiel Arbeitslosigkeit. Quelle: Statistik der Bundesagentur für Arbeit	13
Abb. 2.4	Megatrends für die Wirtschaftsförderung (Eigene Darstellung)	14
Abb. 2.5	Grundsätzliche finanzwirtschaftliche Zusammenhänge (Eigene Darstellung)	16
Abb. 2.6	Verschuldung von Bund, Ländern, Gemeinden und Sozialversicherungen. Quelle: https://www.destatis.de/DE/ZahlenFakten/GesellschaftStaat/OeffentlicheFinanzenSteuern/OeffentlicheFinanzen/Schulden/Tabellen/SchuldenNichtOeffentlich_Insgesamt.html (Stand: 20.01.2016)	17
Abb. 2.7	Folgen der Globalisierung für die deutsche Wirtschaft. Quelle: https://www.vci.de/Downloads/Media-Weitere-Downloads/2013_01_16_VCI-Factbook_06_07_Umfrage_Globalisierung_Wirtschaft.jpg (Stand: 28.01.2014)	20
Abb. 2.8	Globalisierung aus persönlicher Sicht. Quelle: https://www.vci.de/Downloads/Media-Weitere-Downloads/2013_01_16_VCI-Factbook_06_06_Umfrage_Globalisierung_persoenlich.jpg (Stand: 28.01.2014)	21
Abb. 2.9	Wesentliche Treiber der Globalisierung (Eigene Darstellung)	24
Abb. 2.10	Geburtenüberschüsse und -defizite. Quelle: Statistische Bundesamt, https://www-genesis.destatis.de/gis/genView?GenMLURL=https://www-genesis.destatis.de/regatlas/AI002-1.xml&CONTEXT=REGATLAS01	28
Abb. 2.11	Bevölkerungswachstum nach Kreisen 2012–2035 (http://www.demografie-portal.de/SharedDocs/Informieren/DE/ZahlenFakten/Bevoelkerungswachstum_Kreise_Prognose.html)	30

Abb. 2.12	Fachkräftesicherung (Eigene Darstellung)	32
Abb. 2.13	Auszug aus der Stellungnahme der IMK vom 27.4.1981. Quelle: http://www.schleswig-holstein.de/IM/DE/KommunalesSport/ KommunaleFinanzen/	36
Abb. 2.14	Kommunale Wirtschaftsförderung als Teil der Verwaltung (Eigene Darstellung)	40
Abb. 2.15	Externe Partner der kommunalen Wirtschaftsförderung (Eigene Darstellung)	41
Abb. 2.16	Übersicht über weitere Akteure der Wirtschaftsförderung (Eigene Darstellung)	42
Abb. 2.17	Ressourcengrenze von Wirtschaftsförderaktivitäten (Eigene Darstellung)	45
Abb. 2.18	Organisation der kommunalen Wirtschaftsförderung (Quelle: Difu)	48
Abb. 2.19	Typische Stabstellenstruktur (Eigene Darstellung)	50
Abb. 2.20	Leitbildbeteiligungen	60
Abb. 2.21	Investorenverhalten in Deutschland 1. Quelle: expert consult	68
Abb. 2.22	Investorenverhalten in Deutschland 2. Quelle: expert consult	68
Abb. 2.23	Kontinuum weicher und harter Standortfaktoren (nach Grabow et al. 1995)	72
Abb. 2.24	Standortentscheidung als Prozess (Eigene Darstellung)	74
Abb. 2.25	Standortwahl als Stufenmodell (Eigene Darstellung)	75
Abb. 2.26	Beispiel für Inhalte von Beschlussvorlagen (Eigene Darstellung)	79
Abb. 2.27	Servicestelle Wirtschaftsförderung (Eigene Darstellung)	92
Abb. 2.28	Inhalte Grundausstattung der kommunalen Wirtschaftsförderung (Eigene Darstellung)	96
Abb. 2.29	Werbepylone an den Stadteingängen (Stadt Senftenberg, Frank Neubert)	107
Abb. 2.30	Vision Lagune Sedlitz (Zweckverband Lausitzer Seenland BB, Stadt Senftenberg)	107
Abb. 2.31	Künftige kommunale Einnahmestrukturen (Eigene Darstellung)	115
Abb. 2.32	Steuereinnahmen im Vergleich zum „Ländle"	116
Abb. 2.33	Wirtschaftsförderung muss vielfältige Interessen beachten und vertreten (Eigene Darstellung)	122
Abb. 2.34	Kontaktdatenbank (Eigene Darstellung)	130
Abb. 2.35	Fünf Bestandteile einer Pressemitteilung (Eigene Darstellung)	131
Abb. 2.36	Beispiel einer Vorlage-Pressemitteilung (eigenes Dokument)	133
Abb. 2.37	Pressefoto Lagune Sedlitz (Zweckverband Lausitzer Seenland BB, Stadt Senftenberg)	134
Abb. 2.38	Beispiel einer überregionalen Berichterstattung Immobilien Zeitung vom 16.02.2012	135
Abb. 2.39	Kommune des Jahres 2014 (eigenes Dokument)	149

Tabellenverzeichnis

Tab. 2.1	Indikatoren für regionale Disparitäten (Eigene Darstellung)	11
Tab. 2.2	Ungenutzte Fachkräftepotenziale (Eigene Darstellung)	33
Tab. 2.3	Organisationsoptionen der Wifö im Vergleich (Eigene Darstellung, in Anlehnung an Dallmann und Richter 2012, S. 63)	54
Tab. 2.4	SWOT-Analyse am Beispiel Senftenberg (Eigene Darstellung)	65
Tab. 2.5	Kriterien der unternehmerischen Standortentscheidung (Eigene Darstellung)	71

Einführung 1

Zusammenfassung

Kommunale und regionale Wirtschaftsförderung gewinnen zunehmend an wirtschaftspolitischer Bedeutung. Das Ziel, die eigene Region oder Kommune zu stärken, um im internationalen Standortwettbewerb zu bestehen, lässt den Ausbau wirtschaftsförderlicher Strukturen und Aktivitäten zweckmäßig erscheinen. In der Folge haben sich auch die entsprechenden Berufsfelder dynamisch entwickelt.

Wirtschaftsförderung stellt als Berufsfeld komplexe Herausforderungen an das Fachpersonal, welches erfolgreich vor Ort wirken soll. Volks- und betriebswirtschaftliche, wirtschaftsgeografische sowie rechtliche Kenntnisse sind mit Kompetenzen aus Bereichen wie Kommunikation, Mediation oder Eventmanagement zu kombinieren. Nicht selten stehen Berufsanfänger und Quereinsteiger vor der Problematik, zunächst nur Teilaspekte dieses extrem breiten Anforderungsprofils abdecken zu können.

Dieses Buch bietet gerade für diese Zielgruppe, aber auch den interessierten Laien die Möglichkeit eines ersten Einstiegs in die Welt der Wirtschaftsförderung. „Grundlagen der Wirtschaftsförderung" vermittelt anschaulich und praxisorientiert Basiskenntnisse zu den zentralen Bereichen der Wirtschaftsförderung, regt aber zugleich zur Vertiefung einzelner Themen an.

Schlüsselwörter

Wirtschaftsförderung • Kommunalpolitik • Standortpolitik • Rahmenbedingungen • Standortfaktoren

1.1 Problemhintergrund und Aktualität

Die kommunalen und regionalen Wirtschaftsfördereinrichtungen in Deutschland haben sich in den letzten Jahren einen hohen Stellenwert bei den Gebietskörperschaften erarbeitet. Sie sehen sich aber zugleich ständig steigenden Erwartungen ausgesetzt. Das Aufgabengebiet wächst Jahr für Jahr, immer diversere Kenntnisse und Fähigkeiten sind erforderlich. Es ist daher dringend geboten, Aktivitäten und Beratungsleistungen der Wirtschaftsförderung auf die aktuell notwendigen Anforderungen zu orientieren. In Hinblick auf das Personal ist dabei ein entsprechend umfassendes methodisches Rüstzeug unverzichtbar.

Die kommunale Wirtschafts- und Strukturpolitik ist ein zentrales Element für das Wachstum von Städten, Gemeinden und Regionen. Diesem Themenfeld kommt im Zuge der Haushalts- und Schuldenkrise eine noch stärkere Bedeutung zu, um kommunale Strukturrisiken und Wachstumschancen rechtzeitig zu erkennen. Damit verbunden ist es zentrale Aufgabe der kommunalen Wirtschaftsförderung, diese Prozesse effektiv und nachhaltig zu unterstützen. Es gilt, Chancen und Potenziale des Standortes für die Zukunft zu nutzen, um die wirtschaftsbezogenen Strategien einer Kommune wirksam auf ihre Ziele hin auszurichten.

In den öffentlichen Verwaltungen sind Wirtschaftsförderer in der Regel Quereinsteiger aus Bereichen der Wirtschaft oder anderen Strukturen des öffentlichen Dienstes. Der Wissensstand dieser Mitarbeiter in den Wirtschaftsförderungen ist sehr unterschiedlich ausgeprägt und bedarf einer nachhaltigen und zielführenden Weiterentwicklung. Insofern soll dieses Modul zu allen Themenbereichen der täglichen aber auch zukunftsorientierten Wirtschaftsförderungstätigkeit Grundlagen vermitteln.

1.2 Ziele des Moduls und Ausrichtung(en)

Die Studierenden sollen innerhalb des Moduls die Grundlagen einer praxisorientierten und effektiven Form der Wirtschaftsunterstützung aus kommunaler und öffentlicher Hand kennenlernen. Dabei werden die unterschiedlichsten Aspekte der Organisation, der verschiedenen Funktionen, der Verantwortungsbereiche, der Kompetenzen und Strukturen vermittelt.

Hierzu lernen die Leser grundlegende theoretische Ansätze kennen. Es geht darum, die Methoden und Strukturen für die Aufgabenfelder einer effektiven Wirtschaftsbegleitung im öffentlichen Sektor zu verstehen. Somit soll der Leser befähigt werden, mit den Grundlagen und Grundsätzen einer dienstleistungsorientierten Wirtschaftsförderung, insbesondere im Verwaltungshandeln, je nach Aufgabenstellung bestmöglichste Effektivität und Effizienz zu erzielen.

Ziel ist weiterhin die Fähigkeit, selbstständig oder mit der Unterstützung geeigneter Netzwerkpartner aktuell auftretende Probleme in der Bestandspflege zu erkennen und zu lösen, strategische Planungen durchzusetzen, politische Mandatsträger in die Aktivitäten einzubeziehen und geeignete Aktionen für ein effektives Standortmarketing zu starten.

1.3 Literatur- und Materialienüberblick

Die Wirtschaftsförderung ist weder ein klassisches Forschungsfeld noch ein weithin etabliertes Lehrgebiet. Somit fällt die Literatur insgesamt vergleichsweise spärlich aus. Wissenschaftliche Beiträge, die Teilaspekte der praktischen Wirtschaftsförderung in den Blick nehmen, kommen aus der Wirtschaftspolitik, der Geografie und der Stadt- und

Regionalentwicklung. Strukturwandel- und Standorttheorien aus den betriebs- und volkswirtschaftlichen Disziplinen liefern punktuell wichtige Grundlagen, welche dem Wirtschaftsförderer hilfreich sein können, die insbesondere jedoch von den großen Fördergebern auf europäischer und Bundesebene gerne als theoretischer Unterbau für ihre Politik genutzt werden.

Umfassende Werke, die nicht nur versuchen die kommunale Wirtschaftsförderung in den Kontext verschiedener ökonomischer und gesellschaftlicher Entwicklungen und Theorien zu stellen, sondern vor allem auch einen Überblick über die konkreten Herausforderungen und Chancen der eigentlichen Akteure geben, sind rar und stammen fast durchweg von Praktikern. Herauszuheben sind „Kommunale Wirtschaftsförderung. Standortdialog und Standortentwicklung in Kommunen und Regionen" von Reschl und Rogg 2003 und das jüngst erschienene und damit deutlich aktuellere „Handbuch der Wirtschaftsförderung" von Dallmann und Richter 2012. Sämtliche Autoren tragen Verantwortung im Bereich Wirtschaftsförderung und beide Werke eignen sich als Nachschlagewerk für den Praktiker.

Außerdem zu nennen sind Boyken 2002 und Haug 2004, die in ihren Werken ebenfalls den Anspruch erheben, einen umfassenden Überblick über die Wirtschaftsförderung zu bieten, in Teilen jedoch nicht mehr die erwünschte Aktualität aufweisen.

Literatur

Boyken, F. (2002). *Handbuch zur kommunalen Wirtschaftsförderung*. vergriffen. Peter Lang GmbH: Frankfurt am Main.
Dallmann, B., & Richter, M. (2012). *Handbuch der Wirtschaftsförderung*. Haufe-Lexware: Freiburg.
Haug, P. (2004). *Kommunale Wirtschaftsförderung*. Hamburg.
Reschl, R., & Rogg, W. (2003). *Kommunale Wirtschaftsförderung. Standortdialog und Standortentwicklung in Kommunen und Regionen*. Verlag Wissenschaft & Praxis: Sternenfels 2003, https://de.wikipedia.org/wiki/Spezial:ISBN-Suche/9783896731753 ISBN 978-3-89673-175-3.

Grundlagen und Strukturen der Wirtschaftsförderung

2

Zusammenfassung

Ein Lehrbuch, welches sich mit den Grundlagen der Wirtschaftsförderung beschäftigt, muss zunächst eine Einordnung des Themenfeldes vornehmen. Dies geschieht zu Beginn mithilfe eines historischen Rückblicks, der wesentliche Entwicklungen bis heute skizziert. Dazu gehört auch, die entscheidenden Rahmenbedingungen auf Makroebene darzustellen, denen sich keine Wirtschaftsförderungseinrichtung entziehen kann. Aufgrund ihrer überragenden Bedeutung widmen sich Baustein 2 und 3 den Handlungsfeldern Globalisierung respektive demografischer Wandel. Mit letzterem ist das Fachkräftethema verbunden, welches die nächsten Jahre eine der Herausforderungen in der kommunalen und regionalen Wirtschaftsförderung bleiben dürfte.

Nachdem dann ein Überblick über verschiedene Grundlagen und Strukturen der Wirtschaftsförderung gegeben wird (Bausteine 4–6), geht es ab Baustein 7 darum, einzelne Aufgabenfelder und spezielle Aspekte der kommunalen Wirtschaftsförderung näher zu beleuchten.

Insgesamt ist der inhaltliche Teil in 15 so genannte Bausteine untergliedert. Die Struktur eines jeden Bausteins ist identisch: der Definition der Lernziele des jeweiligen Bausteins folgen die inhaltlichen Ausführungen zum Thema, unterteilt in verschiedene Themenabschnitte. Am Ende erfolgt ein Resümee, in dem die wesentlichen Erkenntnisse zusammengeführt und gegebenenfalls aus Wirtschaftsfördersicht reflektiert werden. Den Abschluss eines jeden Bausteins bilden Kontrollfragen, die den Leser beim Erarbeiten des Lernstoffs unterstützen und den Lernerfolg zu überprüfen helfen.

Der Leser kann sich durchaus auch nach Interesse nur einzelne Bausteine vornehmen und die Inhalte erarbeiten. Eine strenge Orientierung an der gegebenen Abfolge ist nicht zwingend, dennoch erscheint es den Autoren ratsam, sich gerade als Neuling in der Materie schrittweise vom Allgemeinen zum Speziellen vorzuarbeiten.

2.1 Baustein 1: Geschichte und Gegenwart der Wirtschaftsförderung

Lernziele
In diesem einführenden Baustein geht um eine historische Einordnung des Themas. Zudem sollen in einer ersten Einführung die wichtigsten Zusammenhänge und Herausforderungen in der kommunalen und regionalen Wirtschaftsförderung aufgezeigt werden.

2.1.1 Ursprünge der Wirtschaftsförderung in Deutschland

Wirtschaftsförderung mag in Westdeutschland seit den 80er-Jahren einen enormen Zuwachs an Bedeutung erfahren haben, in Ostdeutschland wurden zudem nach der Wende Wirtschaftsförderungen eingerichtet und ausgebaut, um den massiven Strukturwandel begleiten und gestalten zu können. Doch reicht das Thema Wirtschaftsförderung historisch betrachtet viel weiter in die Vergangenheit zurück. Schon seit der Entstehung ausdifferenzierter Gesellschaften versuchten politisch Verantwortliche ökonomische Parameter zu beeinflussen, um die regionale bzw. nationale Wertschöpfung oder schlicht die Steuereinnahmen zu erhöhen. Wirtschaftsförderung in einem weiten Verständnis kann sich im Rehfeld (2012) Grunde in jeglicher Form von zielführender Wirtschaftspolitik äußern und geht in der Geschichte zurück bis in die Antike. Es beinhaltet in einer solchen Betrachtung beispielsweise das ausgefeilte, weil hoch differenzierte römische Steuersystem. Dabei ging es teilweise bereits um die Wohlfahrt der Bürger, nicht selten aber darum, den Wohlstand der Herrschenden zu mehren, Militär und territoriale Expansion zu finanzieren usw.

Für ein engeres Verständnis ist es hilfreich von regionaler oder kommunaler Wirtschaftsförderung zu sprechen. Hierdurch wird deutlich, dass der Fokus auf der lokalen Wirtschaft liegt, die durch verbesserte Standortbedingungen, Beratung oder andere Unterstützungsmaßnahmen gefördert wird. Eine solche „Wirtschaftspolitik der Kommunen" (respektive Regionen) kann auch als Standortpolitik verstanden werden, die das Ziel hat, die Position der eigenen Kommune/Region im nationalen und internationalen Standortwettbewerb zu verbessern. Sie hat damit einen deutlich anderen Akzent als die nationalstaatliche Regionalpolitik, die eben auch nationalstaatliche Ziele wie zum Beispiel „Gleichwertigkeit der Lebensverhältnisse" anstrebt.

Aber selbst die institutionalisierte, dezentral organisierte Wirtschaftsförderung heutigen Typs hat ihre Wurzeln nicht erst im zweiten Teil des vergangenen Jahrhunderts. Die Ursprünge einer Gewerbeförderung, die bereits viele Aufgaben und Ziele, die noch heute wesentlich die Arbeit kommunaler Wirtschaftsförderer prägen, sind spätestens Mitte des 19. Jahrhunderts zu suchen und damit in einer Zeit, die noch vor der Industrialisierung in Deutschland liegt.

Zuvor hatte es bereits im Mittelalter Formen von kommunaler, in der Regel städtischer Wirtschaftsförderung gegeben. Durch Gewährung bestimmter (Markt-)Rechte wurden bereits damals spezifische Rahmenbedingungen in (Klein-)Staaten oder Städten geschaffen,

Abb. 2.1 Ferdinand von Steinbeis (Quelle: http://www.steinbeis.de/wir-ueber-uns/historie/ferdinand-von-steinbeis.html (Stand: 25.01.2014))

die das örtliche Handwerk schützte oder durch Öffnung dem Wettbewerb aussetzte. Zugleich gab es bereits Beispiele umfassender Ansiedlungsstrategien, etwa wenn anderswo Verfolgten Handels- oder Gewerberechte zugestanden wurden. Zur Entwicklung der regionalen, rückständigen (Land-)Wirtschaft wurden zudem vielerorts (befristete) Abgabenbefreiungen oder andere Anreize in Aussicht gestellt, um Zuwanderung von Menschen mit neuem Wissen bzw. Technologien anzuziehen. In beiden Fällen kam es in der Folge nicht selten zu beachtlichen Innovationssprüngen und nachhaltiger Prosperität in diesen Regionen.

Eine besondere Rolle in der Geschichte der Wirtschaftsförderung bzw. Gewerbeförderung spielte dann im 19. Jahrhundert Ferdinand von Steinbeis (1807–1893) (siehe Abb. 2.1), der mit seinem Namen heute für Wissen und Technologie steht. Weithin bekannt sind auch die Stipendien der nach ihm benannten Stiftung, mit der die gewerbliche Ausbildung vieler junger Menschen gefördert wurde.

Das Wirken Steinbeis' ist jedoch noch aus anderen Gründen von Bedeutung, gerade im Kontext der Wirtschaftsförderung: im Jahre 1848 kam es in Baden-Württemberg zur Gründung der „Zentralstelle für Gewerbe und Handel", deren erster Leiter und prägende Figur eben Steinbeis war. Ziel dieser Institution war die Gewerbeförderung. Zwei Aspekte sind dabei hervorzuheben: erstens entstand diese Zentralstelle auf Anregung der Gewerbetreibenden selbst und zweitens war sie nicht, wie ähnliche Einrichtungen anderenorts, direkt in einem Ministerium angesiedelt worden.

Diese Gründung geschah in einem immer noch sehr agrarisch geprägten Umfeld. Die Landwirtschaft dominierte Mitte des 19. Jahrhunderts sowohl als Arbeitgeber (etwa 70–80 % der Bevölkerung waren dort beschäftigt) als auch in der Wertschöpfung. Das Gewerbe bestand damals, auch in den späteren Industriezentren des Deutschen Reiches, vornehmlich aus kleinen und mittleren Handwerksbetrieben, aus denen sich erst zaghaft, im späteren Verlauf des 19. Jahrhunderts dann immer zahlreicher, industrielle Großbetriebe entwickeln sollten.

„Vom Standpunkt eines extremen Wirtschaftsliberalismus aus mag die Gründung der Zentralstelle wie ein Rückfall in die Ideen des Merkantilismus des 17. und 18. Jahrhunderts erscheinen; das Neue war jedoch, dass hier der Staat nicht selbst wirtschaften, sondern den einzelnen Unternehmer zum Wirtschaften anregen und fördern sollte. (Heute würde man sagen: „ … günstige Rahmenbedingungen schaffen sollte.") Dem entsprach auch, dass mit der Einrichtung der Zentralstelle der Selbstverwaltungsgedanke verbunden war und sie durch Räte und Ausschüsse einen Unterbau erhielt." (V. Alberti 2009, S. 8)

Besonders bemerkenswert ist der Blick auf die inhaltliche Ausrichtung der „Zentralstelle". In ihrem Statut von 1856 sind folgende Schwerpunkte der Tätigkeit formuliert:

- „Wirkung auf Gründung von Anstalten und Einrichtungen zur Förderung der Gewerbe und des Handels,
- Vervollkommnung des Betriebes der Gewerbe durch Bestellung von Technikern zur Beratung der Gewerbetreibenden,
- Verbreitung neuer Maschinen und Musterwerkzeuge,
- Förderung des Absatzes inländischer Gewerbeerzeugnisse durch Veranstaltung von Gewerbeausstellungen und Entsendung von Fachverständigen zum Studium derselben,
- Verbreitung gewerblich-technischer und kaufmännischer Kenntnisse durch Unterricht, Schriften und Aufstellung einer Sammlung musterhafter Fabrikate des In- und Auslandes,
- Verwaltung der für die Förderung von Gewerbe und Handel ausgesetzten Staatsgelder." (Alberti 2009, S. 10 f.).

Mag die Sprache ein klarer Hinweis darauf sein, dass dieses Statut vor mehr als 150 Jahren verfasst wurde, sind die Inhalte doch von erstaunlicher Aktualität. Gründungsberatung, technische Beratung, Absatz- und Messeförderung, Weiterbildung und Fördermittelberatung sind für die Wirtschaftsförderungseinrichtung heute noch von zentraler Bedeutung. Dass Steinbeis darüber hinaus als „Miterfinder" der Dualen Ausbildung gelten darf, ist im Kontext Wirtschaftsförderung ebenso erwähnenswert wie sein besonderes Augenmerk auf die Entwicklung von geeigneten Lehrmaterialien für Aus- und Weiterbildung.

2.1.2 Wirtschaftsförderung nach dem Zweiten Weltkrieg

Kommunale Wirtschaftsförderung in der Nachkriegszeit bedeutete in Westdeutschland zunächst die Bereitstellung und Erschließung von Gewerbegebieten (und den Aufbau der komplementären Infrastruktur!). Die Aufgabenstellung war damit in ihrer Breite relativ überschaubar, eigene, gar aus der Verwaltung ausgegliederte Wirtschaftsförderungseinrichtungen gab es in der Regel nicht.

Die Wirtschaftskrise Anfang der 70er (Ölpreisschock, Anstieg der Arbeitslosigkeit, „Stagflation") hatte unmittelbare Wirkung auf die kommunalen Haushalte – und trug zu einer Bewusstseinsschärfung für die Bedeutung der lokalen Wirtschaft (als Steuerzahler und Arbeitgeber) bei. Beginnend mit den Großstädten wurden in den Kommunen zunehmend eigene Verwaltungsabteilungen zur Wirtschaftsförderung geschaffen (Beispiel: das zweite Gründerzentrum wurde in Berlin 1983 eröffnet, heute gibt es über 300 bundesweit.). In den 90er-Jahren kam es dann zu einer Ausweitung der Wirtschaftsförderung als eigenständige Aufgabe auf viele Landgemeinden und Kleinstädte, Wirtschaftsförderung breitete sich quasi bis „in den letzten Winkel" der Bundesrepublik aus.

In den neuen Ländern ist die Wirtschaftsförderung nach marktwirtschaftlichem Verständnis naturgemäß ein sehr junges Betätigungsfeld für Kommunen oder Regionen. Allerdings hat der enorme Umbruch nach 1990 dazu geführt, dass die Wirtschaftsförderungseinrichtungen hier sehr rasch auf- und ausgebaut wurden. War damit doch die Hoffnung verbunden, die wegbrechende Industrie und auch den Verlust vieler Beschäftigungsverhältnisse im Dienstleistungsbereich und im Staatsdienst durch Ansiedlung und Neugründung kompensieren zu können.

Heute ist die Kommunale Wirtschaftsförderung zwar weiterhin als freiwillige Aufgabe der Gemeindeverwaltung zu betrachten, gleichwohl gilt sie flächendeckend als besonders wichtiges Betätigungsfeld der Gemeinden, um den eigenen Standort und damit die Wirtschafts- und Finanzkraft zu stärken und um Berufs- und Einkommensperspektiven für die Menschen zu erhalten oder zu erweitern.

2.1.3 Wirtschaftsförderung als Instrument zum Abbau der Disparitäten

Eine wesentliche überkommunale Begründung für Aktivitäten der Wirtschaftsförderung, insbesondere die Finanzierung von Fördermaßnahmen durch EU und Bund, sind die Ungleichheiten zwischen den Teilräumen in Deutschland (aber auch innerhalb Europas), die sogenannten Disparitäten. Regionale Disparitäten gibt es u. a. in Bezug auf Bevölkerung, Gesellschaft und Wirtschaft. In verschiedenen Zusammenhängen ist dabei von Gefällen die Rede, häufig von Süd-Nord-, West-Ost- oder Stadt-Land-Gefällen. Tatsächlich werden dabei sehr unterschiedliche Indikatoren betrachtet, häufig Arbeitslosenquoten, Wertschöpfung oder Steueraufkommen (siehe unten). Gemein ist ihnen, dass sie als Gradmesser für den Vergleich der Lebensbedingungen in Teilräumen, also beispielsweise den Bundesländern oder Kommunen in Deutschland genutzt werden.

Die Beseitigung dieser Disparitäten liegt in Deutschland eben nicht nur im Eigeninteresse der (strukturschwächeren) Regionen, sondern ist eine Aufgabe von Verfassungsrang, die der Regionalpolitik und damit auch der Wirtschaftsförderung vor Ort übertragen wird. Es ist vor allem das Ziel der „gleichwertigen Lebensverhältnissen", welches viele Fördermaßnahmen für strukturschwache Regionen begründet und damit auch Wirtschaftsförderaktivitäten unmittelbar auslöst. In Artikel 72 Absatz 2 des Grundgesetzes heißt es:

> „Auf den Gebieten des Artikels 74 Abs. 1 Nr. 4, 7, 11, 13, 15, 19a, 20, 22, 25 und 26 hat der Bund das Gesetzgebungsrecht, wenn und soweit die Herstellung gleichwertiger Lebensverhältnisse im Bundesgebiet oder die Wahrung der Rechts- oder Wirtschaftseinheit im gesamtstaatlichen Interesse eine bundesgesetzliche Regelung erforderlich macht. (....)"

Das Grundgesetz greift das Ziel „gleichwertiger Lebensverhältnisse" auch im Zusammenhang des Finanzwesens wieder auf und begründet wesentlich die existierenden Finanzausgleiche zwischen den Gebietskörperschaften in Deutschland. In **Artikel 106 Abs. 3 Nr. 2 GG** heißt es:

> „(3) Das Aufkommen der Einkommensteuer, der Körperschaftsteuer und der Umsatzsteuer steht dem Bund und den Ländern gemeinsam zu (Gemeinschaftssteuern), (…) Bei der Festsetzung ist von folgenden Grundsätzen auszugehen:
> (…)
> 2. Die Deckungsbedürfnisse des Bundes und der Länder sind so aufeinander abzustimmen, dass ein billiger Ausgleich erzielt, eine Überbelastung der Steuerpflichtigen vermieden und die Einheitlichkeit der Lebensverhältnisse im Bundesgebiet gewahrt wird. (…)"

Aber wie werden die regionalen Disparitäten gemessen, die es im Sinne „gleichwertiger Lebensverhältnisse" abzubauen gilt? Welches sind die wesentlichen Indikatoren?

In der Praxis entscheidet die konkrete Fragestellung darüber, welche Indikatoren geeignet sind, um eine Position im Standortwettbewerb oder eine konkrete Herausforderung beschreiben zu können. Gleichwohl haben wir in Tab. 2.1 einen Versuch unternommen wichtige Themenfelder und dazugehörige Indikatoren zusammenzustellen. Die Schwierigkeit besteht dann in der Praxis nicht nur darin, geeignete Indikatoren auszuwählen. Mindestens ebenso anspruchsvoll ist es, die richtigen Daten in der geeigneten Qualität zusammenzutragen und sie korrekt zu interpretieren. Stimmt die räumliche Abgrenzung? Ist die Darstellungsform geeignet, weil anschaulich? Sind die Daten hinreichend aktuell? Diese Fragen sind zu beurteilen, zur Not ist hierbei Expertenrat einzuholen!

Zweifellos kann einigen dieser Indikatoren eine besondere Bedeutung zugemessen werden. Dies gilt vor allem für die (regionale) Bruttowertschöpfung, in der Regel gemessen mit dem Bruttoinlandsprodukt bezogen auf die Einwohnerzahl (BIP pro Kopf). Zwei Gründe mögen hierfür ausschlaggebend sein:

1. Der Erfolg von Wirtschaftsförderung wird nach wie vor in erster Linie am Wirtschaftswachstum vor Ort gemessen. Nach dem Motto: wenn Wirtschaftsförderung erfolgreich ist, wird die Wertschöpfung vor Ort steigen.
2. Die Regionale Förderpolitik der EU, aber auch – soweit noch als eigenständige Förderung vorhanden – der Bundesrepublik Deutschland selbst, fußt auf dem Indikator BIP pro Kopf. Wie stark eine Region in Europa gefördert wird, hängt davon ab, wie sich das BIP pro Kopf zum (EU-) Durchschnitt verhält.

In Abb. 2.2 ist zu erkennen wie stark die Disparitäten, gemessen am Bruttoinlandsprodukt je Einwohner, innerhalb Europas ausgeprägt sind. Die besonders reichen Regionen sind dunkelgrün gekennzeichnet und verfügen über ein BIP pro Kopf von mehr als 125 % des europäischen Durchschnitts, darunter traditionell führende Regionen wie *Inner London* und Luxemburg, die noch weit darüber liegen. Am unteren Ende der Skala liegen jene Regionen, die weniger als 50 % des europäischen Durchschnitts erreichen und denen deshalb in besonderem Maße Förderung aus den verschiedenen Fonds der EU zugeteilt wird.

2.1 Baustein 1: Geschichte und Gegenwart der Wirtschaftsförderung

Tab. 2.1 Indikatoren für regionale Disparitäten (Eigene Darstellung)

I. Bevölkerung/Demografie
Bevölkerungsdichte
Geburten/Todesfälle
Altersgruppen/Altersaufbau
II. Erwerbstätigkeit und Arbeitslosigkeit
Erwerbsquote nach Altersgruppen
Arbeitslosenquote
III. Volkswirtschaftliche Gesamtgrößen
BIP pro Kopf
Bruttoanlageinvestitionen
IV. Forschung und Entwicklung
F&E-Personalausgaben
Anzahl der Patentanmeldungen
V. Sektorale Verteilung/Sektoraler Strukturwandel
Bruttowertschöpfung nach Produktionsbereichen/Sektoren
Erwerbstätige nach Produktionsbereichen/Sektoren
VI. Energie
Erzeugung, Verfügbarkeit, Verbrauch
VII. Verkehrsanbindung
Eisenbahnnetz
Autobahnen
VIII. sonstige Lebensbedingungen
Ausbildungsmöglichkeiten in der Region
Verfügbarkeit von Dienstleistungen im Gesundheitswesen
Verfügbarkeit von Dienstleistungen des täglichen Bedarfs
Verfügbarkeit von Kultur-, Freizeit- und Erholungsmöglichkeiten
Umweltqualität
u.v.m.

Gefördert werden allerdings sämtliche Regionen. Die Europäischen Förderfonds sind inzwischen in allen Regionen von sehr hoher Bedeutung. In den schwächeren dienen sie der Kohäsion, wörtlich „dem Zusammenhalt" bzw. der Konvergenz. Faktisch sollen Aufholprozesse angeregt werden. Letztlich folgt also die EU ebenfalls einem Ziel der Herstellung „gleichwertiger Lebensverhältnisse", zumindest soll ein weiteres Auseinanderdriften verhindert werden. In diesem Zusammenhang sollte nicht vergessen werden, dass auch die reichen Regionen eine (geringer ausgestattete) Förderung erfahren, um hier die Wettbewerbsfähigkeit zu erhöhen.

An dieser Stelle kann keine vertiefte Betrachtung der EU-Regionalförderung erfolgen, wichtig bleibt aber festzuhalten, dass Standortentwicklung in vielen Regionen maßgeblich durch Fördermaßnahmen aus EU-Fonds (ko-)finanziert wird, nicht selten Wirtschaftsförderungseinrichtungen auch europäische Fördermittel über Projekte oder in Gestalt der

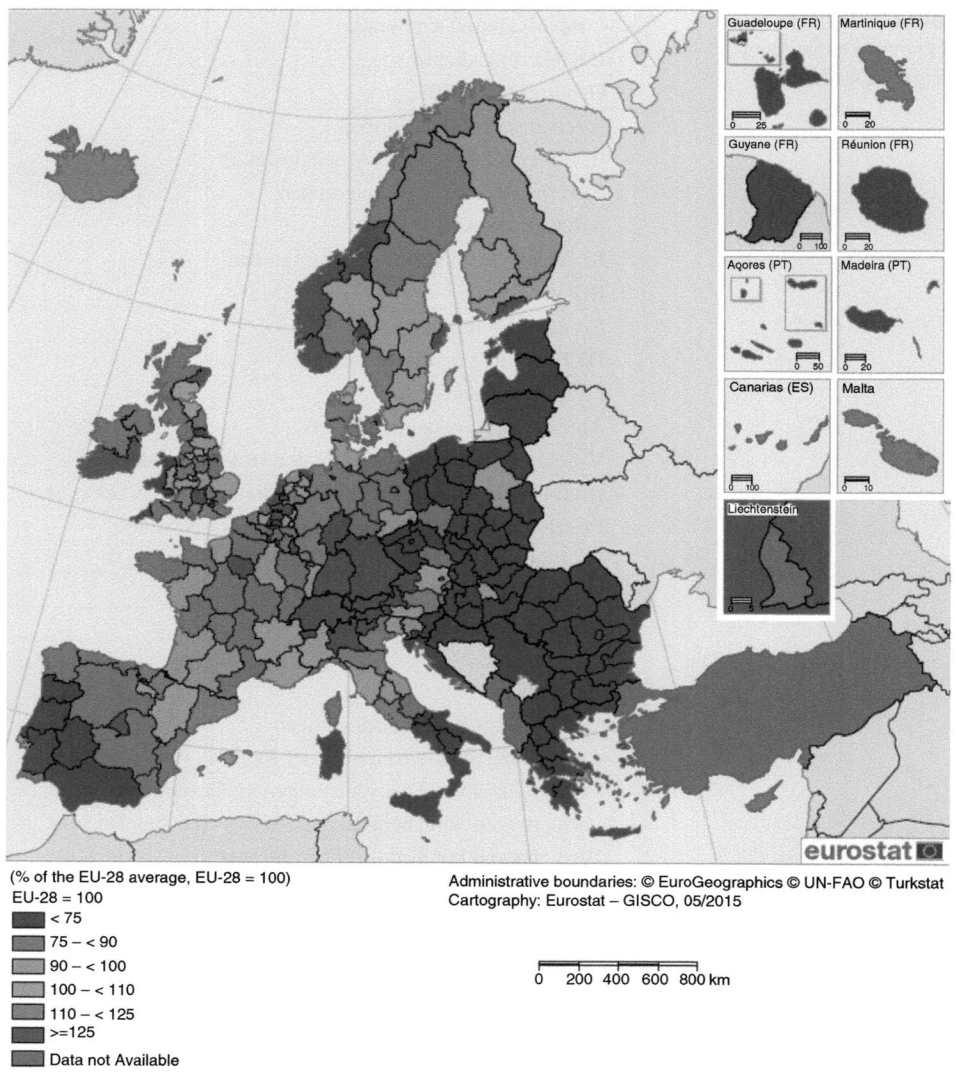

Abb. 2.2 BIP pro Einwohner als Indikator für Disparitäten in Europa (Quelle: http://ec.europa.eu/eurostat/statistical-atlas/gis/viewer/ (Stand: 25.01.2016))

Beratungsförderung, Investitionszuschüssen oder Förderdarlehen direkt für die Standortentwicklung einsetzen.

Ein weiterer Indikator, der häufig genutzt wird, um zugleich regionale Disparitäten zu veranschaulichen, aber auch Herausforderungen (u. a. für die Arbeit der Wirtschaftsförderung) zu skizzieren, ist die Arbeitslosenquote (siehe Abb. 2.3).

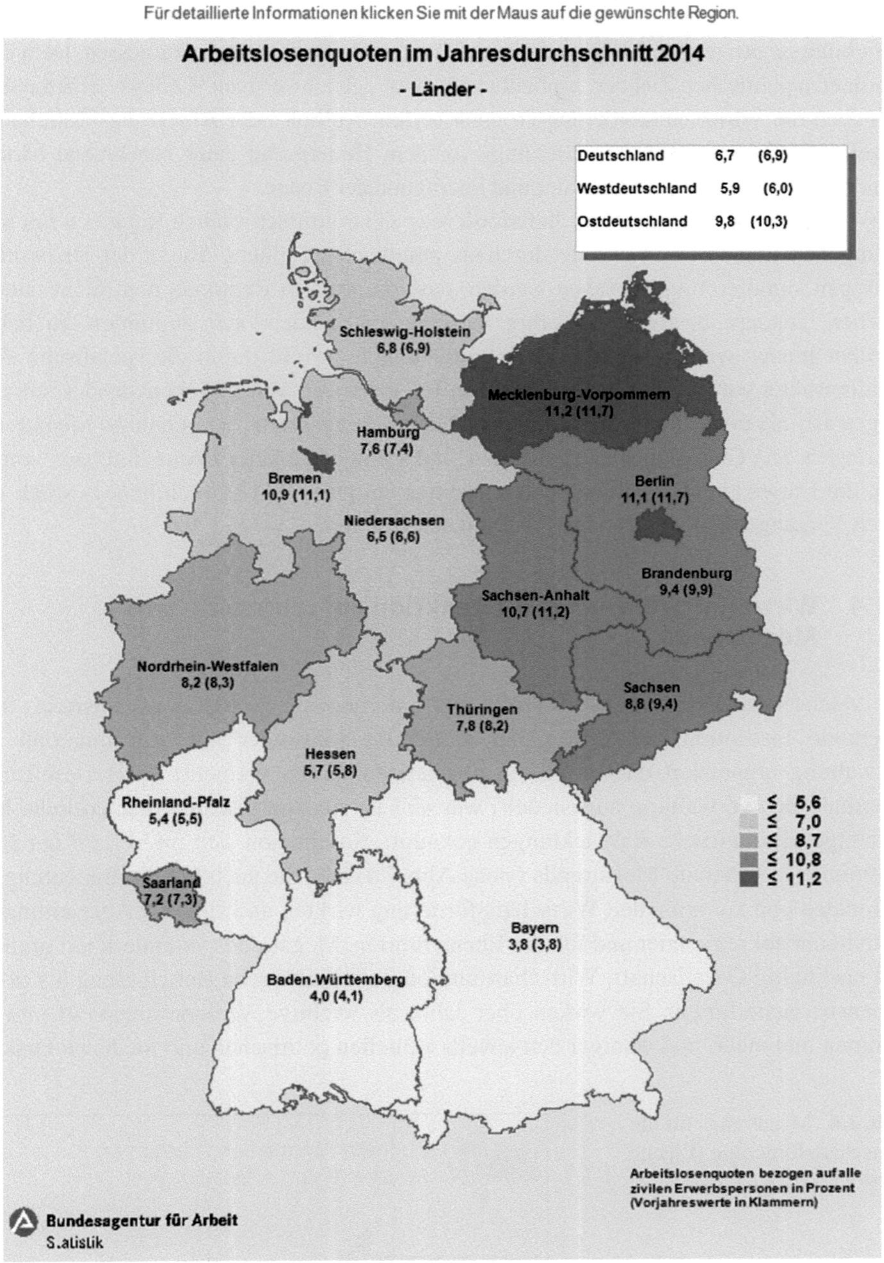

2.1 Baustein 1: Geschichte und Gegenwart der Wirtschaftsförderung

Abb. 2.3 Regionale Disparitäten am Beispiel Arbeitslosigkeit. Quelle: Statistik der Bundesagentur für Arbeit

Davor zu warnen ist, in Hinblick auf die Bewertung der Leistung von Wirtschaftsfördereinrichtungen den regionalen Disparitäten eine zu große Bedeutung beizumessen. Dem übergeordneten politischen Ziel der „einheitlichen" bzw. „gleichwertigen" Lebensverhältnisse hat sich auch die Wirtschaftsförderung zu unterwerfen. Aufhol- oder Absetzungsbestrebungen einzelner Regionen geschehen allerdings vor dem Hintergrund eines zunehmend härteren Standortwettbewerbes auf nationaler und internationaler Ebene.

Wenn also kommunale Wirtschaftsförderung in strukturschwachen Regionen mit einer gelungenen Standortentwicklung durchaus potenziell zu einem Abbau der Disparitäten beitragen kann, so muss gesehen werden, dass die starken Regionen dem nicht tatenlos zusehen, sondern bestrebt sind, Ihre Stellung auszubauen oder zumindest zu halten. Darüber hinaus werden die aktuellen Bemühungen sowohl durch die spezifische Wirtschaftsstruktur vor Ort, die das Ergebnis zum Teil historisch weit zurückreichender Entwicklungen ist, als auch durch übergeordnete Veränderungskräfte, so genannte Megatrends, überlagert. Die Gestaltungsmöglichkeiten sind somit auf lokaler Ebene durchaus vorhanden, die Entwicklungsmöglichkeiten allerdings ein (zum Teil beträchtliches) Stück weit durch Vergangenheit und externe Faktoren determiniert.

2.1.4 Wirtschaftsförderung als Reaktion auf raumwirksame Megatrends

Die wachsende Bedeutung der Wirtschaftsförderung als dezentral organisierte, lokal agierende Institution im Auftrag der Kommune (entweder als Amt innerhalb der Verwaltung organisiert oder – wie in den letzten Jahren vermehrt – als Gesellschaft außerhalb der Verwaltung angesiedelt) war und ist stets an gesamtwirtschaftliche bzw. gesamtgesellschaftliche Entwicklungen geknüpft. So bildeten sich im Verlauf der Jahre bestimmte so genannte Megatrends (siehe Abb. 2.4) aus, die auch auf die Bedeutung der regionalen und kommunalen Wirtschaftsförderung wirkten und zu einer Ausweitung der Aktivitäten auf regionaler und lokaler Ebene führten. Megatrends verändern tief greifend und nachhaltig Gesellschaft, Wirtschaft und/oder die technische Entwicklung bis in alle Lebensbereiche hinein. Sie wirken über Jahre als wichtige Veränderungskraft und bestimmen mal mehr, mal weniger den jeweils aktuellen politischen und medialen Diskurs.

Abb. 2.4 Megatrends für die Wirtschaftsförderung (Eigene Darstellung)

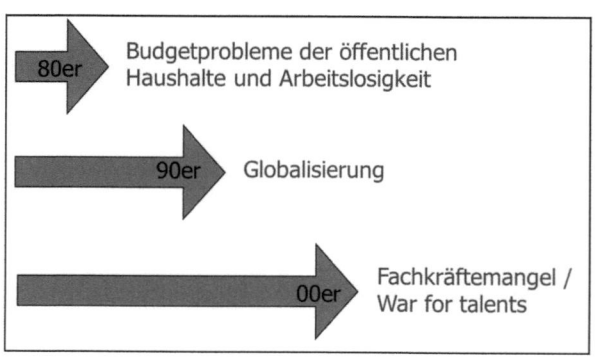

Diese Megatrends sind für die Wirtschaftsförderung selbst kaum beeinflussbar, aber von erheblicher Bedeutung, weil sie

- Spielräume für öffentlich finanzierte Wirtschaftsfördermaßnahmen einschränken oder ausweiten,
- lokales (politisches) Handeln provozieren und legitimieren,
- reale Einflussmöglichkeiten der Kommune verstärken oder abschwächen.

Keineswegs fallen diese Megatrends „vom Himmel", sondern können i. d. R. auf eine lange Entwicklungsgeschichte zurückblicken. Die Budgetprobleme der öffentlichen Haushalte und die wachsende Arbeitslosigkeit in der alten Bundesrepublik der 70er- und 80er-Jahre waren durch die Ölkrisen 1973 und 1979 verschärft worden, sind aber keineswegs allein auf diese externen Schocks zurückzuführen. Auch in den neuen Ländern ist in kurzer Zeit ein Auseinanderdriften der Verschuldungssituation in den Regionen zu konstatieren, ein Umstand, der sicherlich ebenso wenig als monokausal zu betrachten ist. In jedem Falle ist der finanzielle Spielraum einer Kommune eine sehr wesentliche Determinante für die Tätigkeit von kommunalen Wirtschaftsfördereinrichtungen.

Von ebenfalls herausragender Bedeutung für die kommunale oder regionale Wirtschaftsförderung ist die Globalisierung. Auch sie ist kein neues Phänomen, die Dynamik und vielfältige jüngere Ausprägungen machen Sie jedoch zu einem Megatrend, der aktuell und zukünftig die Arbeit vor Ort beeinflussen wird. Und zwar, weil die Unternehmen sich praktisch ohne Ausnahme den Herausforderungen der Globalisierung stellen müssen, ihnen aber gleichzeitig zahlreiche vielversprechende Chancen geboten werden. Beides sind wichtige Themen der Wirtschaftsförderung und werden deshalb als ein wichtiges Handlungsfeld im folgenden Baustein (Abschn. 2.2) behandelt.

Schon unmittelbar nach der Wende geriet durch die Abwanderung vor allem junger Menschen aus den neuen Bundesländern dort das Thema demografischer Wandel in den Fokus. Die alten Bundesländer, die von den besagten Wanderungsbewegungen zunächst profitierten, zogen erst mit deutlicher Verzögerung nach, vor allem dort, wo die Regionen in ähnlicher Weise von Abwanderung betroffen waren und sind wie zuvor schon in Ostdeutschland.

Das Thema demografischer Wandel ist für die Wirtschaftsförderung deshalb so relevant, weil als Folge nicht nur ein Rückgang im Konsum und damit eine geringere Nachfrage auch nach regionalen Produkten und Dienstleistungen zu erwarten ist. Aus Sicht vieler Wirtschaftsförderungen noch bedeutender ist die zunehmende Fachkräfteproblematik, von der die Unternehmen zum Teil schwer getroffen werden. Das Thema Demografischer Wandel wird deshalb als eigener Schwerpunkt vertieft (Abschn. 2.3).

2.1.5 Wirtschaftsförderung und Lage der öffentlichen Haushalte

An die kommunale Wirtschaftsförderung werden verschiedenste Erwartungen gerichtet. Von Seiten der Politik und der Verwaltung stehen dabei neben der Schaffung von Beschäftigung

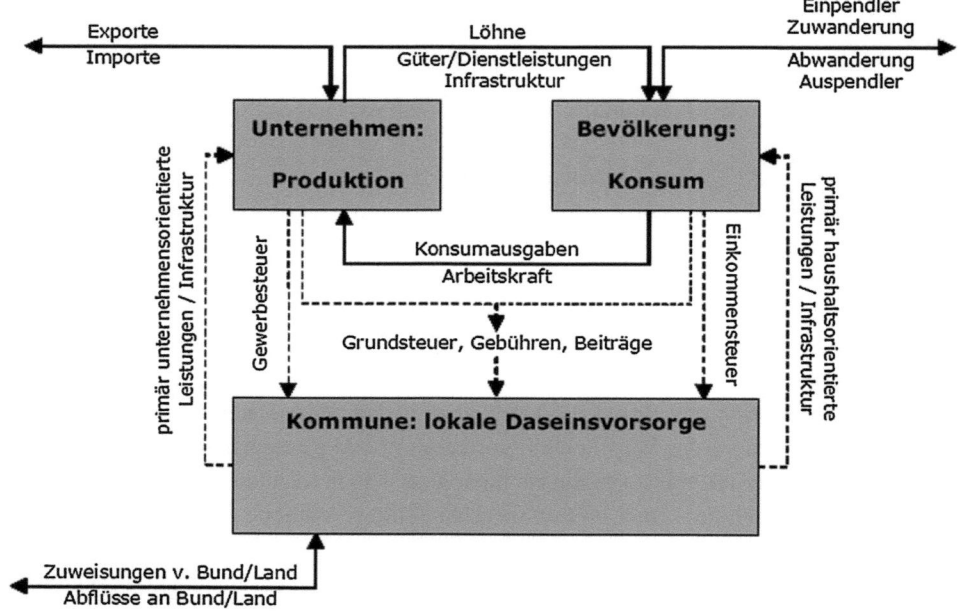

Abb. 2.5 Grundsätzliche finanzwirtschaftliche Zusammenhänge (Eigene Darstellung)

und Erhöhung der Wirtschaftskraft auch fiskalische Ziele im Fokus. Diese sind unmittelbar mit ersteren verbunden, denn ein Zuwachs an Beschäftigung und Wertschöpfung erhöht die Steuereinnahmen, verbessert also die Einnahmesituation der Kommune.

Dies geschieht zum einen durch das Mehraufkommen wichtiger *Gemeinschafts*steuern, allen voran der Einkommenssteuer, die u. a. auf die Löhne und Gehälter sowie die Gewinneinkommen von Personenunternehmen erhoben wird. Die Einkommenssteuer wie die Umsatzsteuer, die bei erhöhten Konsummöglichkeiten der Bürger ebenfalls steigt, fließen nicht nur dem Bund und den Ländern zu, sondern zu einem kleinen Teil auch den Kommunen (siehe Abb. 2.5).

Zum anderen erhöhen sich bei verbesserter Ertragslage der Unternehmen vor Ort auch die *Gemeinde*steuern, in erster Linie die Gewerbesteuer, indirekt sehr wahrscheinlich auch die Einnahmen aus der Grundsteuer, wenn durch die positive wirtschaftliche Entwicklung Immobilien- oder Grundstückskäufe angereizt werden. Vermutlich steigen auch die kommunalen Einnahmen aus Gebühren und Erträgen, wenn die Kaufkraft der Bevölkerung durch mehr Beschäftigung und Wertschöpfung in der Region steigt.

Dieser kurze Ausflug in die wichtigsten finanzwirtschaftlichen Zusammenhänge innerhalb einer Kommune soll verdeutlichen, dass die kommunalen Ausgaben für die Wirtschaftsförderung nicht per se der gleichen Logik folgen wie im Falle anderer Ausgabeposten. Aufgrund der positiven Wirkungen, die sich von erfolgreicher Wirtschaftsförderung erhofft werden, erscheint ein Zurückfahren der Bemühungen in diesem Bereich in Zeiten knapper Kassen geradezu kontraproduktiv.

2.1 Baustein 1: Geschichte und Gegenwart der Wirtschaftsförderung

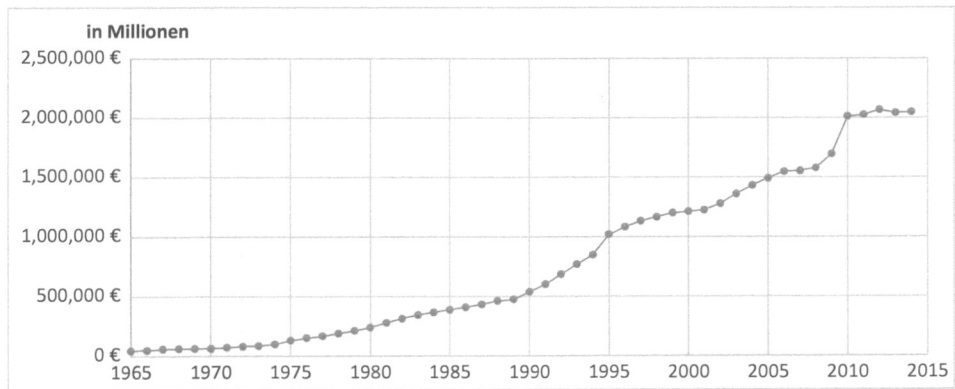

Abb. 2.6 Verschuldung von Bund, Ländern, Gemeinden und Sozialversicherungen. Quelle: https://www.destatis.de/DE/ZahlenFakten/GesellschaftStaat/OeffentlicheFinanzenSteuern/OeffentlicheFinanzen/Schulden/Tabellen/SchuldenNichtOeffentlich_Insgesamt.html (Stand: 20.01.2016)

Tatsächlich kann also theoretisch eine ambivalente Wirkung einer schwierigen Budgetsituation erwartet werden (siehe Abb. 2.6). Diese lässt sich auch in der Praxis immer wieder in folgender Form beobachten:

- einerseits fördern knappe Kassen bzw. hohe Schuldenstände sogar die Bereitschaft bzw. nähren die Hoffnung, durch die Wirtschaftsförderung vermeintliche Potenziale bei der Generierung von Steuereinnahmen und Arbeitsplätzen zu heben (z. B. durch erfolgreiche Ansiedlung, Entwicklung des Bestandes oder sonstige Förderung),
- andererseits bleibt in der Regel auch die Abteilung Wirtschaftsförderung von einer angespannten Finanzlage der Kommune nicht gänzlich unberührt. Wenngleich sie nicht grundsätzlich in Frage gestellt werden dürfte, sind zwei Reaktionen typisch:
  - alle Wirtschaftsförderaktivitäten werden auf den „Prüfstand" gestellt, vermeintlich überflüssige Bereiche reduziert oder eingestellt,
  - der Erfolgsdruck, eventuell auch die Erfolgskontrolle wird erhöht.

Nicht selten führen solche Eingriffe zu sehr kurzfristig oder auf den (Medien-) Effekt konzentrierte Aktivitäten. Eine langfristig angelegte strategische Wirtschaftsförderung hat dann – leider – einen schweren Stand.

Resümee

Wirtschaftsförderung ist keine Erfindung der Gegenwart. Allein aus fiskalischen Gründen gab es stets das Bestreben, die Wertschöpfung vor Ort zu erhöhen. In einer modernen Marktwirtschaft dient die regionale oder kommunale Wirtschaftsförderung gleich mehreren Zielstellungen. Auf der Makroebene geht es etwa der EU oder dem Bund darum, regionale Disparitäten abzubauen, „gleichwertige Lebensverhältnisse" herzustellen. Zu diesem Zweck werden Fördermittel bereitgestellt, die Rahmenbedingungen im Sinne der

Standortentwicklung verbessern können oder direkt in der Wirtschaftsförderung eingesetzt werden. Die Wirtschaftsförderung ist damit einerseits mittelbar wichtiges ausführendes Organ für die beschriebenen Ziele von Bund und EU. Andererseits hat die kommunale Wirtschaftsförderung i.d.R. als unmissverständlichen Auftrag die Verbesserung des eigenen Standortes. Wenn also Wirtschaftsförderung in starken Regionen erfolgreich ist, wird dies die regionalen Disparitäten erhöhen. Erfolgreiche Standortpolitik kann also so gesehen durchaus den (Ausgleichs-) Zielen der Regionalpolitik von Ländern, Bund oder EU entgegenlaufen.

Kontroll- und Lernfragen
a. Erklären Sie den Zusammenhang von regionalen Disparitäten und kommunaler Wirtschaftsförderung.
b. Erläutern Sie, warum das Streben nach „gleichwertigen Lebensverhältnissen" aus Sicht vieler Praktiker in der Wirtschaftsförderung als „Hase und Igel"-Spiel bezeichnet werden kann.
c. Nennen und erläutern Sie kurz die Megatrends mit besonderer Bedeutung für die Wirtschaftsförderung.
d. Welche Relevanz hat die Verschuldung der öffentlichen Haushalte für die kommunale Wirtschaftsförderung?

2.2 Baustein 2: Handlungsfeld Globalisierung

Lernziele
Im folgenden Baustein werden die Globalisierung und ihre Folgen für Wirtschaft und Gesellschaft generell sowie die Wirtschaftsförderung im Speziellen erläutert. Es soll eine differenzierte Betrachtung auf ein Phänomen nahegebracht werden, welches für die Standortentwicklung wesentliche Rahmenbedingungen setzt, enorme Herausforderungen bereithält, aber auch diverse Chancen birgt.

2.2.1 Globalisierung – eine erste Annäherung

Grundsätzlich meint Globalisierung die zunehmende weltweite Verflechtung und Integration von sämtlichen Bereichen über Wirtschaft, Politik, Gesellschaft bis hin zur Umweltproblematik. Im ökonomischen Kontext sind v. a. relevant:

- Der Kapital- und Warenverkehr,
- Transport und Mobilität,
- Informations- und Kommunikationstechnologien (IuK),
- der politische Rahmen!

Allerdings ist Globalisierung, wie bereits angesprochen, kein neuartiges Phänomen. Historisch betrachtet gab es bereits in der Antike Ansätze für eine ausdifferenzierte internationale Arbeitsteilung. Handelswege wie die Seidenstraße, vor allem aber der Kolonialismus können als erste echte Globalisierungsimpulse interpretiert werden. Der Austausch von Waren, Ideen, kulturellen Errungenschaften und Menschen, aber auch von Krankheiten, Feindseligkeiten bis hin zu Ausbeutung und Unterdrückung, war forthin Kennzeichen der Globalisierung. Und mit der zunehmenden Verflechtung gingen und gehen bis heute auch wachsende Abhängigkeiten einher.

In der Vergangenheit haben immer wieder technische Entwicklungen (z. B. Dampfmaschine, Industrialisierung, Agrarrevolution) Schübe von weltwirtschaftlicher Integration ausgelöst. Wesentlich waren aber zugleich Entwicklungen auf der politischen Ebene. Phasen der engeren internationalen Zusammenarbeit und freihändlerischen Tendenzen wechselten immer wieder mit Phasen des Protektionismus, der Abschottung bis hin zu (kalten) Kriegen, die den internationalen Austausch begrenzten oder in einigen Fällen sogar fast gänzlich einstellten.

Dass der Begriff der Globalisierung im wissenschaftlichen Kontext durch die Forscher Levitt und Naisbitt erst zu Beginn der 80er-Jahre eingeführt wurde, ist dennoch kein Zufall. Seit dieser Zeit, vor allem im Laufe der 90er-Jahre gewann die Globalisierung enorm an Dynamik und wird zurecht als Megatrend identifiziert, der auch für die Wirtschaftsförderung von zentraler Bedeutung ist.

2.2.2 Globalisierung und ihre vielfältigen Folgen

Bevor im nächsten Abschnitt näher auf die Treiber der Globalisierung in den letzten Dekaden eingegangen wird, soll zunächst die Vielschichtigkeit des Phänomens veranschaulicht werden. Globalisierung umfasst den zunehmenden Austausch von Waren, aus dem ein unüberschaubar großes Warenangebot entstanden ist, weltweite Kommunikation, die durch das Internet völlig neue Dimensionen erreicht hat, Reise- und Transportmöglichkeit zu niedrigsten Kosten, auch den Austausch von Kapital, Finanzinnovationen und den resultierenden globalen Regelungsbedarf.

Globalisierung ist aber eben nicht allein ein ökonomisches Phänomen, sondern wirkt sich auf so viele verschiedene Lebensbereiche aus. Folglich darf es nicht wundern, wie vielfältig persönliche Einschätzungen über die Folgen der Globalisierung ausfallen (siehe Abb. 2.7). Verschiedene Untersuchungen zeigen, dass sowohl positive als auch negative Bewertungen vorgenommen werden, je nachdem in welcher Weise, zu welchem Zeitpunkt und aus welcher Perspektive das Individuum, die Bevölkerungsgruppe, das Unternehmen, die Branche, die Region oder der Staat betroffen sind.

Stellvertretend bietet eine forsa-Umfrage aus dem Jahre 2013 Einblick in einen wichtigen Teilaspekt. Die befragten Bundesbürger zeigten sich mehrheitlich überzeugt, dass sich die Globalisierung positiv auf die deutsche Wirtschaft auswirkt. Je höher der Bildungsgrad, desto positiver die Einstellung. Während 72 % der Abiturienten die Globalisierung als vorteilhaft ansehen, sind es bei den Hauptschülern nur noch 49 %.

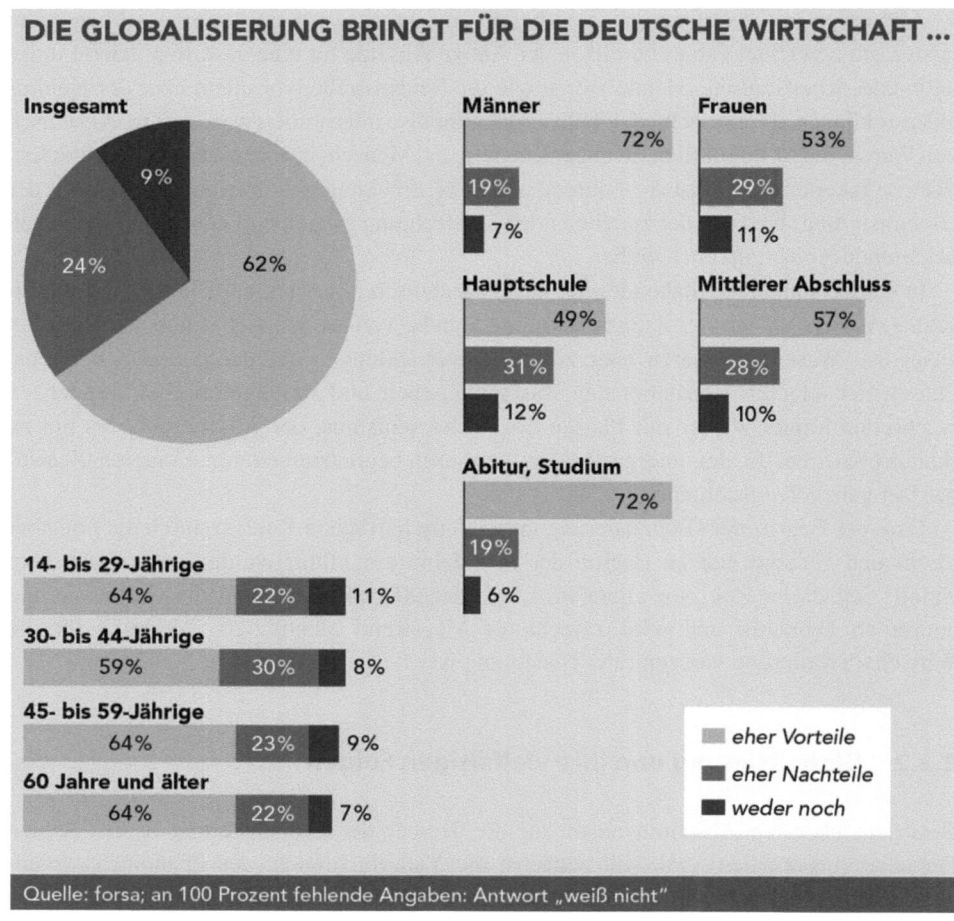

Abb. 2.7 Folgen der Globalisierung für die deutsche Wirtschaft. Quelle: https://www.vci.de/Downloads/Media-Weitere-Downloads/2013_01_16_VCI-Factbook_06_07_Umfrage_Globalisierung_Wirtschaft.jpg (Stand: 28.01.2014)

Deutlich weniger positiv werden generell die Folgen der Globalisierung auf die persönliche Lage eingeschätzt (siehe Abb. 2.8). Nur 39 % der Befragten sind der Meinung, dass die Globalisierung für sie persönlich vorteilhaft ist, während immerhin 33 % vom Gegenteil überzeugt sind. Auffällig ist, dass mit zunehmendem Alter die Einstellung zur Globalisierung negativer wird. Während 53 % der unter 30-Jährigen die Globalisierung als Bereicherung empfinden, sind es bei den über 60-Jährigen nur noch 29 %. Und erneut ist die Einschätzung der besser ausgebildeten Deutschen positiver.

Auf den ersten Blick mag es vielleicht erstaunen, wenn die befragten Deutschen die Folgen für Unternehmen so deutlich anders einschätzen, als für sich selbst. Werden die Wirkungen wie folgt nur ein wenig differenzierter betrachtet, erschließt sich allerdings die unterschiedliche Bewertung als Ergebnis unterschiedlicher Betroffenheit. So ist es dann

2.2 Baustein 2: Handlungsfeld Globalisierung

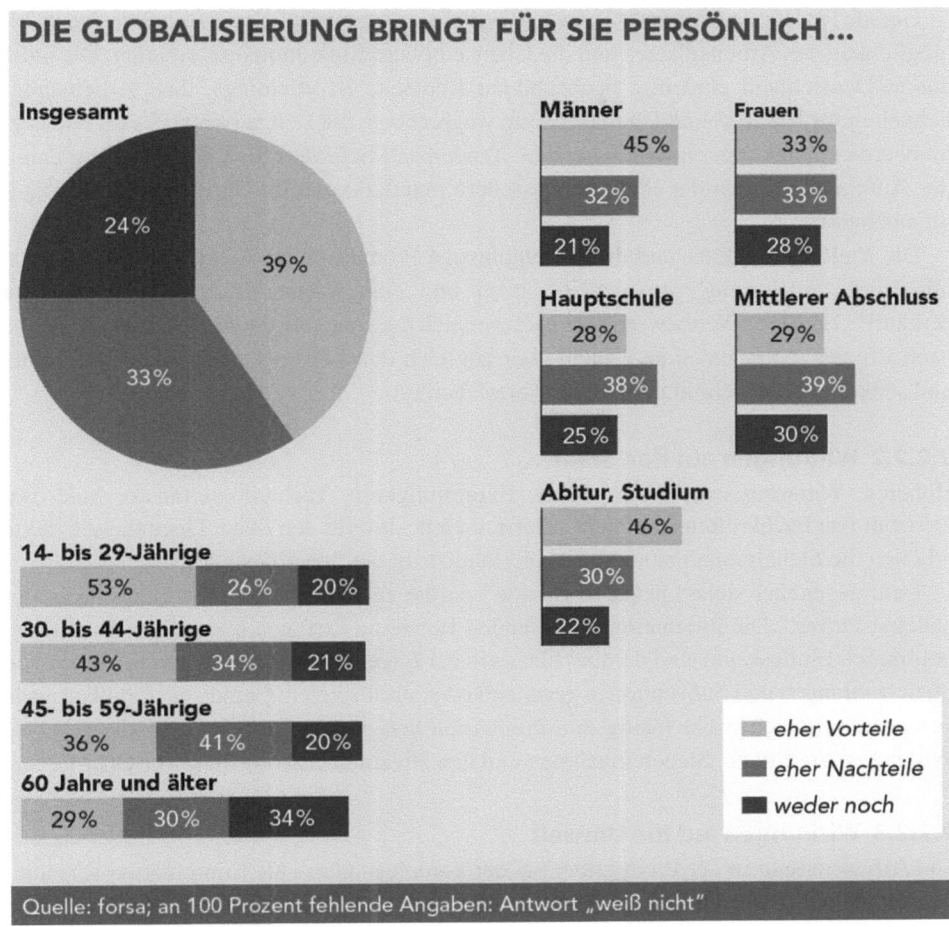

Abb. 2.8 Globalisierung aus persönlicher Sicht. Quelle: https://www.vci.de/Downloads/Media-Weitere-Downloads/2013_01_16_VCI-Factbook_06_06_Umfrage_Globalisierung_persoenlich.jpg (Stand: 28.01.2014)

auch keine Überraschung, sondern Ergebnis realer Wirkungen, dass jüngere und besser gebildete Menschen in Deutschland größere Vorteile für sich sehen und ihrer Ansicht nach Unternehmen noch einmal stärker profitieren.

2.2.2.1 Wirkungen auf Einkommen, Arbeit, Verteilung und Armut

Eine überragende Wirkung der Globalisierung geht vom Zugang zu einer schier unüberschaubaren Gütervielfalt aus. Dabei ist es nicht nur ein Mehr an Angebot zu konstatieren, vor allem sorgt die internationale Arbeitsteilung für niedrigere Güterpreise und hebt so generell das Konsumniveau aller. Würden all die erworbenen Elektroartikel, Textilien usw. in Deutschland produziert, wären die Preise ungleich höher und die Menschen könnten bei gleichem Budget weniger konsumieren.

Gerade für Hochqualifizierte bedeutet Globalisierung zusätzlich eine größere Auswahlmöglichkeit des Arbeitsplatzes und die Chance höhere Einkommen zu erzielen. Die nicht nur in Deutschland eindeutig beobachtbare Kehrseite ist allerdings, dass Arbeitsmöglichkeiten für Niedrig- und Unqualifizierte wegbrechen, die Löhne besonders im Niedriglohnbereich unter starken Druck geraten. Tendenziell befördert die Globalisierung damit das Auseinandergehen der Einkommensschere innerhalb und im Übrigen z. T. auch zwischen Nationen.

Die Vielfalt der Güter und die kostengünstige Produktion im Ausland werden zudem mit einer Verlagerung von Arbeitsplätzen und dem Verlust traditioneller Sektoren „erkauft". Erhöhter Wettbewerb regt nachweislich die Innovationstätigkeit und die Suche nach Effizienzpotenzialen an, erhöht aber zugleich den Leistungsdruck am Arbeitsplatz und senkt im Durchschnitt die Arbeitsplatzsicherheit.

2.2.2.2 Wirkungen auf den Staat

Höheres Wirtschaftswachstum durch Exporttätigkeit, Technologietransfer und der Zustrom von Fachkräften sind nicht zuletzt auch positiv für den Staat. Denn diese Effekte erhöhen die Steuereinnahmen und sichern langfristig die Steuerbasis.

Dem gegenüber stehen negative Effekte wie die zunehmende Verhandlungsmacht der „Global Player". Die international agierenden Konzerne verfügen über einen erheblichen politischen Einfluss und sind darüber hinaus in der Lage, die Nationalstaaten in Fragen von Steuerzahlungen und Subventionen gegeneinander auszuspielen. Gerade die Großkonzerne verlagern vergleichsweise häufig ihre Produktion und entfalten direkt und indirekt große Wirkungen auf Löhne, Steuereinnahmen und den allgemeinen Wohlstand vor Ort.

2.2.2.3 Wirkungen auf die Umwelt

Die Arbeitsteilung in der Produktion, bei der komplexe Güter als Kombination verschiedenster Zuliefererprodukte aus aller Welt entstehen, der rasant gestiegene Konsum sowie das Wachstum an privater und geschäftlicher Mobilität hat den Ressourcenverbrauch, vor allem die Nutzung fossiler Energie, enorm erhöht. Teilweise ist „schmutzige" Produktion in Schwellen- und Entwicklungsländer verlagert worden, um strengere Umweltvorschriften daheim zu umgehen. In diesen Ländern führt zeitgleich das starke Wachstum auch zu mehr Konsum nach westlichem Vorbild. Dies alles verursacht erhebliche Umweltkosten und trägt massiv zum Klimawandel bei.

Dem gegenüber führen Globalisierung und Wettbewerbsdruck zweifellos auch zu einer effizienteren Nutzung der Ressourcen, könn(t)en moderne (Umwelt-)Technologien schnell in alle Welt transferiert werden. Zudem haben die Aufholprozesse in den Schwellen- und Entwicklungsländern auch einen positiven Aspekt: höhere Einkommen der Bevölkerung befördern in der Tendenz das Umweltbewusstsein.

2.2.2.4 Wirkungen auf Kultur und Gesellschaft

Erhöhte Mobilität gefährdet oder zerstört soziale Strukturen, den Zusammenhalt. Beklagt werden auch kulturelle Vereinheitlichungstendenzen (kulturelle Monokultur oder „McDonaldisierung" (George Ritzer)) und damit abnehmende kulturelle Vielfalt in Städten und Regionen. Andererseits empfinden viele Menschen den kulturellen Austausch als Bereicherung, ebenso grenzüberschreitende Begegnungen und Beziehungen.

Insgesamt zeigt sich bereits in dieser kleinen und unvollständigen Zusammenstellung der Konsequenzen die ganze Ambivalenz des Themas. Letztlich geht es gerade in Hinblick auf die Wirtschaftsförderung nicht darum, die Frage zu stellen, ob Globalisierung gut oder schlecht ist, als könne man sich entscheiden, Globalisierung abzustellen. Vielmehr geht es darum, Globalisierung zu gestalten, als Herausforderungen zu meistern, negativen Effekten zu begegnen und Chancen zu nutzen.

2.2.3 Treiber der Globalisierung

Die Globalisierung hat in den letzten 20 bis 30 Jahren eine enorme Beschleunigung erfahren. Diese Beschleunigung liegt an dem sich gegenseitig verstärkenden Zusammenspiel von Entwicklungen auf technischer, politischer und unternehmensstrategischer Ebene. Im Einzelnen können folgende Treiber identifiziert werden:

1. Fortschritte bei IuK- sowie Transporttechnologien
   - Enorme Verbesserung der IT-Hardware-Performance
   - IuK erlauben neue strategische Optionen, vor allem auch (die Kontrolle von) Aktivitäten über große Distanzen
   - Stark gesunkene Transportkosten
   - E-business wächst enorm
2. Liberalisierung und Deregulierung von Märkten (v. a. Bankensektor)
   - Handelsabkommen, Neoliberaler Mainstream (–> Deregulierung vieler Märkte)
3. Änderungen des polit-ökonomischen Rahmens
   - Umbruch in Osteuropa nach 1989
   - Chinas Wandel zur defacto-Marktwirtschaft
   - Europäischer Binnenmarkt und Euroeinführung
   - Dominanz von marktwirtschaftlichen Tendenzen in Südamerika und Asien (jüngst Gegentendenzen!)
   - Die Schwellenländer gewinnen stetig an ökonomischem und politischem Gewicht!
4. Unternehmensstrategien und Geschäftsmodelle nahmen und nehmen zunehmend die Internationalisierungschancen in den Fokus, was zu immer komplexeren und globaleren Produktionsnetzwerken führt. Dabei geht es längst nicht mehr nur um Outsourcing von Produktion, sondern immer mehr um die Internationalisierung sämtlicher Geschäftsbereiche, inklusive Marketing und F&E.

Diese Treiber lassen sich zu drei sich gegenseitig stimulierende Faktoren verdichten, wie in Abb. 2.9 veranschaulicht.

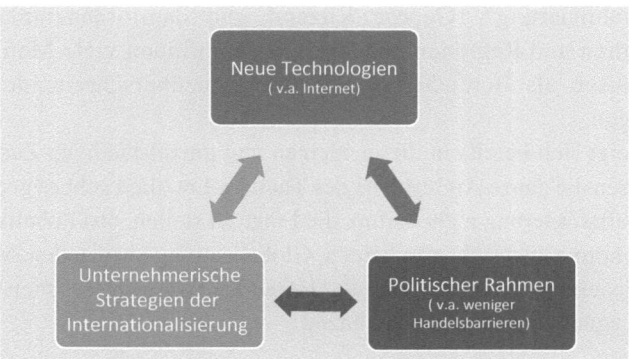

Abb. 2.9 Wesentliche Treiber der Globalisierung (Eigene Darstellung)

2.2.4 Globalisierung als Handlungsfeld für die Wirtschaftsförderung

Globalisierung verhält sich nicht „raumneutral", weder auf globaler, noch auf regionaler Ebene. Der Strukturwandel vollzieht sich in einigen Regionen stärker als in anderen. Manchen gelingt es besser, von der zunehmenden internationalen Arbeitsteilung zu profitieren, andere müssen dauerhaft mit erheblichen Herausforderungen oder „Nachwehen" des Strukturwandels rechnen.

Somit bedeutet Globalisierung zunächst eine Veränderung der globalen Kräfteverhältnisse. Die Schwellenländer, allen voran aufgrund ihrer schieren Größe die sogenannten BRIC-Staaten (Brasilien, Russland, Indien, China), liegen zwar derzeit im Pro-Kopf-Einkommen noch weit hinter den traditionellen Industrieländern zurück, holen jedoch mit hohen Wachstumsraten auf. Absehbar ist, dass China zur größten Volkswirtschaft der Welt aufsteigen dürfte, aber auch, dass das Gewicht der anderen Schwellenländer zunehmen wird.

In diesen Ländern sehen viele deutsche Unternehmen die „Zukunftsmärkte", auf denen der Absatz im Gegensatz zu unseren, teilweise gesättigten Märkten, noch deutlich ausgeweitet werden kann. Dort liegen aber u. a. auch Produktionsmöglichkeiten und -notwendigkeiten. Nicht immer geht es bei der Internationalisierung von Produktion oder anderen Unternehmensbereichen um Kostenvorteile. Häufig sind Kundennähe und strategische Aspekte wichtig, im Falle von großen Märkten aber auch politische Vorgaben der Regierungen dort, die bestimmte Anteile an lokaler Wertschöpfung im Zielmarkt einfordern (so genannte „Local-Content Klauseln").

Als Konsequenz für die Wirtschaftsförderung ergibt sich, dass die Standortbedingungen immer wichtiger werden, für Produktion, aber auch für Forschung und Entwicklung sowie die Erbringung von Dienstleistungen. Echte Neuansiedlungen spielen dabei vordergründig eine geringere Rolle, die Bestandssicherung wird immer wichtiger.

Es gilt, Rahmenbedingungen zu schaffen, die die „endogenen Potenziale" vor Ort am besten ausschöpfen. Dazu müssen die spezifischen Möglichkeiten in der eigenen Kommune oder Region erkannt und entwickelt werden. Trends rechtzeitig zu erkennen ist dabei wichtig, um Entwicklungen abschätzen zu können. Allerdings bedeutet dies nicht, jeder

Mode hinterherzulaufen und die eigenen regionalen Voraussetzungen und Möglichkeiten aus dem Blick zu verlieren.

Aus Wirtschaftsfördersicht bietet die Globalisierung enorme Chancen, von den Entwicklungen anderswo in der Welt zu profitieren. Und dies betrifft nicht nur die zusätzlichen Absatzmöglichkeiten für die lokalen Unternehmen oder die Erhöhung der Wettbewerbsfähigkeiten durch internationales *Sourcing* von Wertschöpfung bzw. Komponenten. Beispielsweise ist darüber hinaus zu beobachten, dass Unternehmen aus Schwellenländern, aber auch andere Investoren aus diesen Ländern eine immer größere Rolle spielen. Unter den weltgrößten Konzernen sind immer mehr Namen zu finden, die ihren Stammsitz in China, Indien, Russland oder Brasilien haben. Somit könnte eine bislang in Deutschland noch unterentwickelte Strategie darin bestehen, sich stärker um diese Zielgruppe und deren angestrebtes Engagement in Ländern wie Deutschland zu bemühen. Denn unter diesen Interessenten befinden sich durchaus Kandidaten, denen es um echtes, nachhaltiges Investment geht und die deshalb potenziell eine Renaissance der Ansiedlung hervorrufen könnten. Einige Städte und Regionen in Deutschland zeigen, dass eine solche Strategie, wenn sie denn die spezifischen Standortvoraussetzungen und -potenziale berücksichtigt und ausschöpft, durchaus erfolgreich sein kann.

Nicht zuletzt ist das Phänomen Globalisierung auch im Zusammenhang mit der Fachkräftethematik hoch relevant. Internationaler Standortwettbewerb bedeutet nämlich nicht nur weltweites Werben um die Unternehmen, sondern mindestens genauso das Werben um die dort benötigten Fachkräfte. Mögen bestimmte Produktionsentscheidungen vornehmlich unter Kostengesichtspunkten erfolgen, geht es bei den heute noch für Deutschland relevanten Standortentscheidungen vor allem auch über die Verfügbarkeit (hoch) qualifizierter Mitarbeiterinnen und Mitarbeiter. Daher ist die Beschäftigung mit dem demografischen Wandel und der zentralen Herausforderung Fachkräftesicherung ein in vielerlei Hinsicht komplementäres Handlungsfeld zur Globalisierung (siehe Abschn. 2.3).

Resümee

Der Megatrend Globalisierung ist einer der wesentlichen Rahmengeber der kommunalen Wirtschaftsförderung. Viele Betriebe sind direkt auf Weltmärkten aktiv und profitieren massiv vom Wachstum in anderen Regionen dieser Erde. Indirekt sind jedoch alle Unternehmen in der einen oder anderen Weise berührt. Neben den großen politischen Umwälzungen gegen Ende des vergangenen Jahrhunderts sind es technische Innovationen, vor allem bei den IuK-Technologien (Internet!), welche zu einer nie dagewesenen Vertiefung der internationalen Arbeitsteilung geführt haben. Daraus entstehen unter anderem Abhängigkeiten zwischen Unternehmen und ihren Zulieferern, innerhalb von Konzernen und zwischen Regionen, Staaten und Wirtschaftsräumen.

Die Wirtschaftsförderung muss vor diesem Hintergrund mehr denn je dazu beitragen, konkurrenzfähige Standortbedingungen zu schaffen oder zu erhalten. Dies wird sie vor allem dann leisten können, wenn sie den Unternehmensbestand pflegt und unterstützt. Im Einzelfall scheint auch eine Strategie vielversprechend, die aufstrebenden Schwellenländer nicht nur als interessante Wachstumsmärkte und (kosten-)günstige Produktionsstandorte zu betrachten, sondern zunehmend auch als Investoren in den Blick zu nehmen.

Kontroll- und Lernfragen

a. Welche Lebensbereiche sind durch Globalisierung betroffen?
b. Differenzieren Sie unterschiedliche Wirkungen der Globalisierung und diskutieren Sie positive und negative Aspekte.
c. Nennen Sie wichtige Treiber der Globalisierung.
d. Nennen Sie derzeitige und zukünftige Wachstumsregionen in der Welt.
e. Welche Chancen bieten diese Wachstumsmärkte?

2.3 Baustein 3: Handlungsfeld Demografischer Wandel

Lernziele

In diesem Abschnitt geht es zunächst darum, ein Verständnis für den demografischen Wandel als Megatrend zu entwickeln. Neben allgemeinen Grundlagen soll die besondere räumliche Dimension betont werden. In der öffentlichen Diskussion geht hier manches Detail verloren, welches jedoch für das Handeln der kommunalen Wirtschaftsfördereinrichtungen jedoch sehr wichtig sind.

Aus dem demografischen Wandel ergibt sich *das* Thema vieler kommunaler Wirtschaftsfördereinrichtungen überhaupt: der Fachkräftemangel, oder besser, die Erarbeitung von Strategien zur Fachkräftesicherung. Auch hier soll ein tieferes Verständnis dieser Herausforderung erreicht werden. Dabei steht die mögliche Rolle der Wirtschaftsförderung im Zentrum der Betrachtung.

2.3.1 Herausforderung demografischer Wandel – Grundlagen

Viele Regionen Deutschland sehen sich einem massiven demografischen Wandel ausgesetzt. Schulabgängerzahlen gehen zum Teil dramatisch zurück, junge Menschen wandern ab, Ältere verbleiben. Diese Kommunen haben mit Zukunftsängsten der unterschiedlichsten Art zu kämpfen, seit einigen Jahren wird im Zusammenhang der Wirtschaftsförderung vor allem der so genannte Fachkräftemangel diskutiert.

Das Phänomen des demografischen Wandels ist keineswegs neu. Gerade in den neuen Ländern sind die Kommunen seit Beginn der 90er-Jahre mit den Folgen konfrontiert. Die Facetten Alterung und Geburtenrückgänge sind allerdings schon lange vorher in Wissenschaftskreisen auch im Westen diskutiert worden und im Zusammenhang mit der ewig jungen Rentendiskussion immer wieder im politischen Diskurs aufgetaucht.

Tatsächlich gibt es verschiedene Treiber des demografischen Wandels, neben langfristigen Einflüssen spielen dabei auch kurzfristige Einflüsse eine Rolle. Daher lohnt sich eine differenzierte inhaltliche Annäherung, bevor die Folgen für die Wirtschaftsförderung diskutiert werden. Die Demografie beschäftigt sich mit

- der Zusammensetzung von Gesellschaften
- dem Alter,

2.3 Baustein 3: Handlungsfeld Demografischer Wandel

- dem Geschlecht,
- den Ethnien sowie
- den Faktoren, die diese Zusammensetzung beeinflussen.

Faktoren die den demographischen Wandel beeinflussen sind:

1. Mortalität: Altersspezifische Sterblichkeit einer Population, Überlebenswahrscheinlichkeit, Lebenserwartung, Sterbewahrscheinlichkeit
2. Fertilität: Geburtenrate einer Population (Geburten pro Frau)
3. Migration: Wanderungsbewegungen

Mortalität und Fertilität sind die beiden Faktoren, welche die natürliche Bevölkerungsentwicklung bestimmen. Hiervon lässt sich die gebräuchliche Kennzahl der Bevölkerungsstatistik ableiten, der Geburtenüberschuss bzw. -defizit. Diese Kennzahl misst die Differenz zwischen Lebendgeborenen und Gestorbenen und wird auch Geburtensaldo genannt. Eine positive natürliche Bevölkerungsentwicklung bedeutet einen natürlichen Zuwachs der Bevölkerung, der dann eintritt, wenn die Zahl der Lebendgeburten während des Betrachtungszeitraums höher ist als die Zahl der Sterbefälle. Bei einer negativen natürlichen Bevölkerungsentwicklung ist das Gegenteil der Fall: Die Zahl der Sterbefälle ist höher als die Zahl der Geburten, so dass die Bevölkerung abnimmt.

Am Beispiel der natürlichen Bevölkerungsentwicklung wird deutlich, wie wichtig es ist, zwischen nationalstaatlicher Betrachtung auf Bundesebene und regionale Betrachtung zu unterscheiden. Im ersten Fall ist die natürliche Bevölkerungsentwicklung eine langfristig gut prognostizierbare Größe. Weder die Geburtenrate noch die Mortalität hat sich in Deutschland von „heute auf morgen" verändert – im Gegenteil. Seit fast vier Jahrzehnten reicht die Zahl der geborenen Kinder bundesweit nicht aus, um die Elterngeneration zu ersetzen. Es sterben mehr Menschen, als Kinder geboren werden. Ohne Zuwanderung aus dem Ausland würde Deutschlands Bevölkerung bereits seit langem rapide schrumpfen.

Das Ausschlaggebende für die jüngsten Diskussionen liegt nicht darin, dass die Fertilität „neuerdings" dramatisch abgenommen hätte, sondern vor allem an den Folgen des generellen Geburtenrückganges („Pillenknick"), der inzwischen bereits vor rund 50 Jahren (!) einsetzte. Denn die Zahl der geborenen Kinder hängt vor allem von der Zahl der Frauen in einem Alter ab, in dem sie Kinder bekommen können. Und diese Zahl ist seit einigen Jahren deutlich geringer als noch in den 60er- und 70er-Jahren.

Der regionale oder kommunale Wirtschaftsförderer betreibt jedoch regionale oder kommunale Standortpolitik. Anders als etwa für Politiker und weitere Entscheider der Bundesebene ist für kommunale Wirtschaftsförderer naturgemäß die lokale und regionale Ausprägung von besonderer Bedeutung. Und hier wird die natürliche Bevölkerungsentwicklung stark durch den dritten Faktor, die Migration, beeinflusst.

Wichtig: hier führt die übliche nationalstaatliche Diskussion in die Irre! Denn in der öffentlichen Diskussion dominiert in der Regel das Thema Migration zwischen Deutschland und dem Ausland bzw. vor allem die Zuwanderung. Dies ist ohne Zweifel relevant, entscheidend für viele regionale Prozesse ist jedoch die Binnenwanderung innerhalb

Erstellungsdatum: 28.01.2016

STATISTISCHE ÄMTER
DES BUNDES UND DER LÄNDER

Regionalatlas Deutschland
Indikatoren des Themenbereichs "Bevölkerung"

Farbe	Wert [Anzahl]	Anzahl
	-104,8 bis unter -55,1	80
	-55,1 bis unter -40,8	81
	-40,8 bis unter -27,5	81
	-27,5 bis unter -14,7	80
	-14,7 bis 38,3	80
	Keine Daten vorhanden	0

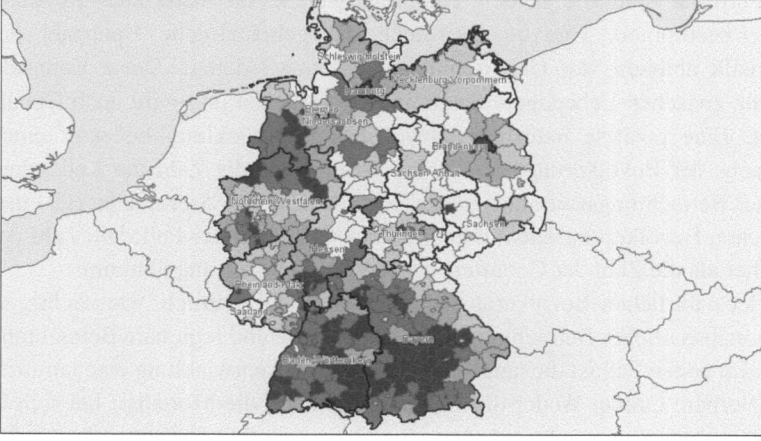

Maßstab 1 : 9.900.000

Abb. 2.10 Geburtenüberschüsse und -defizite. Quelle: Statistische Bundesamt. https://www-genesis.destatis.de/gis/genView?GenMLURL=https://www-genesis.destatis.de/regatlas/AI002-1.xml&CONTEXT=REGATLAS01

Deutschlands. Viele Regionen in den neuen Ländern, aber auch in einigen ländlichen Regionen in den alten Ländern haben in den letzten Jahren massive Abwanderung erlebt. Die Abgewanderten blieben jedoch ganz überwiegend in Deutschland.

Die großräumigen Haupttrends der Binnenmigration über Bundesländergrenzen der letzten Jahrzehnte waren eine Nord-Süd- und vor allem Ost-West-Wanderung der Bevölkerung. Die südlichen Bundesländer sind dabei seit Langem bevorzugtes Zuzugsgebiet. Dass es vor allem jüngere Menschen sind, die fortziehen, ist zwar in der Gesamtschau für Deutschland unwichtig, weil die große Mehrheit wie gesagt in Deutschland verbleibt. Für die natürliche Bevölkerungsentwicklung in den einzelnen Regionen hat diese Binnenwanderung jedoch markante Konsequenzen wie in Abb. 2.10 eindrucksvoll zu erkennen ist. In den dunkel gekennzeichneten Regionen gibt es noch Geburtenüberschüsse oder nur geringe Rückgänge der natürlichen Bevölkerungsentwicklung. Umso heller die Einfärbung der Regionen, desto gravierender ist das Geburtendefizit bzw. der Gestorbenenüberschuss.

Es ergibt sich faktisch einen demografischen Doppeleffekt, der die bundesweiten Disparitäten in der Alterszusammensetzung dadurch verstärkt, dass der Wegzug der Jungen anderswo die Bevölkerungsstruktur und die Geburtenrate positiv beeinflusst und zugleich die Überalterung der von Abzug betroffenen Regionen noch forciert.

Im Ergebnis zeichnet sich als logische Folge eine bundesweit sehr unterschiedlich ausgeprägte demografische Entwicklung ab. In der Abb. 2.11 wird deutlich, dass in einigen Regionen bis 2035 die Bevölkerung noch wachsen wird, viele, gerade in Ostdeutschland und den ländlich geprägten Regionen, (weitere) Rückgänge hinnehmen müssen.

Dabei gibt die Abbildung noch gar keine Auskunft über die Zusammensetzung der Bevölkerung, die Altersstruktur, die gerade für die vom Rückgang besonders betroffenen Regionen ungünstig ausfallen dürfte.

Als zentrale Wirkungen sind festzuhalten:

- Generell schrumpft die Bevölkerung in Deutschland, vor allem die erwerbsfähige
- Die Bevölkerung wird älter
- Aus regionaler Sicht spielt die Binnenwanderung innerhalb Deutschlands eine herausragende Rolle
- Die demografische Entwicklung verläuft in den Regionen und Kommunen zum Teil sehr unterschiedlich (schnell)
- Dabei sind gegensätzliche Entwicklungen auch benachbarter Kommunen zu beobachten (Speckgürtel der Metropolen!)
  – Eine wachsende Gruppe von Regionen wird mit (z. T. sehr stark) schrumpfender Bevölkerung umzugehen haben
  – Nur wenige, vorwiegend metropolitane Regionen werden auch zukünftig noch Bevölkerung hinzugewinnen oder noch längere Zeit eine stabile Bevölkerungszahl aufweisen.

2.3.2 Herausforderung Fachkräftemangel

An die Wirtschaftsförderung wird häufig von der Politik die Aufgabe herangetragen, den demografischen Wandel zu „gestalten". Nun können Wirtschaftsförderer auf viele Aspekte dieses Megatrends ganz offensichtlich kaum oder keinen Einfluss nehmen. Allerdings gibt es Bereiche wie den so genannten Fachkräftemangel, bei dem sehr wohl Einflussmöglichkeiten der lokalen Ebene vermutet werden können. Folglich ist dieses Thema fast in allen Wirtschaftsfördereinrichtungen ein Thema von hoher Priorität.

Dies stößt gelegentlich auf Kritik: beispielsweise gäbe es weiterhin viele Arbeitslose und entließen einzelne Unternehmen Mitarbeiter. Mögen diese Beobachtungen auch richtig sein, so stellen sie Bemühungen um eine Fachkräftesicherung nicht wirklich in Frage. Denn der Fachkräftemangel hat mehrere Dimensionen und ist deshalb differenziert zu betrachten:

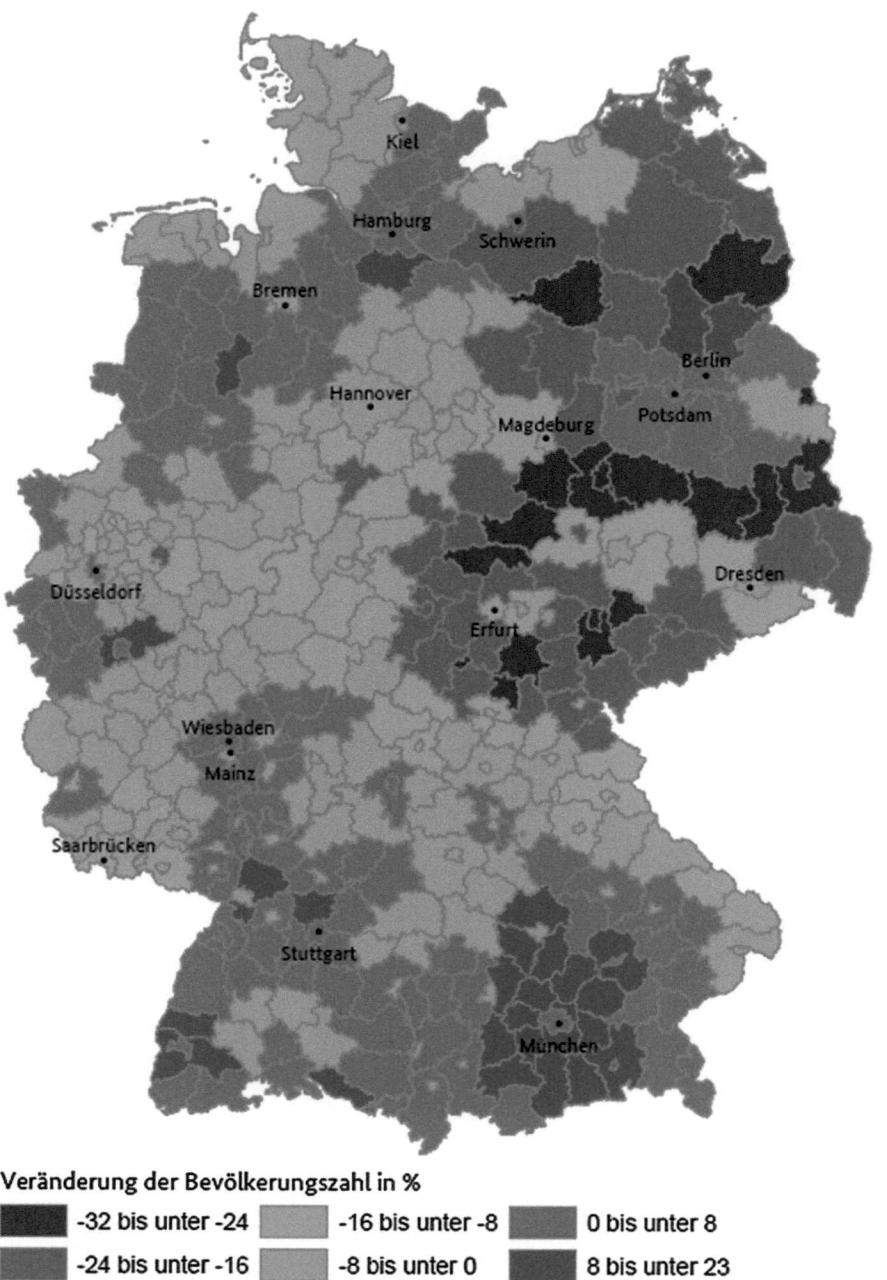

Abb. 2.11 Bevölkerungswachstum nach Kreisen 2012–2035 (http://www.demografie-portal.de/SharedDocs/Informieren/DE/ZahlenFakten/Bevoelkerungswachstum_Kreise_Prognose.html)

- **Fachkräftemangel als Frage der zeitlichen Perspektive**
Die Forschung sieht derzeit tatsächlich noch keinen generellen Fachkräftemangel, d. h. nicht überall und in jedem Unternehmen wird diese Problematik verspürt. Dies wiederum heißt jedoch keineswegs, dass sich z. B. eine Kommune nicht dieser Thematik annehmen müsste.
- **Fachkräftemangel als Frage der Branche bzw. Berufe**
Fachkräftemangel ist im starken Maße eine Frage der Branche bzw. der Berufe. In bestimmten Ingenieurberufen, in einigen Bereichen der Naturwissenschaften, bei Facharbeitern, Technikern, Meistern vieler Branchen, in der Gesundheitswirtschaft (Pflegekräfte, Ärzte) und bei den Auszubildenden, insbesondere im gewerblich-technischen Bereich, gibt es fast flächendeckend in Deutschland einen objektiven Mangel an Fachkräften.
- **Fachkräftemangel als Frage der Betriebsgröße**
Der Fachkräftemangel betrifft in der Regel stärker die kleineren Betriebe. Diese haben spezifische Nachteile gegenüber den Großbetrieben. Letztere verfügen über in der Regel ausgefeilte Personalbeschaffungsstrategien mit angestellten Personalfachleuten, haben eine gewisse Bekanntheit bei den Zielgruppen, können andere Löhne und Gehälter zahlen, bieten vielfältigere Aufstiegsmöglichkeit und die (vermeintlich!) sichereren Arbeitsplätze – kurz, sie wirken zunächst deutlich attraktiver und stehen bei den Arbeitnehmern im Ansehen in der Regel klar vor den Kleinbetrieben.

    Die KMU wiederum resignieren nicht selten angesichts dieser Ausgangssituation statt an ihrem häufig vorhandenem Strategiedefizit in Personalfragen zu arbeiten. Der klassische Weg, allein über Ausbildungsverhältnisse den eigenen Nachwuchs auszubilden und die Fachkräftebasis zu sichern, scheitert heute bereits vielfach an der – „dank" des demografischen Wandels – viel geringeren Zahl potenzieller Kandidaten.
- **Fachkräftemangel als Frage der Region**
Fachkräftemangel ist stark abhängig von dem regionalen Fachkräfteangebot und der regionalen Fachkräftenachfrage. Folglich stellt sich die Frage nach der regionalen Wirtschaftsstruktur bzw. dem Branchenmix und der Standortattraktivität. Damit im Zusammenhang stehen die bereits ausführlich diskutierten regionalen Wanderungsbewegungen. Ebenfalls relevant ist das Einzugsgebiet, sowohl in Hinblick auf Aus- wie auch Einpendler.

    In der Gesamtschau wird langfristig durchweg ein erheblicher Fachkräftemangel erwartet, wenngleich in der angesprochenen, jeweils spezifischen Ausprägung. Daher sollte eher von Fachkräftesicherung die Rede sein, denn eine solche Strategie scheint überall zweckmäßig. Im Übrigen kann Kritikern eines grundsätzlich entgegnet werden: praktisch sämtliche Aktivitäten der Fachkräfte**sicherung** dienen auch direkt dem allgemeinen Ziel der Wirtschaftsförderung, nämlich der Erhöhung der Standortattraktivität.

2.3.3 Fachkräftesicherung als Herausforderung der Wirtschaftsförderung

Zu Beginn ist eine umfassende und realistische Einschätzung der konkreten Situation vor Ort vorzunehmen. Wirtschaftsfördereinrichtungen können dies nicht alleine leisten, die Zusammenarbeit mit den Arbeitgebern, der Arbeitsagentur und anderen ist hier unverzichtbar.

In vielen Regionen gibt es in diesem Zusammenhang mindestens Ansätze eines so genannten Arbeitskräftemonitorings, um die Fachkräftebedarfe konkret zu ermitteln und zu überwachen.

Anschließend kann geprüft werden, auf welchen Felder Aktivitäten der kommunalen Wirtschaftsförderung überhaupt zielführend sind. Wie angesprochen, kann die natürliche Bevölkerungsentwicklung nicht Gegenstand der Wirtschaftsförderung vor Ort sein. Nur wenig Einfluss besteht zudem auf die durch Globalisierung und technische Entwicklung von außen gesetzten qualifikatorischen Anforderungen: Berufsbilder verändern sich fast ausschließlich in Richtung höherer Anforderungen, ungelernte Tätigkeiten gehen zurück – auch dies verschärft strukturell den Fachkräftemangel. Einzige Handlungsmöglichkeit der Wirtschaftsförderung ist hier der Hinweis auf die zwingende Notwendigkeit von Fortbildungsmaßnahmen sowie die Beratung zu entsprechenden Förderprogrammen.

Auch die mangelnde Attraktivität einer Branche oder Wirtschaftszweiges kann durch Wirtschaftsförderung nicht verändert werden. Allerdings können Vorurteile in den Köpfen, beispielsweise von Jugendlichen und ihren Eltern, abgebaut werden, etwa durch Berufsmessen, Zusammenarbeit von Schulen und Unternehmen, Betriebsbesuchsangebote etc. Die Wirtschaftsförderung ist hier nicht allein gefragt, aber häufig in der Rolle des Moderators, Ideengebers oder Initiators (siehe Abb. 2.12).

Die Standortattraktivität ist wiederum ein Feld, welches der kommunalen und regionalen Wirtschaftsförderung direkt zuzuschreiben ist. Hier kann Wirtschaftsförderung unmit-

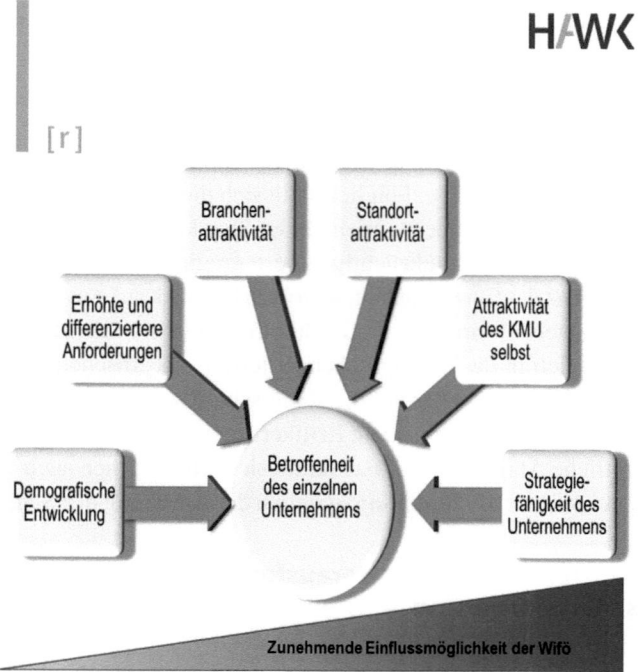

Abb. 2.12 Fachkräftesicherung (Eigene Darstellung) Einflussmöglichkeiten der Wirtschaftsförderung im Bereich

2.3 Baustein 3: Handlungsfeld Demografischer Wandel

Tab. 2.2 Ungenutzte Fachkräftepotenziale (Eigene Darstellung)

Zuwanderung	Bildungsreserven	Beschäftigungsreserven
• aus dem Ausland • aus dem Inland • Bindung der vorhandenen Fachkräfte	• Akademikerquote erhöhen • Duale Ausbildung stärken • Weiterbildung/Lebenslanges Lernen	• Ältere • Frauen • Verbesserte Integration von Migranten

telbar Einfluss nehmen oder sich als Anwältin der Unternehmen auf verschiedenen politischen Ebenen für eine Verbesserung einsetzen.

Die Attraktivität und Strategiefähigkeit der Unternehmen ist dann das zentrale Handlungsfeld für die Wirtschaftsförderung. Durch Information von Betrieben und Öffentlichkeit, Beratung und Fördermittelakquise kann hier zumindest ein Beitrag geleistet werden, damit die bereuten Unternehmen im Wettbewerb um Fachkräfte erfolgreicher agieren können.

Übergeordnet ist dann ein weiteres angebotsorientiertes Handlungsfeld zu nennen, welches auf kommunaler Ebene, allerdings im Zusammenspiel mit regionaler, Landes- und Bundesebene in den Blick genommen werden sollte: das stärkere Ausschöpfen bislang ungenutzter Fachkräftepotenziale. Drei Zielgruppen können dabei identifiziert werden: Zuwanderer (aus Aus- und Inland, d. h. auch sogenannte „Rückkehrer", die ursprünglich aus der Region kommen und zum Beispiel zum Studium oder aus beruflichen Gründen die Region verlassen haben), Menschen, die durch Aus- und Weiterbildung bzw. Höherqualifizierung die Fachkräftebasis erhöhen, sowie die so genannte „Beschäftigungsreserve", d. h. Personengruppen, die bislang aus unterschiedlichen Gründen bei den Erwerbstätigen unterrepräsentiert sind (siehe Tab. 2.2). Zentral ist in diesem Zusammenhang auch die Frage der Integration, weit über den Arbeitsmarkt hinaus.

Zum Abschluss sei darauf hingewiesen, dass der demografische Wandel, vielfach unbeachtet, auch zahlreiche Chancen für die regionale Wirtschaftsentwicklung birgt. Altersgerechte Produkte, barrierefreies Wohnen bis hin zur altersgerechten Kommune zeigen eine weitere, perspektivreiche Facette des demografischen Wandels. Daraus können Absatzchancen für die ansässigen Unternehmen generiert und Ansätze für die Profilbildung der Kommune in der Außen- und Innenwirkung geliefert werden. Wirtschaftsförderung hat somit auch in Hinblick auf den demografischen Wandel eine vortreffliche Möglichkeit, zu einer stärker chancenorientierten Sicht in Unternehmen und Gesellschaft beizutragen.

Resümee

Es gibt nicht *den* demografischen Wandel und deshalb auch nicht *die* Fachkräfteproblematik. Jede Region steht hier vor einer spezifischen Situation, die gründlich zu analysieren ist. Gerade bei dieser Thematik sind die Unternehmen selbst wichtige Impulsgeber. Partner wie Arbeitsagenturen, Kammern oder Beratungsunternehmen können wichtige Beiträge liefern.

Für die Wirtschaftsförderung steht in der Regel die Sicherung der Fachkräftebasis im Mittelpunkt des eigentlichen Handelns. Dabei wirkt der „demografische Wandel als Katalysator des Fachkräftemangels" (Kay und Richter 2010). Es reicht nicht durch themenbezogene Veranstaltungen auf die Wirkungen des demografischen Wandels hinzuweisen, vielmehr sind weitergehende Maßnahmen zu ergreifen,

Die Wirtschaftsförderung kann im Umgang mit dem demografischen Wandel ihren Beitrag leisten, indem sie …

- eine ehrliche und differenzierte Analyse des Status quo vornimmt,
- die regionalen Fachkräftebedarfe und -potenziale identifiziert,
- Unternehmen und Öffentlichkeit informiert und sensibilisiert,
- gegenüber Entscheidern und Fördergebern als Anwalt der Region agiert und

…zugleich aber positive Impulse setzt, indem vor allem auch auf Chancen hingewiesen und hingearbeitet wird:

- Ältere als Konsumenten und damit Marktchancen erkennen,
- Standortprofil erstellen und schärfen, Standortattraktivität erhöhen, eine geeignete Standortstrategie entwickeln.

Kontroll- und Lernfragen
a. Erläutern Sie, warum das Thema „Binnenwanderung" innerhalb Deutschlands für unseren Kontext so bedeutend ist.
b. Nennen Sie zentrale Wirkungen des demografischen Wandels im hier dargestellten Wirtschaftsförderkontext.
c. Welche Dimensionen sind für ein angemessenes Verständnis des Fachkräftemangels zu beachten?
d. Welche Einflussmöglichkeiten bieten sich der kommunalen Wirtschaftsförderung im Bereich Fachkräftesicherung?
e. Nennen und erläutern Sie wichtige Fachkräftepotenziale.

2.4 Baustein 4: Rechtliche Rahmenbedingungen und Grenzen der Wirtschaftsförderung

Lernziele
Kommunale Wirtschaftsförderung erfolgt freiwillig, allerdings nicht im rechtsfreien Raum. Vielmehr ist der rechtliche Rahmen durch Regelungen des Landes, des Bundes und der Europäischen Union recht eng gesteckt. Die Leser sollen in diesem Baustein die wichtigen gesetzlichen Rahmenbedingungen kennenlernen und verstehen. Dazu gehört auch die Antwort auf die Frage, warum der Gesetzgeber hier auf diesen engen Vorgaben besteht. Daher nimmt die Begründung des rechtlichen Rahmens einen gewissen Raum ein. Letztlich sollte deutlich werden, dass die so genannte direkte Wirtschaftsförderung keine Option in der Praxis (mehr) ist, sondern die indirekte Wirtschaftsförderung das Handeln der Einrichtungen bestimmt.

2.4.1 Eigenständige Wirtschaftsförderung der Kommunen

Aus dem Grundgesetz lässt sich durchaus das Recht der Kommunen ableiten, eigenständige Wirtschaftsförderung zu betreiben. Im Art. 28 Absatz 2 wird der Grundsatz der Allzuständigkeit der Gemeinden festgelegt, wörtlich heißt es:

„Den Gemeinden muss das Recht gewährleistet sein, alle Angelegenheiten der örtlichen Gemeinschaft im Rahmen der Gesetze in eigener Verantwortung zu regeln. Auch die Gemeindeverbände haben im Rahmen ihres gesetzlichen Aufgabenbereiches nach Maßgabe der Gesetze das Recht der Selbstverwaltung. Die Gewährleistung der Selbstverwaltung umfaßt auch die Grundlagen der finanziellen Eigenverantwortung; zu diesen Grundlagen gehört eine den Gemeinden mit Hebesatzrecht zustehende wirtschaftskraftbezogene Steuerquelle."

Hiermit obliegt die Entscheidung über das Ob, das Wann, Wo und Wie der Aufgabenwahrnehmung zunächst tatsächlich den örtlichen Kommunen. Bei genauerer juristischer Betrachtung ergeben sich jedoch für den Laien zunächst kaum erkennbare Einschränkungen:

1. Gleich zu Beginn ist von „Angelegenheiten der örtlichen Gemeinschaft" die Rede. Dies grenzt mögliche Aktivitäten durchaus ein, nämlich dann, wenn sie über die kommunalen Grenzen hinaus wirken.
2. Auch der Hinweis im selben Satz, der da lautet „im Rahmen der Gesetze", muss juristisch als Einschränkung interpretiert werden.[1] Er ist so zu verstehen, dass das Recht, „alle Angelegenheiten der örtlichen Gemeinschaft (…) in eigener Verantwortung zu regeln" eben nur im Rahmen von (EU-, Bundes- bzw. Landes-) Gesetzen gilt.

2.4.2 Rechtliche Grenzen von Wirtschaftsförderaktivitäten

„Über kommunale Wirtschaftsförderung zu reden, heißt, sich zuerst über den beschränkten Handlungsraum klar zu werden" (Klages und Lichtblau 1989, S. 115)

Klages und Lichtblau formulieren treffend den Ausgangspunkt dieses Abschnittes. Die hier konstatierte Begrenzung des Gestaltungsspielraums von kommunaler Wirtschaftsförderung erstreckt sich auf rechtliche Vorgaben zur direkten und indirekten Wirtschaftsförderung.

Über die rechtliche Zulässigkeit und den möglichen Umfang kommunaler Wirtschaftsförderung wurden in der „Stellungnahme der Innenministerkonferenz (IMK) zur kommunalen Wirtschaftsförderung vom 12. März 1981" grundsätzliche Feststellungen getroffen, die nach allgemeiner Einschätzung weiter gelten. Während die Innenminister damals zur „indirekten" Wirtschaftsförderung keine Einwände vorbrachten, sind zur „direkten"

---

[1] vgl. ausführlich Boyken 2002.

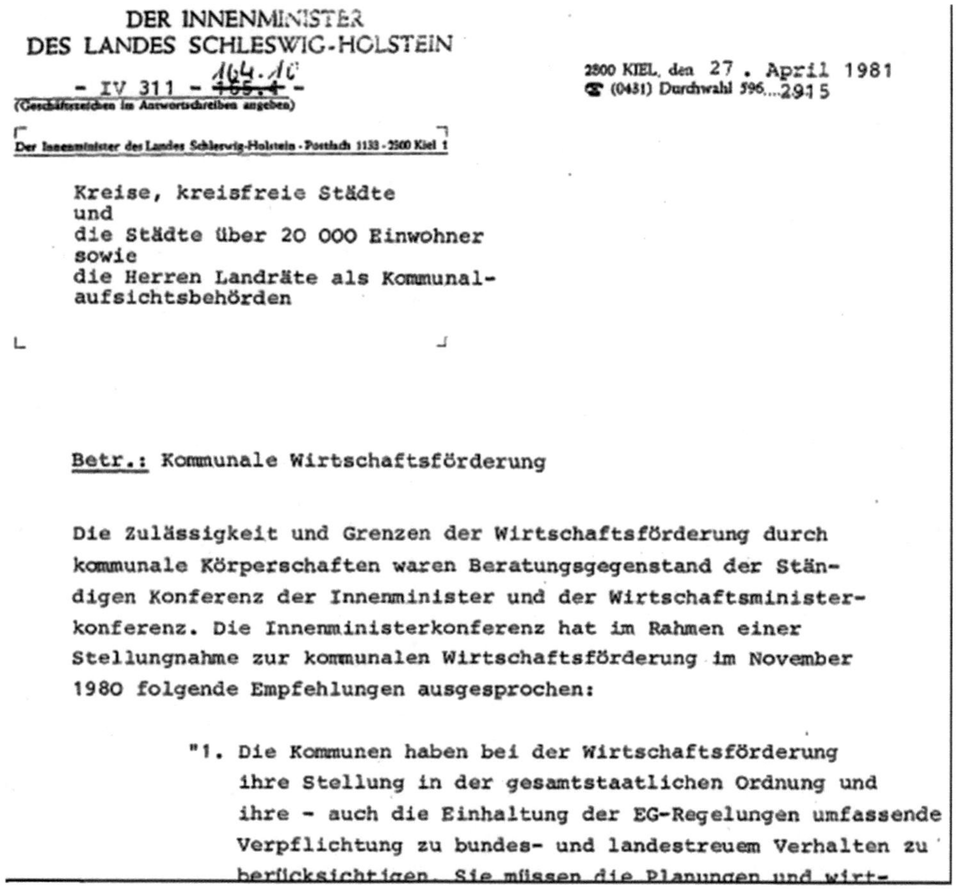

```
DER INNENMINISTER
DES LANDES SCHLESWIG-HOLSTEIN
                    164.10
   - IV 311 -   -165,4 -                    2800 KIEL, den 27. April 1981
(Geschäftszeichen im Antwortschreiben angeben)    ☎ (0431) Durchwahl 596...2915

Der Innenminister des Landes Schleswig-Holstein · Postfach 1133 · 2800 Kiel 1

    Kreise, kreisfreie Städte
    und
    die Städte über 20 000 Einwohner
    sowie
    die Herren Landräte als Kommunal-
    aufsichtsbehörden


Betr.: Kommunale Wirtschaftsförderung

Die Zulässigkeit und Grenzen der Wirtschaftsförderung durch
kommunale Körperschaften waren Beratungsgegenstand der Stän-
digen Konferenz der Innenminister und der Wirtschaftsminister-
konferenz. Die Innenministerkonferenz hat im Rahmen einer
Stellungnahme zur kommunalen Wirtschaftsförderung im November
1980 folgende Empfehlungen ausgesprochen:

    "1. Die Kommunen haben bei der Wirtschaftsförderung
        ihre Stellung in der gesamtstaatlichen Ordnung und
        ihre - auch die Einhaltung der EG-Regelungen umfassende
        Verpflichtung zu bundes- und landestreuem Verhalten zu
        berücksichtigen. Sie müssen die Planungen und wirt-
```

Abb. 2.13 Auszug aus der Stellungnahme der IMK vom 27.4.1981. Quelle: http://www.schleswig-holstein.de/IM/DE/KommunalesSport/KommunaleFinanzen/

Wirtschaftsförderung erhebliche Zweifel angemeldet worden, konkret wurden „Zweckmäßigkeits- und Rechtsprobleme" aufgeworfen (siehe Abb. 2.13).

Die „indirekte" Wirtschaftsförderung wurde unter dem Abschnitt „II. Hinweise" in der IMK-Stellungnahme als eine zulässige Aufgabe der Kommunen beschrieben:

> „Im Rahmen ihrer allgemeinen Aufgabenerfüllung fördern die Gemeinden die örtliche Wirtschaft in vielfältiger Weise, ohne unmittelbar in den Wirtschaftsprozess einzugreifen. Dies geschieht insbesondere durch die Schaffung günstiger Rahmenbedingungen in der städtebaulichen Planung, in der lokalen Infrastruktur und der Hebesatzpolitik, durch ein bedarfsgerechtes Angebot von Industrie- und Gewerbegelände und durch Beratung und Hilfestellung bei Standort-, Rechts- oder Verfahrensfragen im Zusammenhang mit Investitionsvorhaben. Derartige indirekte Wirtschaftsfördermaßnahmen sind als kommunale

2.4 Baustein 4: Rechtliche Rahmenbedingungen und Grenzen der Wirtschaftsförderung

> Aufgabenerfüllung im Rahmen der allgemeinen rechtlichen Schranken zulässig." (Innenministerkonferenz 1981)

Gänzlich anders fällt das Urteil über die so genannte direkte Wirtschaftsförderung aus. Diese direkten oder betriebsbezogenen Wirtschaftsförderungsmaßnahmen durch die Kommune setzen beim einzelnen Betrieb an. Die Innenminister führten dazu aus:

> „Dabei geht es insbesondere um Zuschüsse, Bürgschaften oder die Übernahme bestimmter Kosten, aber auch um verbilligte Veräußerung von Grundstücken und Ermäßigung, Stundung und Erlass von Kommunalabgaben. Hierbei stellen sich erhebliche Zweckmäßigkeits- und Rechtsprobleme." (Innenministerkonferenz 1981)

Maßnahmen der „direkten" Wirtschaftsförderung seien u. a. deshalb grundsätzlich keine kommunale Aufgabe, so die IMK, weil

- eine Verlagerung von privatwirtschaftlichen Risiken auf die Allgemeinheit stattfinde;
- durch eine Subventionskonkurrenz zwischen den Gemeinden die Gefahr bestehe, dass sich finanzschwache Gemeinden dabei finanziell übernehmen;
- die Gefahr von Fehlentscheidungen groß sei, da die Kommunen in der Regel nicht über die erforderlichen Kenntnisse der wirtschaftlichen Verhältnisse des einzelnen Betriebs verfügen;
- ein unzulässiger Eingriff in das Wettbewerbssystem stattfinde.

Kommunen selbst dürften grundsätzlich keine Sicherheiten zugunsten Dritter bestellen, weder Darlehen noch verlorene Zuschüsse an Dritte gewähren (das verbieten zudem die haushaltswirtschaftlichen Bestimmungen der Gemeindeordnungen der Länder). Davon könne nur ausnahmsweise abgegangen werden, wenn dies die kommunale Aufgabenerfüllung erfordert (z.B. bei Verfolgung städtebaulicher Zwecke oder die Umwelt entlastenden Maßnahmen). Im Übrigen sei es nicht Aufgabe der Kommunen, privatwirtschaftlichen Unternehmen das unternehmerische Risiko abzunehmen, ihnen bei Liquiditätsschwierigkeiten zu helfen oder ihnen die Aufnahme zinsgünstiger Kredite zu ermöglichen.

Zusammenfassend empfiehlt die Innenministerkonferenz entsprechend folgendes:

- Die Kommunen müssen die Planungen und wirtschaftspolitischen Entscheidungen des Bundes und der Länder beachten.
- Die Kommunen sollen sich bei der Wirtschaftsförderung auf die unbedenklichen Maßnahmen der indirekten Förderung im Rahmen der allgemeinen kommunalen Aufgabenerfüllung konzentrieren.
- Bei direkten Wirtschaftsförderungsmaßnahmen ist aus rechtlichen und wirtschaftspolitischen Gründen Zurückhaltung geboten. Direkte Wirtschaftsförderung ist nur ausnahmsweise zulässig; sie darf der staatlichen Wirtschaftspolitik nicht widersprechen.

- Fördermaßnahmen sollen nur nach Abwägung aller Vor- und Nachteile und unter Berücksichtigung sämtlicher Folgewirkungen ergriffen werden.
- Für von Kommunen getragene Wirtschaftsförderungsgesellschaften gelten die vorstehenden Grundsätze gleichermaßen.

Hinzuzufügen ist, dass aufgrund von EU-Recht ohnehin strenge Vorschriften für so genannte Beihilfen gelten, Im „Vertrag über die Arbeitsweise der Europäischen Union" (AEUV) heißt es etwa unter Artikel 107:

> „Soweit in den Verträgen nicht etwas anderes bestimmt ist, sind staatliche oder aus staatlichen Mitteln gewährte Beihilfen gleich welcher Art, die durch die Begünstigung bestimmter Unternehmen oder Produktionszweige den Wettbewerb verfälschen oder zu verfälschen drohen, mit dem Binnenmarkt unvereinbar, soweit sie den Handel zwischen Mitgliedstaaten beeinträchtigen."

Die Bedeutung von Art. 107–109 (AEUV) speist sich nicht nur dadurch, dass es sich um höchstes Recht handelt, sondern auch aus der eklatanten Höhe etwaiger finanzieller Folgen, die bei EU-Beihilfeverstößen zu erwarten sind.

Resümee

Die rechtlichen Einschränkungen der Wirtschaftsförderung können in zwei Aspekte unterteilt werden. Zunächst müssen Konflikte mit übergeordnetem Recht des Landes, des Bundes und der EU vermieden werden, im Grunde eine Selbstverständlichkeit und ebenso für andere kommunale Handlungsfelder maßgeblich.

Die IMK hat darüber hinaus unmissverständlich die Grenzen der konkreten Wirtschaftsförderaktivitäten vor Ort festgelegt. Die so genannte direkte Wirtschaftsförderung, die am einzelnen Unternehmen ansetzt, ist dabei keine echte Option. Sie führt zu Verzerrungen, birgt finanzielle Risiken, ist generell ordnungspolitisch höchst problematisch und verstößt entsprechend regelmäßig gegen europäisches Wettbewerbsrecht.

Erlaubt ist dagegen die indirekte Wirtschaftsförderung, die allen Akteuren offen steht und potenziell allen Unternehmen Nutzen stiftet. Dazu gehört das Schaffen günstiger Rahmenbedingungen u. a. durch eine entsprechende Stadt- und Regionalplanung, attraktive Hebesätze, Infrastruktur, ein Gewerbeflächenangebot und auch Beratungs- und Informationsleistungen.

Kontroll- und Lernfragen

a. Im Art. 28 Absatz 2 Grundgesetz wird der Grundsatz der Allzuständigkeit der Gemeinden festgelegt. Was ist daraus für die kommunale Wirtschaftsförderung abzuleiten?
b. Was versteht die IMK unter direkter und indirekter Wirtschaftsförderung?
c. Wie werden direkter und indirekter Wirtschaftsförderung beurteilt, was gilt entsprechend für die Praxis?

2.5 Baustein 5: Grundlagen der aktiven kommunalen Wirtschaftsförderung: Begriffe, Träger, Aufgaben

Lernziele

In diesem Baustein soll zunächst eine vertiefte Annäherung an den Begriff der kommunalen Wirtschaftsförderung erfolgen. Hier können zwei Sichtweisen unterschieden werden, die beide ihre Berechtigung haben und deshalb für ein umfassendes Verständnis grundlegend sind.

Aus den Begrifflichkeiten leitet sich anschließend die Frage nach den Trägern der kommunalen Wirtschaftsförderung ab. Im weiteren Sinne sind dies die zahlreichen Akteure im kommunalen Umfeld. Deren Rolle zu kennen, gegebenenfalls deren Erwartungen an die Verwaltung, aber auch deren mögliche Beiträge als Partner abschätzen zu können, ist für den kommunalen Wirtschaftsförderer unabdingbar.

Es folgt der Blick auf das Aufgabenspektrum. Immer wieder werden innerhalb dieses Skriptes einzelne Aufgabenfelder näher beleuchtet oder bestimmte Sortierungen vorgenommen. Innerhalb dieses Bausteins soll zunächst die Breite eines möglichen Aufgabenspektrums deutlich werden, wenngleich nicht jede Wirtschaftsförderung das volle Portfolio anbieten wird und kann.

Abschließend sollen deshalb auch weitere Grenzen der Wirtschaftsförderung aufgezeigt werden, diesmal nicht rechtlicher Art, sondern aufgrund der Beschränktheit finanzieller und personeller Ressourcen. Ein möglicher Lösungsansatz, um diese Grenzen zu überwinden, wird am Ende dieses Bausteins vorgestellt: die Kooperation mit Partnern verschiedenster Art.

2.5.1 Kommunale Wirtschaftsförderung – eine begriffliche Einordnung

Bislang war der Begriff der „kommunalen Wirtschaftsförderung" verwendet worden, ohne eine ausführliche Definition zu geben. Das geflügelte Wort der „Wirtschaftspolitik der Gemeinden" oder auch die Umschreibung als „Standortpolitik" verdeutlichen den Fokus auf den kommunalen Raum und grenzt die entsprechenden Maßnahmen von anderen, gesamtwirtschaftlich wirkenden Politiken, etwa zur Konjunktur- oder Wachstumsbelebung, ab. Womöglich hat der Leser mit kommunaler Wirtschaftsförderung zudem intuitiv die Vorstellung verbunden, hiermit seien entweder sämtliche denkbaren Aktivitäten auf kommunaler Ebene zu verstehen, die wirtschaftsförderlich wirken oder aber, eher funktional interpretiert, die Wirtschaftsfördereinrichtung selbst.

Der letztere Fall kann als klassische Sicht interpretiert werden.

▶ In der klassischen Sicht ist kommunale Wirtschaftsförderung als Verwaltungsaufgabe der Gemeinden, Städte und Landkreise definiert.

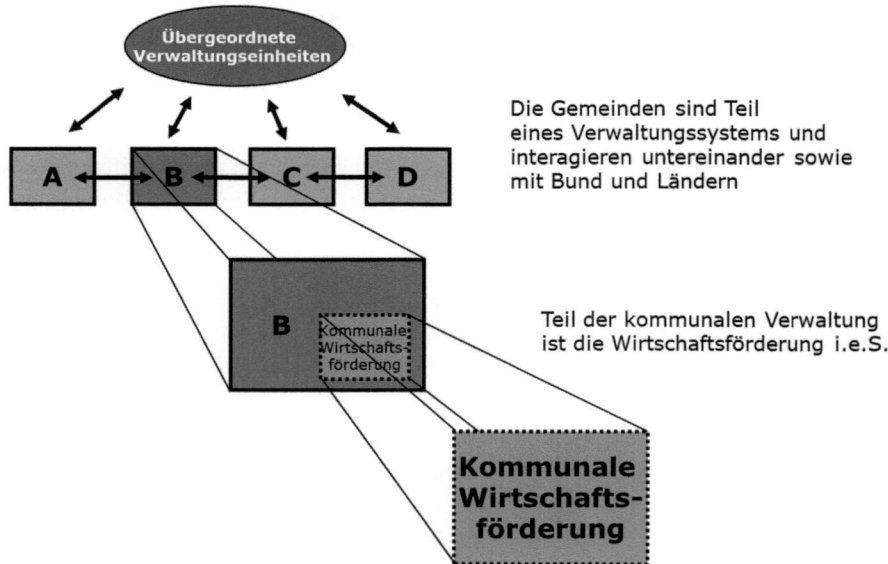

Abb. 2.14 Kommunale Wirtschaftsförderung als Teil der Verwaltung (Eigene Darstellung)

Kommunale Wirtschaftsförderung ist dann ein Amt, welches als Teil der kommunalen Verwaltung agiert (siehe Abb. 2.14) oder alternativ beispielsweise als GmbH ausgegliedert ist, aber eben diese Aufgabe im Auftrag wahrnimmt. Die Gemeinden sind wiederum Teil eines komplexen Verwaltungssystems und interagieren mit anderen Gemeinden, den Ländern, dem Bund und ansatzweise sogar mit der EU in Brüssel.

Diese „klassische" Sicht versteht kommunale Wirtschaftsförderung in einem *engen Sinne*. Vorteil dieser Definition ist die klare Abgrenzung, denn kommunale Wirtschaftsförderung ist dann genau das, was das Amt oder die GmbH mit selben Namen macht.

Allerdings: diese Sicht lässt unberücksichtigt, dass es andere Akteure auf kommunaler oder regionaler Ebene gibt, die ebenfalls Wirtschaftsförderung betreiben, oder zumindest erheblichen Einfluss etwa auf die Rahmenbedingungen vor Ort ausüben. Praktiker können „ein Lied davon singen", wie sehr z. B. die Stadtplanung, die Verkehrs- und Bauausschüsse, Dezernenten aus anderen Bereichen usw. durch Entscheidungen die Rahmenbedingungen nachhaltig verändern können, zum Teil ohne sich dessen bewusst zu sein.

▶ In einem weiter gefassten Begriff von kommunaler Wirtschaftsförderung werden deshalb sämtliche Maßnahmen verstanden, die in einer Kommune wirtschaftliche Aktivitäten befördern (oder behindern).

Damit werden viele, zum Teil sehr unterschiedliche Träger von Wirtschaftsförderaktivitäten explizit einbezogen, innerhalb der Verwaltung (Bürgermeister, Dezernenten, Abteilungsleiter) und außerhalb der Verwaltung (siehe folgender Abschnitt).

2.5.2 Partner der Wirtschaftsförderung

Ungeachtet dessen, ob der Begriff der kommunalen Wirtschaftsförderung in einem engeren oder in einem weiteren Sinne verstanden wird, die übrigen Träger wirtschaftsförderrelevanter Aktivitäten sind wichtige Akteure!

Bereits erwähnt wurden die Funktionsträger innerhalb der Verwaltung. Häufig entscheiden hier Vorgesetzte und Höhergestellte (Dezernenten und Abteilungsleiter) über Sachverhalte, die unbedingt der Einbeziehung von Fachwissen aus der Wirtschaftsförderabteilung bedürfen, um sachgerechte Entscheidungen im Sinne des Wirtschaftsstandortes fällen zu können. Folglich sind echte Netzwerkqualitäten gefragt: der Wirtschaftsförderer muss in diesen Fällen als Interessenvertreter innerhalb der Verwaltung agieren, im Idealfall den allseits anerkannten Status des Fachmannes innehaben und über ein hinreichendes Maß an Durchsetzungsfähigkeit und Überzeugungskraft verfügen.

Viele weitere externe Akteure oder *Player* vor Ort werden heute in der Praxis fast selbstverständlich als Netzwerkpartner gesehen, in einigen Fällen gelingt sogar eine sehr enge Zusammenarbeit bis hin zu einer integrierten Wirtschaftsförderung, bei der alle relevanten Aktivitäten miteinander abgestimmt oder verzahnt werden[2]. Eine wichtige Akteursgruppe in diesem Zusammenhang sind jene, die im eigenen Auftrag und ähnlicher oder identischer Art und Weise einzelne Themen der Wirtschaftsförderung bespielen: dies gilt im besonderen Maße für Kammern und Verbände, die ihren Mitgliedern eine Vielzahl (ähnlicher) Beratungsangebote offerieren und auf den verschiedenen Ebenen, nicht selten auch lokal, als Interessenvertreter der Unternehmen agieren. Hier kann es freilich auch zu gewissen Konkurrenzsituationen kommen, im Ideal wird aber ein abgestimmtes Verhalten (–> integrierte Wirtschaftsförderung) etabliert (siehe Abb. 2.15).

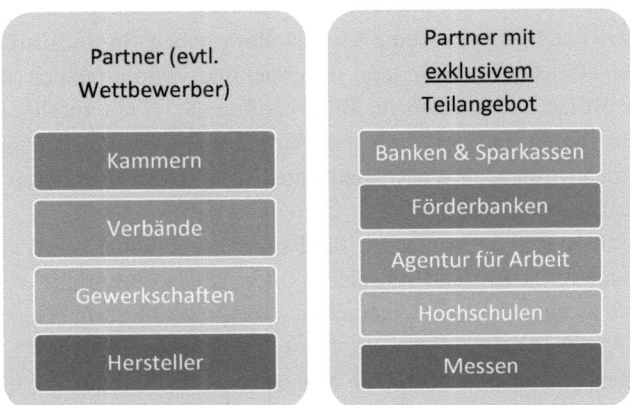

Abb. 2.15 Externe Partner der kommunalen Wirtschaftsförderung (Eigene Darstellung)

---

[2] Der Begriff der „integrierten" Wirtschaftsförderung wurde besonders durch das IAT (Institut Arbeit und Technik) in die Diskussion eingebracht (vgl. u.a. Gärtner et al. (2006) sowie Rehfeldt (2012)).

Abb. 2.16 Übersicht über weitere Akteure der Wirtschaftsförderung (Eigene Darstellung)

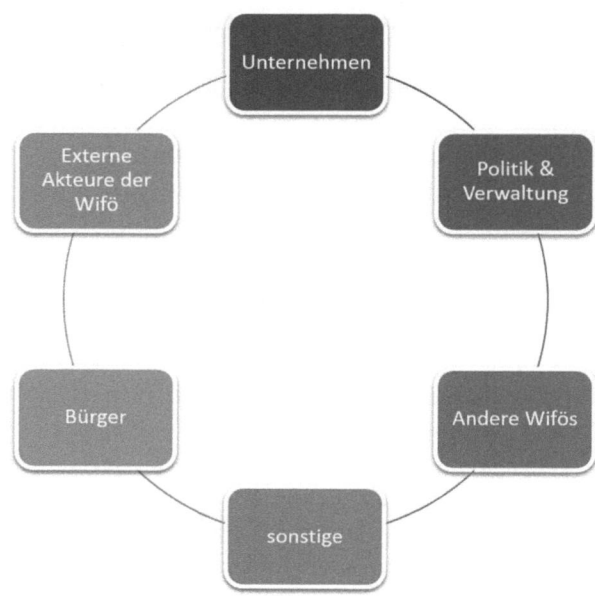

Bei einzelnen Themen können auch Gewerkschaften (Projekt-) Partner sein, etwa wenn es um Fortbildungsförderung oder Fachkräftesicherung geht. Überraschend häufig sind zudem Hersteller, Zulieferer, Franchisegeber oder andere Wertschöpfungspartner der Unternehmen vor Ort in bestimmter Weise wirtschaftsförderrelevant aktiv: im Bereich technischer Beratung, Ausstattung, Marketing aber auch Finanzierung. Allerdings geben sich hier eher selten Anknüpfungspunkte für gemeinsame Aktivitäten mit der kommunalen Wirtschaftsförderung.

Dagegen unverzichtbar sind Partner mit „exklusivem Teilangebot", weil Sie wichtige Bereiche ergänzen und hier (quasi) eine Alleinstellung haben. So sind die Geschäftsbanken und Sparkassen für die Finanzierung unverzichtbar, Förderbanken des Landes für Förderdarlehen, Bürgschaftsbanken für Bürgschaften etc. Nicht zufällig sind dies genau jene Leistungen, die, wenn sie durch die Wirtschaftsfördereinrichtung der Kommune selbst übernommen würden, als direkte und damit in der Regel unzulässige Wirtschaftsförderung gelten müssten.

Ebenfalls exklusiv sind die Angebote, die Partner durch hoheitlichen Auftrag übernehmen (z. B. Agentur für Arbeit und Jobcenter in der Arbeitsvermittlung), oder aber andere Funktionen erfüllen, die auch für die Unternehmen vor Ort wichtig sein können (Hochschulen, Messen) (siehe Abb. 2.16).

Es gibt darüber hinaus aber noch eine Menge weiterer Akteure, die eine Wirtschaftsfördereinrichtung im Blick haben muss: zum einen natürlich die Unternehmen. Unternehmen werden zunehmend nicht nur als Zielgruppe von Wirtschaftsförderung gesehen – diese Rolle steht außer Frage – sondern zusätzlich als Partner! D. h. Unternehmen sind nicht nur als zu beratende, zu unterstützende Objekte der Wirtschaftsförderung zu sehen, sie können potenziell auch selber aktiv werden und mitgestalten, im eigenen Interesse, aber auch im Interesse der Region, der Kommune.

Eine wachsende Zahl von Unternehmen engagiert sich dabei in unterschiedlicher Weise und aus unterschiedlichen Motiven. Stichworte in diesem Zusammenhang sind *CSR (Corporate Social Responsibility), Corporate Citizenship, Corporate Regional Responsibility* usw.

Gemein ist diesen Ansätzen, dass sich ansässige Unternehmen (über gesetzliche Vorgaben hinaus) vor Ort engagieren, durch Finanzierung bestimmter Projekte, durch Teilnahme an Projekten, durch Einbringung bestimmter Ressourcen usw. Bekannt und weit verbreitet sind vor allem das Sponsoring und Spenden, relevant in unserem Kontext ist aber das regionale Engagement im Bereich Stadt- und Regionalentwicklung oder direkt der Wirtschaftsförderung. Manch Pionierunternehmen erkennt nämlich, dass es für Fachkräfte nur attraktiv sein und bleiben kann, wenn auch der Standort attraktiv ist und beteiligt sich deshalb finanziell oder mit *manpower* an Projekten zur Verbesserung der Standortqualität.

Solche Unternehmen zu finden, zu solchen Aktivitäten anzustiften oder sie bei lokal wirksamen Projekten zu unterstützen, ist ein recht neues Aufgabenfeld der Wirtschaftsförderung und sicherlich in vielen Fällen ein recht mühsames. Nicht jede Kommune verfügt über Unternehmen und Unternehmer, die für diese Themen zu gewinnen sind, sich dann auch beteiligen (können) oder sogar eigeninitiativ Projekte anstoßen. Dort, wo es passiert, erhält die kommunale Wirtschaftsförderung jedoch wertvolle Unterstützung und in vielerlei Hinsicht Rückenwind.

Unternehmer sind jedoch nicht nur Unternehmer, sie sind in der Regel auch Bürger der Kommune, und Ihre Mitarbeiter ebenfalls. Somit sind Bürger schon immer zumindest mittelbare Zielgruppe der Wirtschaftsförderung gewesen. Wirtschaftsförderung sollte aber die Bürger auch aus anderen Gründen im Blick haben:

- Wirtschaftsförderung muss die eigene Existenz vor dem Bürger als Wähler und Steuerzahler stets aufs Neue rechtfertigen.
- Vor allem aber muss Wirtschaftsförderung stärker als früher um Maßnahmen werben und Akzeptanz schaffen. Die Argumente Arbeitsplätze und Gewerbeeinnahmen allein reichen häufig nicht mehr, um Ansiedlungen und Infrastrukturmaßnahmen zu rechtfertigen – Partizipation, Transparenz und Überzeugungskraft sind immer mehr gefragt!

Weitere Partner der Wirtschaftsförderung befinden sich möglicherweise außerhalb der eigenen administrativen Grenzen. Echte integrierte Wirtschaftsförderung erfordert die Zusammenarbeit zwischen kommunaler und regionaler Wirtschaftsförderung und generell eine Zusammenarbeit über den eigenen räumlichen Arbeitsbereich, die Verwaltungsgrenzen, hinaus. Gute Gründe sprechen dafür:

- Bestimmte Themen sind sinnvoll nur im überregionalen Verbund zu bearbeiten, weil z. B. Wertschöpfungsketten dies vorgeben oder sich so notwendige Kompetenzen ergänzen,

- Ansiedlungspolitik kann die Vorteile einer größeren Gebietskulisse nutzen (Beispiel: eine Nachbarkommune verfügt über ein geeignetes Gewerbegebiet, die andere über interessante Wohnmöglichkeiten, die dritte über attraktive Naherholungsgebiete. Eine gemeinsame Vermarktung macht hier offensichtlich Sinn…)
- International wird man häufig erst im Verbund, als größere Region, wahrgenommen,
- Teure Messeauftritte sind oft nur gemeinsam zu stemmen.

Sonstige Player, die wichtig für den Erfolg der Wirtschaftsförderung sind und die sich eher außerhalb der kommunalen Grenzen befinden, sind:

- Bundes- und Landespolitik,
- EU-Institution und (Struktur)-Politik,
- Medien (Pressearbeit).

2.5.3 Aufgaben der kommunalen Wirtschaftsförderung

Kommunaler Wirtschaftsförderung hat die Aufgabe, die Wohlfahrt der Bürger im Zuständigkeitsbereich zu mehren. Ziele sind dabei – wie bereits angemerkt – die Stärkung des Standortes durch Erhöhung oder Stabilisierung der regionalen Wertschöpfung und der regionalen Erwerbstätigkeit, sowie einer Erhöhung der Finanzkraft der Kommune. Dies wird erreicht durch Verbesserung der kommunalen oder regionalen Rahmenbedingungen für Unternehmen und Bürger bzw. Fachkräfte, kurz: über eine hohe Standortattraktivität.

Im Ideal und nach Vorstellung vieler Kommunalpolitiker bestehen die Aktivitäten der Wirtschaftsförderung in folgenden Bereichen:

- Unternehmensbestandspflege
- Gründungsberatung
- Gewinnung von Ansiedlungen
- Gewerbeflächenmanagement
- Sicherung und Entwicklung der wirtschaftsnahen Infrastruktur (z. B. Breitband, leistungsfähige Verkehrsnetze usw.)
- Innovations- und Wissenstransfer, wenn vorhanden mit Beteiligung von Hochschulen
- „Clustermanagement" bzw. branchenorientiertes Netzwerkmanagement
- Fachkräftesicherung
- Beteiligung an Projekten der Stadtentwicklung und anderen Vorhaben der Stadtverwaltung
- Standortmarketing
- Sicherung und Entwicklung des Einzelhandelsstandortes
- Fördermittelberatung

2.5 Baustein 5: Grundlagen der aktiven kommunalen Wirtschaftsförderung...

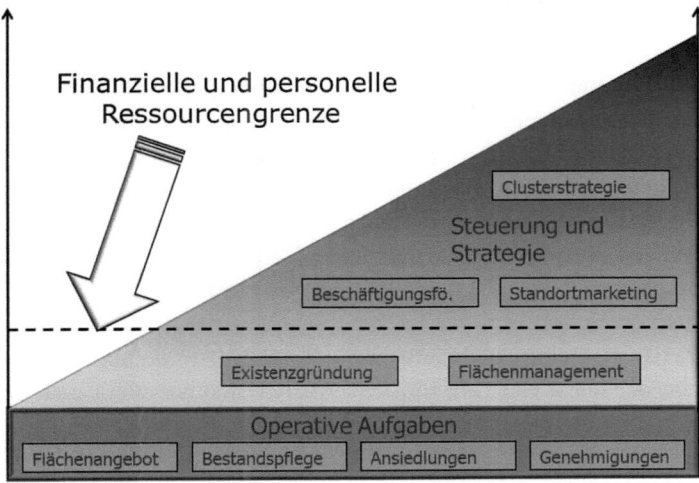

Abb. 2.17 Ressourcengrenze von Wirtschaftsförderaktivitäten (Eigene Darstellung)

- Information über Trends, Gesetzesänderungen usw.
- u.v.m..

Der Wirtschaftsförderer ist somit im Ideal zugleich Lotse, Berater, Moderator, Promotor, Mediator, Lobbyist, Verkäufer, Gestalter, Stratege und Manager, gelegentlich in einer Person. Auch wenn die oben dargestellten Aktivitätenbereiche bei näherer Betrachtung eine Vielzahl von Unteraufgaben enthalten, die erst im weiteren Verlauf näher betrachtet werden, lässt sich bereits an diesem Punkt die Gefahr der Überforderung bzw. der Überfrachtung mit Aufgaben und Erwartungen erkennen.

In Abb. 2.17 ist in Anlehnung an (vgl. Gärtner et al. 2006). visualisiert, wie jede Wirtschaftsförderung über eine spezifische Ressourcengrenze verfügt. In diesem Beispiel erlaubt die finanzielle und personelle Ausstattung das Angebot von „klassischen" operativen Aufgaben, auch kann ein echtes Flächenmanagement und vielleicht noch eine Existenzgründungsberatung angeboten werden, zu mehr reicht es aber nicht, weil das Geld, Personal und/oder Know-how fehlt. Die vielleicht von der Politik gewünschte Clusterstrategie und andere strategische Felder können von dieser Wirtschaftsförderung nicht erbracht werden, sie liegen „im roten Bereich".

Naheliegend, dass in einem solchen Fall auch interne Konflikte entstehen können darüber, welche Felder prioritär zu bespielen sind und welche Breite das Angebot generell haben sollte. Eine entsprechend klare und fundierte Kommunikation in Richtung Erwartungsträger aus Verwaltung, Politik und Gesellschaft ist also unabdingbar.

2.5.4 Integrierte Wirtschaftsförderung als Lösungsansatz

Die finanziellen Rahmenbedingungen bzw. Vorgaben, z. B. des Landes (Gebot der Wirtschaftlichkeit, Beachtung des gesamtwirtschaftlichen Gleichgewichtes u. ä.), die knappen Kassen der Kommunen und die eigenen Kompetenzen der Wirtschaftsförderung stellen Begrenzungen dar, die durch Kooperation bzw. eine integrierte Wirtschaftsförderung durchaus geweitet werden können. Wenn auch andere ihre Ressourcen einbringen, erhöht sich automatisch das gemeinsame Potenzial. Synergien können gehoben werden, indem Doppelungen vermieden werden und im Ideal jeder Partner beiträgt, was er/sie am besten kann.

Wie die weiteren Ausführungen zeigen werden, liegen in der Zusammenarbeit, einer integrierten Wirtschaftsförderung tatsächlich erhebliche Potenziale. Zugleich sind die Herausforderungen, welche unter anderem in der Überwindung von rechtlichen Schranken einerseits aber auch Egoismen, Eitelkeiten und Kirchturmdenken andererseits bestehen, nicht zu unterschätzen.

In der Praxis setzt eine solch integrierte Wirtschaftsförderung einen langwierigen Prozess voraus, der selbst viel Zeit, Einsicht, Analyse und vor allem auch Vertrauen zwischen den Partnern voraussetzt.

Resümee

Kommunale Wirtschaftsförderung kann in zweierlei Sinne verstanden werden: in einem engeren Verständnis ist damit die Funktion, das Amt oder die Gesellschaft gemeint. Kommunale Wirtschaftsförderung ist dann klar zu verorten und einer bestimmten Institution zuzurechnen.

Wirtschaftsförderung in einem weiteren Sinne umfasst sämtliche Maßnahmen, die in einer Kommune oder Region wirtschaftliche Aktivitäten befördern. Neben der kommunalen Wirtschaftsfördereinrichtung gibt es dann noch eine Vielzahl weiterer Akteure, die durch ihre Entscheidungen, Dienstleistungsangebote oder andere Tätigkeiten auf den Standort wirken.

Dabei bieten sich Partnerschaften und Zusammenarbeit an, zumal die Ressourcen einer kommunalen Wirtschaftsförderung immer begrenzt sind, finanziell und/oder personell. Kooperation *kann* in einer weit entwickelten Form sogar in einer integrierten Wirtschaftsförderung münden, in der alle Aktivitäten abgestimmt und optimiert sind, zum Vorteil der Unternehmen vor Ort und des Standortes insgesamt.

Kontroll- und Lernfragen

a. Wie unterscheiden sich die Definitionen der Wirtschaftsförderung in einem engeren und in einem weiteren Sinne?

b. Welches sind weitere Akteure der Wirtschaftsförderung? Gehen Sie dabei auch auf die jeweiligen Beiträge zur Wirtschaftsförderung ein und erläutern Sie das Zusammenspiel mit der kommunalen Wirtschaftsfördereinrichtung.

c. Welche Aufgabengebiete werden an kommunale Wirtschaftsfördereinrichtungen üblicher Weise herangetragen?

d. Worin liegt die Problematik der Aufgabenfülle aus Sicht des kommunalen Wirtschaftsförderers.

e. Erläutern Sie Chancen und Herausforderungen von Kooperationen mit Partnern im Wirtschaftsförderbereich.

2.6 Baustein 6: Organisationstruktur der Wirtschaftsförderung

> **Lernziele**
>
> Dieser Baustein beschreibt die Einordnung der Wirtschaftsförderung in die Grundstrukturen der öffentlichen Verwaltung. Hierbei sollen geeignete Organisationsstrukturen für eine effektive Aufgabenerledigung und für „kurze Wege" aufgezeigt werden. Weiterhin sind Möglichkeiten interkommunaler Zusammenarbeit in der Wirtschaftsförderung beispielhaft aufgeführt.

2.6.1 Rolle und Organisation der Wirtschaftsförderung

Moderne Wirtschaftsförderung nimmt heute, gleich ob innerhalb oder außerhalb der Verwaltung organisiert, immer auch eine Mittlerrolle ein. Die Wirtschaftsförderung ist das aktive Bindeglied zwischen der Wirtschaft und der Verwaltung. Das gilt für die schriftliche und mündliche Kommunikation genauso wie für die eigentliche Erledigung ihrer Kernaufgaben.

Die Aufgabenstellungen der Wirtschaftsförderung entspringen den aktuellen oder mittelfristigen Problemstellungen der jeweils in der Gemarkung verorteten Unternehmen, sowie den Anforderungen auswärtiger, ansiedlungswilliger oder zukünftiger Unternehmen.

Der Wirtschaftsförderer wird gelegentlich als „Störer in der Verwaltung" empfunden und dargestellt. Dies resultiert in der Regel aus besagter Mittlerrolle. Denn aus der Wirtschaft werden oftmals sehr zügig zu bearbeitenden Problemstellungen an die Verwaltung herangetragen. Somit kommt es ämterübergreifend zu Aufgabenstellungen, die seitens der Wirtschaftsförderung als besonders zeitnah und dringend eingeschätzt werden, jedoch durch andere Abteilungen innerhalb der Verwaltung umgesetzt werden müssen. Hier sorgt die Übermittlung bzw. Weiterleitung der Probleme innerhalb der Verwaltung nicht selten für interne Konflikte.

Die Wirtschaftsförderung sieht es darüber hinaus regelmäßig als ihre Aufgabe, die (rasche) Umsetzung bzw. Bearbeitung zu überwachen, gegebenenfalls in der jeweiligen Abteilung nachzuhaken und Prozesse, wenn möglich, zu beschleunigen. Auch dies stößt bei den zuständigen Verwaltungsabteilungen selten auf große Begeisterung. Letztlich kann die Wirtschaftsförderung in der beschriebenen Rolle jedoch Konflikten kaum aus dem Weg gehen. Dabei sind Fingerspitzengefühl, viel Kommunikation und nicht zuletzt ein gewisses Konfliktmanagement erforderlich. Zugleich werden aber ebenso zumindest Grundkenntnisse über die einzelnen Zuständigkeitsbereiche und deren spezifische Prozesse benötigt.

Hinzu kommt ein weiterer Aspekt: nahezu sämtliche Aufgabenstellungen in einer modernen Wirtschaftsförderung gehen mit einer Außenwirkung einher. Dabei ist es nicht unüblich, dass sich der Wirtschaftsförderer im Interessenskonflikt zwischen der hoheitlich

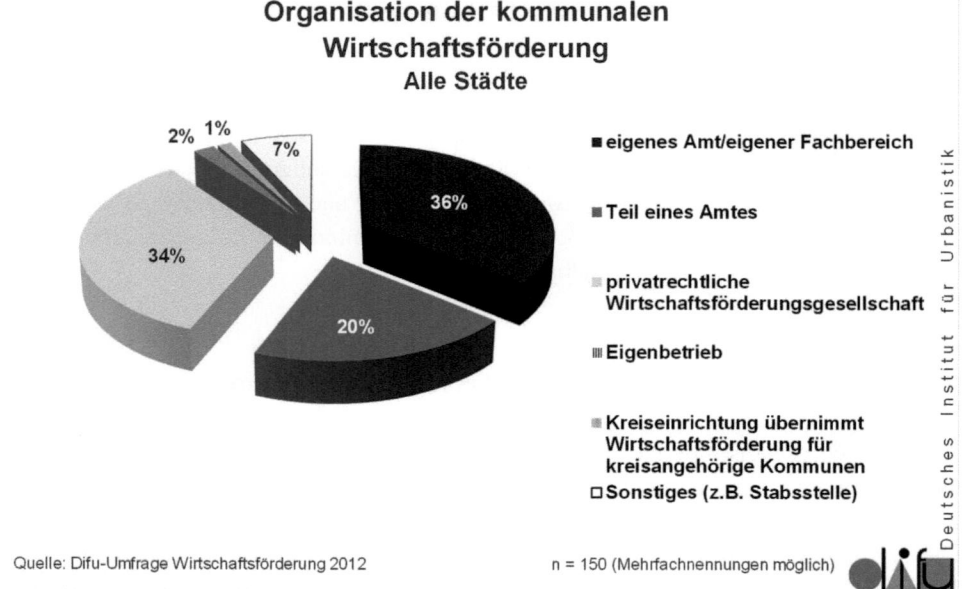

Abb. 2.18 Organisation der kommunalen Wirtschaftsförderung. (Quelle: Difu)

tätigen Verwaltung und den eher privatrechtlich angesiedelten Aktivitäten befindet. So sind oftmals Ermessensentscheidungen in der Wirtschaftsförderung erforderlich. Hier zeigt sich immerhin ein wichtiger Vorteil, über den die Wirtschaftsförderung regelmäßig verfügt und der auch von ihr selbst nicht vergessen werden sollte: für Entscheidungen steht ihr oft ein größerer Spielraum zur Verfügung als den anderen Abteilungen einer Verwaltung.

Grundsätzlich ist eine Wirtschaftsförderung eine freiwillige Aufgabe in jeder Kommune, Landkreis oder anderen Gebietskörperschaften. Das bestmögliche Zusammenwirken von Gewerbetreibenden, Einzelhändlern, Industriebetrieben oder touristischen Einrichtungen, ist die Grundlage für die Einrichtung einer funktionierenden Wirtschaftsförderung (siehe Abb. 2.18).

In Deutschland existieren derzeit ca. 2000 Wirtschaftsförderungen in den unterschiedlichsten Strukturen. Dabei sind ca. 1270 Ämter oder Stabsstellen in Kommunen anzutreffen. In Städten über 20.000 Einwohner ist die Mehrzahl von ca. 670 Wirtschaftsförderungen verortet. Weiterhin gibt es ca. 600 Wirtschaftsförderungsgesellschaften, ca. 320 Abteilungen der Wirtschaftsförderung sind in Landkreisen angesiedelt.

Damit bleibt die Mehrzahl der Wirtschaftsförderungen innerhalb der Kommunalverwaltung organisiert. Nach einer Befragung der *difu* gibt es weitere Einblicke in die bundesweite Organisation der kommunalen Wirtschaftsförderung (Zwicker-Schwarm 2013, S. 4):

- Insgesamt der größte Teil (36 Prozent) ist innerhalb der Kommunalverwaltung als Amt organisiert
- 20 Prozent (vermutlich in kleineren Gemeinden) sind lediglich als Teil eines Amtes oder Fachbereichs innerhalb der Kommunalverwaltung organisiert
- Ein Drittel ist als privatrechtliche Wirtschaftsfördergesellschaften organisiert, übrigens in der Regel gänzlich oder mehrheitlich in öffentlicher Hand. An einigen sind Unternehmen beteiligt an anderen öffentliche Banken, Sparkassen oder Kammern.

2.6.2 Organisation innerhalb der Verwaltung

Die personelle Ausstattung der Wirtschaftsförderungsdienststellen im bundesdeutschen Vergleich variiert sehr stark. Dies ist von der wirtschaftlichen Lage, der Haushaltslage, dem Stellenwert, der der Wirtschaftsförderung beigemessen wird und der Größe der jeweiligen Kommune abhängig. Insgesamt reicht in den Städten und Gemeinden, die Zahl der Mitarbeiter, die sich mit Wirtschaftsförderung befassen, von einer halben Stelle bis zu 25 Mitarbeitern. Im gewichteten Mittel steht ein Mitarbeiter für die Wirtschaftsförderung zur Verfügung. Bis zu 75 % der Gemeinden bis 30.000 Einwohner haben bis zu 1,5 Stellen für die Wirtschaftsförderung. Nur im Ausnahmefall sind es hier mehr Mitarbeiter.

Besonders in Kommunen unter 20.000 Einwohnern wird die Wirtschaftsförderung in der Regel von nur einer Person begleitet. Hierbei ist es schwierig, dass Komplettprogramm zu den Ansiedlungsaktivitäten, zur strategischen Planung oder zur Bestandspflege den Unternehmen anzubieten. Der Wirtschaftsförderer in diesen kleinen Gebietskörperschaften ist jedoch immer ein guter Ansprechpartner für die Gewerbetreibenden, wenn es darum geht aktuelle Probleme in der Verwaltung zu behandeln und als Vermittler zwischen Gewerbe und Verwaltung aufzutreten. In den meisten Fällen begleitet dieser Wirtschaftsförderer eine Stabsstelle und ist direkt dem Bürgermeister oder dem Bauamtsleiter zugeordnet.

In Kommunen über 20.000 bis ca. 100.000 Einwohner ist meistens mit einem Personalbestand von 2–10 Mitarbeitern ein umfangreicheres Aufgabengebiet zu erledigen. Hier spielt neben den drei klassischen Aufgabenfeldern das Thema Innenstadtmarketing, Tourismus, Clusterentwicklung oder der Begleitung von Infrastrukturmaßnahmen eine bedeutende Rolle. Diese Wirtschaftsförderung ist in der Regel als Stabsstelle direkt dem Bürgermeister unterstellt oder als eigenes Amt in der Verwaltungsstruktur anzutreffen. Gemeinsame Strukturen mit dem jeweiligen Stadtplanungsamt und oder dem Liegenschaftsamt erweisen sich immer mehr als vorteilhaft.

Dabei ist jedoch zu beachten, dass die Prioritäten in einer so zusammengefassten Abteilung den Wirtschaftsförderergrundsätzen unterliegen sollten. Einer Stadtplanung kann und sollte sich die Wirtschaftsförderung dabei nicht unterordnen.

Beispiel einer Aufgabenzuordnung in einer Stabsstelle Wirtschaftsförderung einer Kommune mit ca. 30.000 Einwohnern und ca. 160 Mitarbeitern in der Kernverwaltung.

Dabei sind die Stabstellen Wirtschaftsförderung mit 3 Vollzeitmitarbeitern direkt dem Bürgermeister unterstellt. Damit ist eine direkte Aufgabenzuteilung in alle Abteilungen möglich (siehe Abb. 2.19).

2.6.3 Stellenbeschreibungen gemäß der i.R. stehenden Verwaltungsstruktur

Grundsätzliche Aufgaben der Wirtschaftsförderung untergliedern sich in Ansiedelungsaktivitäten, Strategie und Planung, Marketing, Tourismus, interne Arbeitsaufgaben und Bestandspflege. In der Folge werden nun exemplarisch übliche Tätigkeiten, die typischer Weise mit bestimmten Stellen verbunden sind, beschrieben:

Leiter der Stabsstelle
Ansiedlungsaktivitäten

- Grundstücks – und Ansiedlungsverhandlungen zu Gewerbeansiedlungen führen
- Abschluss und Begleitung von Kaufverträgen für Gewerbegebietsflächen
- Presse – und Öffentlichkeitsarbeit, Werbung für die Vermarktung der freien Gewerbeflächen
- Aufstellung und Aktualisierung der gewerblichen Internetseiten
- Neue Betriebe, Handelseinrichtungen, Handwerk, Verbände, Gesundheitseinrichtungen, Behörden sowie Bildungs- und Forschungseinrichtungen bei der Ansiedelung unterstützen
- Flächenbedarfsberechnungen für Vorschläge zur Erweiterung und Erschließung von Gewerbe- und Reserveflächen vornehmen

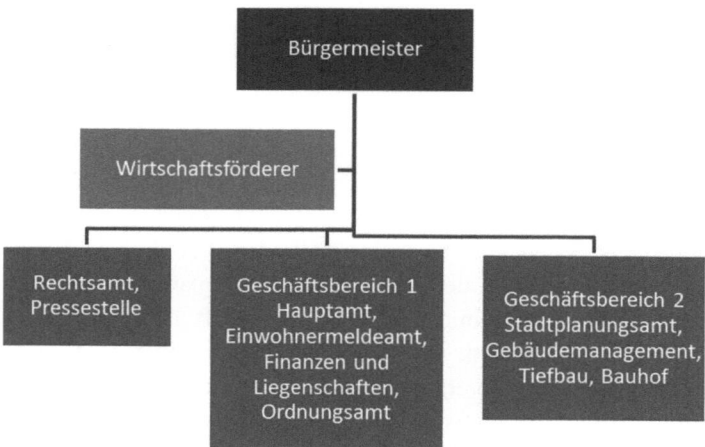

Abb. 2.19 Typische Stabstellenstruktur (Eigene Darstellung)

- Begleitung der Unternehmen bei Investitionen und Betriebserweiterungen bezügl. Bauanträge, Versorgungsträger, Bauverzeichnis, Einladungslisten, Behördendschungel, Telefonbücher uvm.

Strategie und Planung

- Wirtschaftsförderliche Interessen bei örtlichen Planungen vornehmen
- Vorschläge zur Verbesserung der überregionalen Verkehrsanbindungen entwickeln
- Strategiekonzept zur Wirtschaftsentwicklung der Region erarbeiten
- An den Planungen von Gewerbeansiedelungsflächen mitwirken und jeweilige Ansiedelungskonzepte erarbeiten
- Probleme der örtlichen Wirtschaft aufgreifen, analysieren und Lösungsmöglichkeiten bearbeiten, Statistiken erarbeiten und analysieren

Bestandspflege

- Bestandspflege, Maßnahmen zur Erhaltung vorhandener Betriebe treffen, insbesondere Beratungs- und Hilfsangebote, Bereitstellung/Vermittlung von Flächen, Bankkontakte, Erschließungsmaßnahmen vorantreiben
- Die Ausschilderung von Gewerbegebieten im Stadtgebiet vornehmen und aktualisieren
- Netzwerksbildung der ansässigen Unternehmen
- Existenzgründerberatung
- Auf Anfragen, Kritiken und Hinweise sofort reagieren. Bei Bedarf Besuche bei den Unternehmen und Gewerbetreibenden durchführen
- Ständige Erreichbarkeit und Inanspruchnahme der Leistungen des Wirtschaftsförderers
- Wirtschaftsmessen organisieren, bzw. daran teilnehmen
- Überwachung von Kaufverträgen und Vereinbarungen
- Angelegenheiten des regionalen Personennahverkehrs bearbeiten
- Unterstützung bei der Organisation des Fremdenverkehrs
- Eigene Aktionen und Projekte, Förderprogramme für den Gewerbebetrieb, Tourismus und Fremdenverkehr

Mitarbeiter aus dem Bereich Marketing, Messen, Internes

- Erhebung und Dokumentation wirtschaftsrelevanter Daten
- Analyse und ggf. Prognose wirtschaftsrelevanter Daten insbesondere der örtlichen Infrastruktur, der Wirtschaftsstruktur, des Arbeitsmarktes sowie der Bevölkerung (Zusammenarbeit mit der Statistikstelle und anderen Fachämtern im Rahmen der Gemeindeentwicklungsplanung),
- Fortführung und Pflege des Betriebsinformationssystems, Gestaltung der Wirtschaftsinternetseiten,

- Flächenvorsorge und Standortplanung,
- Fortschreibung des gemeindlichen Marketingkonzeptes
- Ermittlung und Erfassung von gewerblich nutzbaren Flächen
- Vorbereitung von Anträgen zur Förderung infrastruktureller Maßnahmen,
- Erstellung von Nutzungskonzepten für einzelne Flächen, Standorte und Gebiete, Aktivierung von gewerblich nutzbaren Flächen,
- Erstellung von Exposés für Gewerbeflächen und -objekte,
- Organisation von Informations- und Schulungsveranstaltungen für Existenzgründer einschließlich finanzieller Abwicklung, Mithilfe bei der Suche geeigneter Flächen und Gebäude, Informationen,
- Organisation und Durchführung von Messen und wirtschaftsrelevanten Veranstaltungen,
- Bedarf in Zusammenarbeit mit ortsansässigen Unternehmen analysieren, Initiierung und Organisation bzw. Mitwirkung bei der Organisation von Märkten, Veranstaltungen, Messen sowie von Tourismusveranstaltungen,
- Auswertung und Ableitung von Schlussfolgerungen für neue Aktivitäten bzw. Interessenkreiserschließung
- Jährliche Erstellung einer Ausbildungsfibel für den Wirtschaftsraum,
- Jährliche Organisation und Durchführung einer Ausbildungsmesse,
- Haushalts-, Kassen- und Rechnungsangelegenheiten bearbeiten, Haushaltsansätze planen, Rechnungslegung bearbeiten,

Mitarbeiter aus dem Bereich Tourismus, Projekte z. B. „Qualitätsstadt"

- Beobachtung und Analyse der Innenstadtentwicklung, Kontaktpflege,
- Gespräche sowie Erfahrungsaustausch mit Gewerbetreibenden, Vereinen, Institutionen, etc.,
- Anregungen und Vorschläge hinsichtlich Belebung und Aktivitätssteigerung der Innenstadt, der Steigerung der Kundenzufriedenheit und der Verbesserung der Servicestruktur aufnehmen,
- Umsetzungsvorschläge erarbeiten und abstimmen,
- Innenstadtmanagement: Zusammenarbeit mit dem Innenstadtmanagement, mit Gewerbeverein, z. B. Initiierung und Umsetzung von Maßnahmen z. B. Bahnhofsgestaltung, Wettbewerb der Gewerbetreibenden, Studentenbonus, AG Tourismus und Gewerbe
- Koordinierung z. B. bei Vorbereitung auf großes Events,
- Pflege der Auflistung von leerstehenden Laden- und Büroflächen und Beantwortung von Anfragen
- Maßnahmen zur Verbesserung der Breitbandversorgung,
- Mitarbeit bei der Abrechnung des städtischen Förderprogramms,
- Stärkung des innerstädtischen Einzelhandels (Citymanagement),
- Konzepterarbeitung bzw. Fortschreibung, Förderung der Kommunikation und Kooperation zwischen der Wirtschaft und der Verwaltung, Abstimmung und Bündelung von Aktivitäten,

- Planung und Umsetzung gemeinsamer Werbeaktionen in Zusammenarbeit mit den Gewerbetreibenden, Initiierung und Koordination einzelner Aktivitäten zu Sondermärkten und Veranstaltungen

Stadtmarketing und Tourismusförderung

- Analyse bestehender Angebotsstrukturen, Darstellung des Leistungsangebotes (z. B. durch Broschüren, Flyer, etc.), Zielgruppenwerbung, Erarbeitung von Konzepten für das Wirtschafts- und Standortmarketing
- Vermarktung öffentlicher Institutionen wie Theater, Museen, etc.,
- Initiierung und ggf. Organisation von Werbeanlagen, Messen bzw. Ständen auf Messen,
- Erarbeitung von Konzepten für das Tourismusmarketing, Förderung von Einrichtungen und Begleitung von Veranstaltungen des Tourismus
- Erstellung der Hotelroute, weitere Beschilderung, Entwicklung von Werbeartikel, Broschüren,
- Pflege der Internetseiten im Bereich Tourismus
- Beratung, Unterstützung von touristischen Leistungsträgern
- regelmäßiger Informationsaustausch/Abstimmung mit Partnern, z. B. Tourismusverein
- Förderung von kleinen und mittleren Unternehmen (KMU-Förderung): Beratung und Begleitung der Antragstellung
- Führen der Tourismusstatistik

2.6.4 Alternative Organisationsstruktur/ Wirtschaftsfördergesellschaften/GmbH

Unter Abschn. 2.6.3 war bereits auf die unterschiedlichen Organisationsformen der kommunalen Wirtschaftsförderung hingewiesen worden. Dabei ist ein gewisses „Nord-Süd-Gefälle" zu beobachten. In Niedersachsen und Nordrhein-Westfalen sowie vor allem den Stadtstaaten gibt es deutlich häufiger externe Lösungen, d. h. Wirtschaftsfördergesellschaften.

Außerdem gibt es einen Zusammenhang zwischen Größe der Stadt oder Kommune und der Organisationsform: „je größer die Stadt desto eher ist die Wirtschaftsförderung als Gesellschaft ausgegliedert." (Zwicker-Schwarm 2013, S. 4.) In Städten über 100.000 Einwohner sind die Aufgaben einer Wirtschaftsförderung also generell viel häufiger in einer Wirtschaftsfördergesellschaft, in der Regel einer GmbH, organisiert. Hier ist es dann notwendig, dass ein Kontrollsystem die Aufgaben der ausgegliederten Wirtschaftsförderung begleitet und ständig als Bindeglied zwischen der GmbH und der Verwaltungsspitze fungiert. Diese Stabsstelle ist dann auch Aufgabenübermittler des öffentlichen Dienstes an die jeweilige GmbH.

Den jeweiligen Gremien der Stadtverordnetenversammlung/Stadtrates/Gemeindevertretung ist mindestens einmal jährlich eine Berichterstattung der Wirtschaftsfördergesellschaft zu tätigen, um die Anbindung an die Kommune sicherzustellen. Alle

Tab. 2.3 Organisationsoptionen der Wifö im Vergleich (Eigene Darstellung, in Anlehnung an Dallmann und Richter 2012, S. 63)

Kriterium	Verwaltungsinterne Lösung	Externe Lösung (Wifögesellschaft)
Verwaltungsnähe	Gut bis optimal (Lotsenfunktion)	Oft kaum vorhanden (Rivalität?)
Kompetenzen (Entscheidungs-/ Eingriffsmöglichkeiten)	Potenziell gut, allerdings interne Abgrenzungsproblematik	i. d. R. sehr eingeschränkt
Entscheidungsfindung und Handlungsschnelligkeit	Oft schwierig wg. langwierigen Abstimmungsbedarfen	Potenziell eine große Stärke
Flexibilität (Personal, Aktivitäten)	Gering (öffentl. Dienst), klare Aufgaben(beschränkung)	Vergleichsweise hoch
Projektabwicklung (Steuerung)	Rechtl. & Kapazitätsprobleme	Große Spielräume
Akzeptanz durch die Unternehmen	Vorurteile müssen durch gute Arbeit abgebaut werden	i. d. R. zunächst Vertrauensvorschuss
Beteiligung anderer Träger	Nicht möglich (nur informell)	Problemlos möglich

hoheitlichen Aufgaben verbleiben grundsätzlich im Aufgabenbereich der öffentlichen Verwaltung, hier hat die Stabsstelle der Wirtschaftsförderung ebenfalls die Aufgabe als Schnittstelle zu fungieren.

Welches ist aber nun die bessere Organisationsform? Die Antwort muss differenziert ausfallen. An dieser Stelle sollte nicht der Eindruck entstehen, es gebe *die* optimale Lösung. Die Organisationsstruktur ist an die spezifischen Möglichkeiten, Akteurskonstellationen und Ziele der Wirtschaftsförderung anzupassen. Tabelle 2.3 zeigt sehr deutlich, dass es sowohl Vorteile als auch Nachteile einer jeweiligen Lösung geben kann.

Wie bereits ausgeführt worden ist, muss eine Wirtschaftsfördergesellschaft an die Verwaltungsprozesse angebunden werden, es müssen Schnittstellen der Zusammenarbeit aufgebaut werden, sie muss kontrolliert werden. Solche Schwierigkeiten bestehen bei einer internen Lösung naturgemäß nicht, da dann die Wirtschaftsförderung Teil der Verwaltung ist. Damit verbunden ist die naheliegende Vermutung, dass interne Lösungen an den wichtigen Verwaltungsabläufen „näher dran" sind. Man bekommt i. d. R. die Entscheidungen besser mit, kann vermutlich effektiver Einfluss nehmen, nutzt den „kurzen Dienstweg", auch um schnell wichtige Informationen für ein Unternehmen zu beschaffen, etwa den Stand eines Verfahrens zu ermitteln usw. Und noch ein Argument spricht eher für interne Lösungen: hoheitliche Aufgaben müssen aus rechtlichen Gründen ohnehin innerhalb der Verwaltung verbleiben, sind also dort einzurichten und personell zu besetzen.

Allerdings birgt die enge Einbindung in die Verwaltung möglicherweise auch Nachteile: vieles muss intern abgestimmt werden, Entscheidungswege sind häufig recht lang, Flexibilität in Personalfragen (Arbeitszeiten, Vergütung, Projektstellen) ist viel weniger gegeben als bei einer externen Lösung. Auch wird gelegentlich vermutet, dass die Unternehmen einer Verwaltung gegenüber zurückhaltender, gar misstrauischer aufträten.

Hier mischt sich auch viel Spekulation und anekdotische Evidenz in die Beurteilung und sicherlich gilt in diesem Falle wie auch anderswo: es kommt nicht zuletzt auch auf die Repräsentanten der Wirtschaftsförderung an.

Unzweifelhaft Vorteile hat die externe Lösung jedoch dann, wenn andere Träger beteiligt werden sollen. Wenn etwa regional engagierte Unternehmen oder die örtliche Sparkasse sich (finanziell) beteiligen wollen, geht dies nur mit einer Gesellschafterlösung. Auch viele Arten von (Förder-)Projekten und solchen in Partnerschaft mit der Privatwirtschaft sind zumindest einfacher als externe Gesellschaft abzuwickeln.

Nicht unerwähnt sollte sein, dass auch Kombinationen von privatrechtlicher Lösung und öffentlich-rechtlichem Amt geben kann und häufig gibt. So können durch eine privatrechtliche Ausgründung Projekte u. ä. außerhalb abgewickelt werden, bestimmte verwaltungsnahe oder hoheitliche Aufgaben verbleiben dann beim Amt.

2.6.5 Integrierte Wirtschaftsförderung im Kommunalverbund – das Beispiel „Westlausitz"

2.6.5.1 Moderne Strukturen integrierter Wirtschaftsförderung am Beispiel Regionale Wachstumskerne (RWK) in Brandenburg

Die aktuellen Erfordernisse einer modernen Wirtschaftsförderung erzwingen der Sache nach gemeinsame Aktivitäten aller Ämter, Gemeinden und Städte auf überkommunaler Ebene. In der Bundesrepublik gibt es dazu auf regionaler und überregionaler Ebene eine Vielfalt von Ideen und konkreten Konzepten. Im Land Brandenburg wurden 2005 insgesamt 15 regionale Wachstumskerne (RWK) mit dem Ziel einer Bündelung wirtschaftsförderlicher Aktivitäten eingerichtet.

Beispiel: RWK „Westlausitz"

Der RWK „Westlausitz" umfasst mit den Städten Finsterwalde, Großräschen, Schwarzheide, Lauchhammer und Senftenberg fünf Kommunen mit insgesamt knapp 80.000 Einwohnern. Eine Zielsetzung in diesem RWK Prozess ist die Komprimierung von Aufgaben in der Wirtschaftsförderung und die gemeinsame Darstellung und Außenwerbung für die gesamte Gebietskulisse.

In der Praxis sind fünf Wirtschaftsförderungen mit gemeinsamen Projekten und überregionalen Vermarktungsaktivitäten verbunden. Künftig sollen diese Strukturen weitaus effizienter Ansiedlungsaktivitäten und Bestandspflege organisiert werden. Dabei muss allerdings das oftmals vorherrschende Kirchturmdenken in den Hintergrund treten. Letzten Endes ist es wichtig, dass in der Gemeinschaft der Kommunen gewerbliche Aktivitäten stattfinden können, ohne dass Neid oder Missgunst zum jeweiligen Ansiedlungsort entwickelt werden.

2.6.5.2 Wirtschaftsförderung für einen Gemeindeverbund
Beispielaufgaben im Verbund „Regionalen Wachstumskern" (RWK):
- Integrierte Wirtschaftsförderung im regionalen Wachstumskern „Westlausitz" für die Aufgabenbewältigung in den Bereichen:
  - Förderung und Intensivierung der Standortberatung und Gewerbeflächenvermarktung
  - Forcierung der Wirtschaftsentwicklung in der Region und Verbesserung der Marktchancen der regionalen Unternehmen
  - Unterstützung und Bestandspflege der ansässigen Unternehmen
  - Neue Marketingstrategien zur besseren Platzierung der Städte im Wettbewerb der Industriestandorte
  - Kooperationsangebote für ansässige Unternehmen entwickeln
  - Gemeinsame Messeauftritte, Werbung und Präsentationen
  - Verstärkte Öffentlichkeitsarbeit zur Verwirklichung der Zielsetzungen

Schwerpunkt einer Förderung sind neue Ansiedelungs- Erweiterungs- und Bestandspflegeaktivitäten für neue und bestehende Unternehmen der Region, da damit die Wertschöpfung in der Region entscheidend gesteigert werden kann.

2.6.5.3 Effektive Wirtschaftsförderung im Wirtschaftskern „Westlausitz"
Es sollen zusätzlich zu den öffentlichen Aufgaben der allgemein üblichen Wirtschaftsförderung regionale Belange bearbeitet werden. Somit ist es möglich die vorhandene Kompetenz für alle Städte zu nutzen und zu jeder Tageszeit für die Erfüllung der Aufgabengebiete abzurufen.

2.6.5.4 Wirtschaftliche „Leuchttürme" schaffen
Positiv hervorzuheben ist, dass mit dieser integrierten Wirtschaftsförderung der Bekanntheitsgrad des Wirtschaftsraumes bei der Vermarktung freier Gewerbegebietsflächen und bei der Werbung um Investoren wesentlich gesteigert werden kann. Schließlich entsteht durch das Zusammenführen aller freien Gewerbeflächen auf regionaler Ebene ein quantitativ und qualitativ verbessertes Angebot. Gemeinsam schöpft man aus einem viel größeren Pool und kann zugleich die Ansiedlungsanstrengungen bündeln. Dadurch sind Ansiedlungsanstrengungen augenscheinlich erfolgreicher, wenngleich nicht jede Kommune (in gleichem Maße) zum Zuge kommt. Aber: die möglichen neuen Arbeitsplätze bleiben auf diese Weise eher in der Region und dies zählt zunächst. Denn wenn der Investor keine geeigneten Flächen in einer der Städte vorfindet, gelingt dies möglicherweise in einem anderen Ort des Verbundes und die Wertschöpfung bleibt so in der Region.

2.6.5.5 Regionale Vermarktung von vorhandenen freien Gewerbeflächen
Diese Hauptaufgabe umfasst die aktive Vermarktung der noch vorhandenen freien Gewerbeflächen im *gesamten Bereich* des Wachstumskernes. In der Standortwerbung durch eine zentrale Anlaufstelle kann dem interessierten Investor die volle Bandbreite vorhandener und sofort vermarktbarer freier Gewerbeflächenkapazitäten unkompliziert und zeitnah vermittelt werden.

- Dem Investor können die einschlägigen Förderprogramme der EU-, Bund und Landesprogramme bereits vor einer direkten Kontaktierung der Region vermittelt werden.
- Die Region „Westlausitz" wird in der Außenwirkung überregional einheitlich vermarktet.

2.6.5.6 Innere Gewerbestrukturen verbessern

Die Unternehmen miteinander zu „verzahnen", mit neuen, bereits erfolgreichen Strukturen gemeinsame Aktionen vorzubereiten, hilft der Wettbewerbsfähigkeit und einem positiven Erscheinungsbild nach außen. Neben der Weiterentwicklung bestehender Netzwerke der einzelnen Branchen ist die Etablierung von funktionierenden Unternehmervereinigungen (wie z. B. Werbegemeinschaft IG – Ost Elsterwerda) auch im Wachstumskern empfehlenswert.

2.6.5.7 Keine Aufgabendopplung vorgesehen

Die Aufgaben einer neuen regionalen Wirtschaftsförderung sowie der überörtlichen Wirtschaftsförderungsgesellschaften werden durch die geplante Einrichtung nicht tangiert. Es wird auch keine Übernahme der allgemeinen Aufgaben anderer Wirtschaftsförderungseinrichtungen oder kommunalen Einrichtungen erfolgen. Angestrebt wird jedoch der Ausbau der Kommunikation und Zusammenarbeit bei den Fragen der Infrastrukturentwicklung, Fördermöglichkeiten und gesetzgeberischen Angelegenheiten mit den Einrichtungen der Kreise, Länder oder Kammern.

2.6.6 Der Idealfall im Innenverhältnis

Ein weiterer Erfolgsfaktor, der unmittelbar mit Organisation zu tun hat, ist, neben der interkommunalen und überregionalen Zusammenarbeit, das Innenverhältnis. Wie bereits angesprochen, birgt die Rolle als Mittler zwischen Wirtschaft und Verwaltung durchaus Konfliktpotenzial, zumindest hohen Kommunikationsbedarf. Mit Blick auf eine effektive Aufgabenerledigung ist daher der direkte Kontakt mit der Verwaltungsspitze/Bürgermeister unverzichtbar. Dabei ist die unbedingte Unterstützung durch die Verwaltungsspitze notwendig. Im Idealfall erhält die Wirtschaftsförderung ein Weisungsrecht gegenüber allen anderen Ämtern, Sachgebieten und Abteilungen innerhalb der betroffenen Verwaltung und wird auf diese Weise nachhaltig gestärkt. Dieses Weisungsrecht umfasst im Rahmen der Stellenbeschreibung und Aufgabenformulierung alle sofort zu erledigenden Themen und Bereiche. Mit der Rückendeckung des Bürgermeisters/Oberbürgermeisters/Amtsdirektors ist es dann möglich, ohne weiteren Verwaltungsaufwand prioritäre Themen abzuarbeiten und Erledigungen in allen Bereichen der Verwaltung anzuordnen. Das Weisungsrecht sorgt für eine zügige Bearbeitung der anstehenden Themen und hinterlässt bei den anfragenden Unternehmen oder Bürgern eine vorzügliche Außenwirkung.

Resümee

Strukturen in den öffentlichen Verwaltungen sind nur so effektiv, wie die Verwaltungsspitze sowie alle beteiligten Ämter und Abteilungen es zulassen. Hier ist ein entsprechendes Standing der Wirtschaftsförderung unabdingbar. Letztlich erscheint die Frage der Wirtschaftsfreundlichkeit der Verwaltung sowie des Durchsetzungspotenzials für Belange der Wirtschaftsförderung fast wichtiger als reine Organisationsfragen. Ohnehin kann nicht pauschal für eine verwaltungsinterne oder eine externe Lösung votiert werden. Dies ist je nach Einzelfall und den entsprechenden Bedarfen zu entscheiden. Vor- und Nachteile der beiden Idealtypen fallen je nach Situation vor Ort unterschiedlich ins Gewicht, zudem sind Mischlösungen denkbar.

Ebenfalls ein Organisationsthema ist die integrierte Wirtschaftsförderung über die eigene Kommune oder Stadt hinaus. Zusammenarbeit im regionalen Verbund eröffnet Potenziale für mehr (gemeinsamen) Erfolg. Eine abgestimmte Begleitung gewerbliche Aktivitäten in einem Kommunenverbund helfen u. a. durch ein effektives Standortmarketing für eine Region bzw. der Bündelung konkreter Ansiedlungsaktivitäten.

> **Kontroll- und Lernfragen**
> a. Skizzieren Sie grob die Organisation der kommunalen Wirtschaftsförderung in Deutschland
> b. Zeigen Sie Vor- und Nachteile von Ämterlösung und externer Gesellschaft auf!
> c. Erläutern Sie warum besonders Strategie und Planung Chefsache in der Wirtschaftsförderung sein sollte.
> d. In welchen Punkten ist eine gemeinsame Vermarktung einer Region sinnvoll?
> e. Nennen Sie die wichtigsten Aufgaben der Wirtschaftsförderung für den Bereich Tourismus
> f. Welche Aufgaben sind innerhalb der öffentlichen Verwaltung in der Zusammenarbeit mit einer Wirtschaftsförderungsgesellschaft zu erledigen?

2.7 Baustein 7: Leitbild, Standortanalyse, Wettbewerbssituation

> **Lernziele**
> Im nachfolgenden Baustein werden die Grundlagen einer erfolgreichen Tätigkeit in der Wirtschaftsförderung beschrieben. Dabei ist die Entwicklung eines eigenen Leitbildes Voraussetzung für ableitbare Strategien und Planungen der gesamten Verwaltung und zugleich Handlungsgrundlage für sämtliche Aufgaben. Standortbewertungen und Stärken-Schwächen-Analysen sind ein wichtiger Bestandteil bei der Ermittlung des eigenen Leitbildkonzeptes.

2.7.1 Leitbildentwicklung

In fast allen Städten und Gemeinden wurde in den vergangenen Jahren ein Leitbild mit bestimmten Ausrichtungslinien zur weiteren Stadtentwicklung erarbeitet. Das Leitbild bildet den Rahmen für die zukünftige Entwicklung einer Kommune und ist somit Grundlage für alle Aufgaben und Maßnahmen, die zur Zielverwirklichung beitragen. Diese Leitbilder werden idealer Weise in einem Zusammenschluss der Interessenvertreter aus Bürgerschaft, Wirtschaft, Handel, Handwerk, Kultur, Kirche, Sport, Politik, Verwaltung, Medien, Vereinen und Verbänden erarbeitet.

Das jeweilige Leitbild ist in mehrere Handlungsfelder gegliedert:

Beispiel: 50.000 Einwohner-Stadt
1. Zusammenarbeit, Stadtentwicklung und Planung
2. Wirtschaft und Wohnen
3. Kultur, Freizeit und Sport
4. Lebensqualität, Gesundheit, Familie, Jugend und Schule
5. Stadtbild, Landschaft, Umwelt und Verkehr

Ein städtisches Leitbild wird in der Regel von den Bürgerinnen und Bürgern der jeweiligen Kommune erarbeitet und mit den städtischen Zielen der Zukunft in Einklang gebracht. In den meisten Kommunen werden öffentliche Veranstaltungen dazu genutzt um mit den Interessensvertretern aus der Bürgerschaft, der Wirtschaft, Handel und Handwerk, Kultur, Kirche, Sport, Politik und Verwaltung, Vereinen und Verbänden, und auch den Medien eine Leitbilddiskussion zu führen. Dabei soll eine breite Zustimmung der Bürgerinnen und Bürger erzielt werden, ein Beschluss der Stadtverordnetenversammlung dokumentiert die gemeinsamen Ziele.

2.7.2 Wirtschaftsförderliche Belange einbringen

Die Wirtschaftsförderung ist hier gemeinsam mit den Unternehmen gefordert, entsprechende Leitlinien einer wirtschaftsfreundlichen Stadtentwicklung zu formulieren bzw. in die entsprechenden Texte einzubringen.

Dabei sind beispielsweise folgende Belange zu beachten: die Neuausweisung von Gewerbeflächen, die Entwicklung des Innenstadtbereiches mit ausreichenden Parkplätzen, die infrastrukturelle Anbindungen der Unternehmen an der Straßen und Schienennetz, eine angemessene Medienversorgung bestehender und neuer Unternehmen, Ausweisung touristischer Infrastruktur für mögliche Ansiedlungen in diesem Bereich, Themen von Energieeinsparungen, Einzelhandelskonzeptionen und Marketingaktionen.

2.7.3 Leitbild der Wirtschaftsförderung

Darüber hinaus ist in einer bestimmten kommunalen Größenordnung die Entwicklung eines eigenen Leitbildes in der Wirtschaftsförderung hilfreich. Hier können neben eigenen Verhaltensregeln auch die klare Ausrichtung und Handlungsgrundlagen für eine effektive Wirtschaftsförderung festgeschrieben werden (siehe Abb. 2.20).

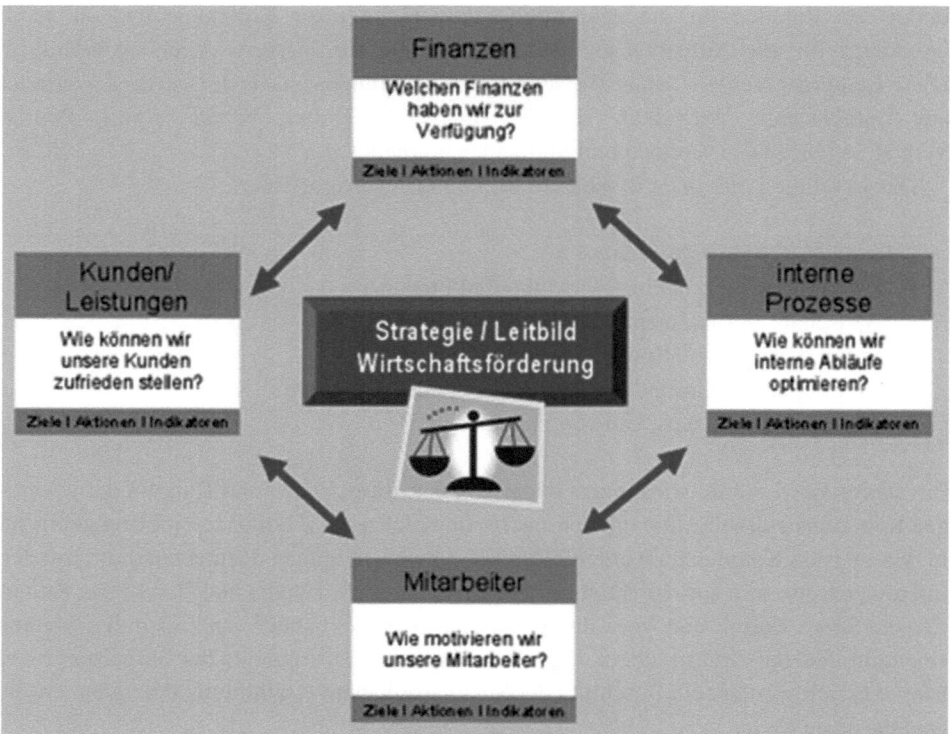

Abb. 2.20 Leitbildbeteiligungen

2.7.3.1 Beispiel einer Leitbildkonzeption am Beispiel der Wirtschaftsförderung in der Stadt Dortmund

Das vorliegende Leitbild haben die Mitarbeiterinnen und Mitarbeiter der Wirtschaftsförderung Dortmund gemeinsam erarbeitet. Es wird in der Folge im Wortlaut zitiert und kann als sehr gutes Beispiel dienen.

> **Beispiel: Dortmund**
>
> **Leitbild der Wirtschaftsförderung Dortmund**
>
> Es stellt einen Rahmen für unser Verhalten dar. Jede und jeder von uns trägt dabei Verantwortung für das eigene Handeln und für das Unternehmen.
>
> Wir setzen auf die unternehmerischen Kräfte der Wirtschaft und bekennen uns zu einem selbstbewussten Handeln. Es basiert auf Werten wie Offenheit, gegenseitigem Respekt und Kooperation sowie gesellschaftlicher Verantwortung. Diese Werte werden innerhalb des Unternehmens und gegenüber Dritten als grundlegend erachtet und umgesetzt. Wir sehen den Gedankenaustausch und die konstruktive Zusammenarbeit mit allen Interessensgruppen als notwendig an.
>
> Das Leitbild ist für uns alle verbindlich und stellt somit eine tägliche Herausforderung dar.

2.7 Baustein 7: Leitbild, Standortanalyse, Wettbewerbssituation

Der Prozess der Leitbildentwicklung wird kontinuierlich weitergeführt: Wir werden Instrumentarien für die Umsetzung entwickeln und diese in regelmäßigen Zeitintervallen überprüfen.

Den kommunalen Auftrag wahrnehmen

Wir erfüllen unseren kommunalen Auftrag, den Wirtschaftsstandort Dortmund zu positionieren und zu stärken: Wir schaffen Rahmenbedingungen, um unternehmerisches Engagement zu fördern, Arbeitsplätze zu schaffen und zu sichern und die Stadt zu einem modernen Wirtschafts- und Lebensstandort weiterzuentwickeln.

Wir arbeiten als Impulsgeber gemeinsam mit Akteurinnen und Akteuren aus Wirtschaft, Wissenschaft und Politik daran, die Zukunft des neuen Dortmund zu gestalten. Wesentlich sind die gemeinsame Arbeit in Organisationen, die Entwicklung von Kooperationsstrategien und die Zusammenarbeit auf regionaler, europäischer und internationaler Ebene.

Wir sind ein kommunaler Betrieb, der nach privatwirtschaftlichen Grundsätzen arbeitet. Aus unserem öffentlichen Auftrag ergibt sich eine besondere Sorgfaltspflicht.

Dienstleister für die Wirtschaft sein

Wir sind Dienstleister und Partner für Menschen und Unternehmen der Dortmunder Wirtschaft.

Wir unterstützen unsere Kundinnen und Kunden mit einem erfahrenen Team in ihren Anliegen und sind dort, wo sie uns brauchen. Dabei fühlen wir uns verpflichtet, über schnelle Prozesse zu kundenorientierten Ergebnissen zu gelangen.

Kompetenter und seriöser Partner im Netzwerk sein

Jede Mitarbeiterin und jeder Mitarbeiter vertritt das Ganze und ist Repräsentantin oder Repräsentant der Wirtschaftsförderung und der Stadt Dortmund.

In einem starken interdisziplinären Netzwerk aus Partnern der Wirtschaft, Wissenschaft und Politik arbeiten wir gemeinsam zum Wohl unserer Kundinnen und Kunden.

Der Kunde hat für sein Anliegen eine Ansprechpartnerin oder einen Ansprechpartner, die bzw. der ihn begleitet und lotst, unabhängig davon, wer im Hintergrund die Einzelthemen bearbeitet.

Wir überprüfen und verbessern kontinuierlich die Qualität unserer Leistungen.

Nachhaltig handeln

Wir entwickeln, schaffen und verbessern Rahmenbedingungen für eine nachhaltige Entwicklung des Wirtschaftsstandortes – im kurzfristigen und im langfristigen Handeln.

Kompetent führen

Für jede Mitarbeiterin und jeden Mitarbeiter der Wirtschaftsförderung Dortmund wird im Dialog ein individueller Korridor der Verantwortung und der Entwicklung definiert. Dieser Korridor entwickelt sich in Abhängigkeit von den persönlichen Leistungen.

Wir fördern insbesondere die Vereinbarkeit von Familie und Beruf und die berufliche Entwicklung von Frauen. Wir schätzen die Erfahrung, die ältere Mitarbeiterinnen und Mitarbeiter einbringen.

Gute Leistungen werden anerkannt. Erfolge werden hierarchieübergreifend dort gewürdigt, wo sie entstanden sind.

Klarheit, Berechenbarkeit und Verlässlichkeit kennzeichnen den Führungsstil. Führungsentscheidungen werden transparent gemacht und begründet.

Diese Führungsprinzipien sind für die Führungskräfte der Wirtschaftsförderung Dortmund bindend. Ihre Einhaltung wird durch das Instrument der Führungskräfterückmeldung unterstützt, regelmäßig überprüft und ist damit einforderbar. Die Wirtschaftsförderung bekennt sich zu den Führungsleitlinien der Stadt Dortmund.

Miteinander arbeiten

Wir verfolgen ein gemeinsames Ziel. Der Umgang miteinander spiegelt dies wider:

Wir fördern offene Kommunikation und eine konstruktive Streitkultur.

Wir wertschätzen unsere Kolleginnen und Kollegen und ihre Arbeit und gehen respektvoll und kooperativ miteinander um. Wir arbeiten teamorientiert:

Bereichs- und hierarchieübergreifend unterstützen wir uns gegenseitig.

Wir profitieren davon, dass wir in der Wirtschaftsförderung über eine fundierte Bandbreite an Kompetenzen verfügen. Wir lernen voneinander und miteinander.

Wir bekennen uns zu einem eigenverantwortlichen, mutigen Handeln. Wir sind offen für unkonventionelle Ideen, wenn diese den Zielen und Aufgaben der Wirtschaftsförderung dienen – unabhängig davon, wer diese Ideen vorbringt.

Jede und jeder übernimmt die Verantwortung für ein angenehmes, konstruktives und sympathisches Klima.

Wir sorgen für einen optimalen Informationsfluss – zwischen allen Geschäftsbereichen und über alle Ebenen hinweg.

Wir setzen auf Vielfalt und Chancengleichheit. Dabei ist es von Vorteil, wenn wir zahlreiche Aspekte der Gesellschaft auch intern abbilden. Jegliche Diskriminierung lehnen wir ab.

Wir arbeiten kontinuierlich weiter an der Entwicklung der gemeinsamen Zusammenarbeit.

(Quelle: Wirtschaftsförderung Dortmund http://www.wirtschaftsfoerderung-dortmund.de/de/uns/leitbild.jsp (31.1.2014))

2.7.4 Bewertung des Standortes/Standortanalyse

Ausgangspunkt aller Aktivitäten ist die Bewertung und Einordnung des eigenen Wirtschaftsstandortes. Grundsätzlich wird dabei, wie bereits diskutiert, in so genannte harte und weiche Standortfaktoren unterschieden. Die Bewertung dieser Standortfaktoren beruht auf Einschätzungen der Wirtschaftsförderung und vieler lokaler Partner, vor allem aber auf objektiven Daten, Fakten und Zahlen. Eventuell muss dies durch Befragungen oder Studien Dritter ergänzt werden. Zu den wichtigsten Standortfaktoren zählt die Bewertung von:

„Harte Standortfaktoren":
- Verfügbarkeit von Gewerbeflächen
- Eigentumsverhältnisse

- Verkehrsanbindung
- Fördermittelmöglichkeiten
- Arbeitskräftepotential
- Unterstützung durch Wirtschaftsförderung
- Kooperationsmöglichkeiten
- Bearbeitungszeiten in den Behörden
- Zeitraum für Genehmigungen
- Flächenzuschnitt, Bebaubarkeit von Gewerbeflächen
- Grundstückspreis
- Erschließung

„Weiche Standortfaktoren"
- Wohnen und Leben
- Bildungsangebote
- Kultur und Landschaft
- Gastronomie und Beherbergung
- Mentalität
- Politische Ausrichtung

2.7.5 Ermittlung der Standortfaktoren

Wirtschaftsförderer benötigen eine objektive Einschätzung, wo Ihre Stadt als Wirtschaftsstandort steht, welche Standortpotenziale vorhanden sind und welche Entwicklungshemmnisse dringend abgebaut werden müssen. Bei der Ermittlung der aktuellen Standortfaktoren ist es von großem Vorteil, wenn hierbei Partner der Wirtschaftsförderung innerhalb der Verwaltung sowie bei Vereinen und Verbänden aus der Unternehmerschaft einbezogen werden.

Dadurch erfährt man gleichzeitig, wie die Akteure vor Ort die Stadt einschätzen, so dass man die Innen- und Außensicht direkt vergleichen kann. Außerdem erhalten die Wirtschaftsförderer dadurch umsetzungsorientierte Projektideen, die die Akteure vor Ort gemeinsam unterstützen, die sich in anderen Regionen bewährt haben.

2.7.6 Stärken-Schwächen-Erkennung

Mit den beteiligten Akteuren wird in einer Anlaufberatung die Vorgehensweise einer Stärken-Schwächen-Analyse detailliert besprochen. Verfügbare Statistiken und Materialien zu den Standortfaktoren der Kommune werden von der Wirtschaftsförderung ausgewertet und im regionalen (konkurrierenden) Vergleich beurteilt.

Ergänzend werden Telefoninterviews bei den Wirtschaftsvertretern vor Ort bei den Kammern und Unternehmen durchgeführt. Im nächsten Schritt kann ein

Workshop, an dem Vertreter aus Verwaltung, Wirtschaft, Verbänden usw. teilnehmen sollten, die unterschiedlichsten Auffassungen zu den Faktoren diskutieren und festlegen.

Die Teilnehmer sollten in der Lage sein, eine Innen- als auch die Außensicht zur Einschätzung der Standortfaktoren festzustellen. Ziel ist es, gemeinsam ein realistisches Stärken-Schwächen-Profil zu erstellen. Darauf aufbauend müssen die notwendigen Schritte zur Verbesserung der Standortfaktoren und zur optimalen Nutzung der Standortpotenziale festgelegt werden. Im Ergebnis erhält die Wirtschaftsförderung ein Standortprofil und eine Liste der Projekte und Ideen, die bei den erkannten Defiziten Verbesserungsvorschläge beinhalten.

2.7.7 SWOT-Analyse am Beispiel Senftenberg 2013

In der Tab. 2.4 soll die Stärken-Schwächen-Risiken-Chancen-Analyse, auch SWOT-Analyse genannt (engl. Strengths (Stärken), Weaknesses (Schwächen), Opportunities (Chancen) und Threats (Risiken)), am Beispiel der Stadt Senftenberg aufgezeigt werden. Es wird deutlich wie vielfältig die Erkenntnisse einer solchen Analyse bereits sein können. Sie kann unterteilt werden in eine externe Analyse und eine interne. Die interne Analyse adressiert die eigenen, inneren Stärken und Schwächen ist quasi eine Art „Nabelschau." Bei der externen wird die Unternehmensumwelt untersucht. Die Chancen bzw. Risiken kommen von außen und ergeben sich aus Veränderungen im Markt, in der technologischen, sozialen oder ökologischen Umwelt. Sie sind für das Unternehmen vorgegeben, es wirken hier so genannte exogene Kräfte.

Aus der SWOT-Analyse resultierende Handlungserfordernisse und Entwicklungsziele:

- Verbesserung der Rahmenbedingungen für Unternehmensansiedlungen
- Stärkere Nutzung der Potenziale des Universitätsstandorts für die wirtschaftliche Entwicklung
- Sicherung des Fachkräftebedarfs u. a. durch Ausbau der Kooperationen zwischen Unternehmen, Universität und Schulen
- Reduzierung der Arbeitslosigkeit
- Unterstützung unternehmerischer Aktivitäten, v. a. für KMU im Innenstadtbereich
- Bedarfsgerechte und städtebaulich/landschaftsgestalterisch verträgliche Entwicklung von Gewerbestandorten
- Erhalt und Ausbau des Innenstadtmanagements
- Stärkung der Innenstadt als Einzelhandels- und Dienstleistungsstandort u. a. durch bessere Stellplatzangebote
- Sicherung einer wohnortnahen Versorgung (insbesondere im Lebensmitteleinzelhandel, Güter des kurzfristigen Bedarfs)

Tab. 2.4 SWOT-Analyse am Beispiel Senftenberg (Eigene Darstellung)

STÄRKEN	CHANCEN
• Interkommunale Abstimmungen im Regionalen Wachstumskern Westlausitz • Mittelzentrale Funktionen in der Stadt als regionales Verwaltungs-, Bildungs-Gesundheits-, Kultur- und Dienstleistungszentrum • Attraktiver Standort für innovative mittelständische Unternehmen • Gute Auslastung der Gewerbegebiete und ausreichend Gewerbeflächenpotenziale durch Ausweisung neuer Gebiete • Wissenschafts- und Forschungsstandort BTU Cottbus -Senftenberg	• Innenstadt als attraktives multifunktionales Stadtzentrum und vielseitiger Einzelhandelsstandort • Weitere Profilierung des Standortes durch lokale/regionale Zukunftshemen (Energie, Klima, Wasser) • Nutzung der wirtschaftsfreundlichen Standortfaktoren (Universität, Verkehrsanbindung etc.) • Bindung von hochqualifizierten Absolventen durch Bereitstellung optimaler Rahmenbedingungen (Innovationszentrum) • Unterstützung gewerblicher Investitionen mit eigenen Förderprogrammen • Verbesserung der Erschließung des Gewerbestandortes Hosena
SCHWÄCHEN	RISIKEN
• Anhaltend hohe Arbeitslosigkeit/ Strukturwandel in Stadt und Region • Fachkräftemangel in Stadt und Region/ hohe Auspendlerquote • Kaufkraftverlust und -verlagerung durch großflächigen Einzelhandel (Kaufland) am Stadtrand und u. a. nach Cottbus, Dresden, Hoyerswerda • geringe Kaufkraft/unterdurchschnittliche Einkommen • z. T. funktionale Schwächen im innerstädtischen Einzelhandel u. a. durch eine nicht ausreichende Anzahl an Stellplätzen • mangelhafte Lkw-Erschließung des Gewerbestandortes Hosena	• Starke Abhängigkeit der Beschäftigung und Kaufkraft vom Standort der Kreisverwaltung, der Universität und einzelnen größeren Unternehmen • Fachkräftemangel (demografischer Wandel, Schnittstelle Schule-Beruf, Ausbildungsreife) unterdurchschnittliches Ein-kommen • nachlassende Konkurrenzfähigkeit im Wettbewerb um Fachkräfte infolge demografisch bedingter Angebotsreduzierungen (Wohnen, Bildung, Gesundheit, Kultur und Soziales) • geringe Kaufkraft/unterdurchschnittliche Einkommen

2.7.8 Vermarktung des Wirtschaftsstandortes nach der SWOT-Analyse:

Bei einer effektiven Vermarktung des eigenen Wirtschaftsstandortes ist die Beurteilung möglicher Investoren eine weitere Grundlage geeignete Marketingmittel zur Werbung für den Standort einzusetzen. Dazu muss man auch die Wünsche der Unternehmer und die Ansprüche der Wirtschaftsförderung einbeziehen.

Was wollen Unternehmer:
- Sie wollen schnell investieren
- Sie suchen einen florierenden Gewerbestandort

- Sie suchen preiswerte Grundstücke
- Sie brauchen schnelle Lösungen und Entscheidungen
- Sie brauchen eine gute Infrastruktur
- Sie brauchen einen Ansprechpartner

Was brauchen Wirtschaftsförderer:
- Sie wollen zügige Investitionen
- Sie benötigen geeignete Investitionsstandorte
- Sie müssen marktgerechte Preise anbieten
- Sie brauchen Lösungen und Entscheidungen
- Sie brauchen eine sehr gute Infrastruktur
- Sie wünschen auskömmliche Löhne in den Unternehmen

Nachfolgend sei am Beispiel einer Standortwerbung der Stadt Senftenberg gezeigt, wie nach eingehender Standortbewertung eine solche Darstellung zielgruppengerecht aufbereitet werden kann:

Beispiel: Standortwerbung Senftenberg
- Höchstfördergebiet des Landes Brandenburg
- bis 35 % der gewerblichen Investitionssumme
- als GA – Förderung/Zuschuss
- sofort verfügbare Gewerbegrundstücke ab 4,00 Euro/qm
- 24 Stunden Wirtschaftsförderung unter der Tel. Nr. 0162 4000762
- gutes, sofort verfügbares Arbeitskräftepotential
- hervorragende Verkehrsanbindung
- zur A 13 Berlin – Dresden nur 8 km ohne Ortsdurchfahrt
- + direkte Anbindung an die neue Ortsumfahrung der B 169/B 96
- Gleisanschluss am Standort
- Flughäfen Dresden/Berlin in 45 bzw. 70 Minuten erreichbar
- fünf Städte im Wachstumskern – die Region ist gemeinsam fit für Investitionen

Standort mit hoher Clusterkompetenz
- Automotive/Metall
- Energiewirtschaft/Technologie
- Kunststoffe/Chemie
- Ernährungswirtschaft
- Tourismus

Universität BTU Cottbus – Senftenberg mit den Fachbereichen:
- Architektur/Bauingenieurwesen/Versorgungstechnik
- Bio-, Chemie- und Verfahrenstechnik
- Informatik/Elektrotechnik/Maschinenbau

- Gesundheitswirtschaft
- Sozialwesen

Umfassendes Bildungsangebot mit allen Schulformen des Landes Brandenburg
Das Erholungsgebiet Senftenberger See als Vorbild für die Nachnutzung von Tagebaulandschaften
- 1.300 ha Wasserfläche, gehört zu den größten künstlich angelegten Gewässern Europas
- Lausitzer Seenland, 10 miteinander verbundene schiffbare Seen, 12.500 ha Wasserfläche
- Europas größte künstliche Seenlandschaft
- Erlebnisbad mit Sport- und Spaßangeboten
- Theater „Neue Bühne" im Stadtgebiet
- Amphitheater mit 600 überdachten Sitzplätzen direkt am Senftenberger See
- Tierpark mit angrenzendem Schlosspark
- Älteste Festungsanlage Deutschlands mit Museum
- Indoor-Skihalle als wetterunabhängiges Schneesport- und Freizeitresort
- Eurospeedway Lausitzring als modernste Motorsport- und Eventanlage Deutschlands
- Älteste Gartenstadt „Marga" in Deutschland
- Parken ohne Gebühren in der historischen Innenstadt

2.7.9 Wettbewerbssituation

In allen Bereichen von Neuansiedlungen, Bestandspflege, Projekten und Marketingaktionen stehen die Wirtschaftsförderer im permanenten Wettstreit mit anderen Standorten und Anbietern. Grundsätzlich ist ein Wirtschaftsförderer ein Verkäufer von Grundstücken, Leistungsangeboten und Dienstleistungen.

Außer in den Toplagen Deutschlands, wie zum Beispiel die Metropolregionen Hamburg, Berlin, Köln, Düsseldorf, Frankfurt, Stuttgart oder München haben Investoren ein breites Spektrum von Wünschen und Anforderungen, die der Verkäufer befriedigen muss.

In Deutschland gibt es ca. 2000 Wirtschaftsförderungsgesellschaften, Stabsstellen oder Ämter, die sich um die ca. 1000 jährlich tatsächlich umgesetzten Neuansiedlungen (2009) mit jeweils um die 50 neuen Arbeitsplätze bewerben.

In den 1-A Gebieten findet eher ein Investorencasting statt. Hier erfolgt eine Sortierung von gewollten neuen Investitionen, die sich eher im Stadtbild fügen müssen, hier spielt oft die Anzahl der neuen Arbeitskräfte eine untergeordnete Rolle.

In den 1-B Regionen, zu denen unter anderem Städte wie Nürnberg, Duisburg, Magdeburg oder Leipzig zählen ist z. B. der Kaufpreis der Grundstücke nicht der entscheidende Faktor. Hier spielt die Verfügbarkeit von Fachkräften, die Attraktivität des Standortes und die bestmögliche Verkehrsanbindung eine entscheidende Rolle.

In den 1-C Gebieten (z. B. Dessau, Cottbus, Trier) wird durch Investoren eher der regionale Markt betrachtet, weiter ist neben dem Fachkräfteangebot auch das Thema Wohnen und Bildung sowie die bestmögliches Verkehrsanbindung von hoher Priorität.

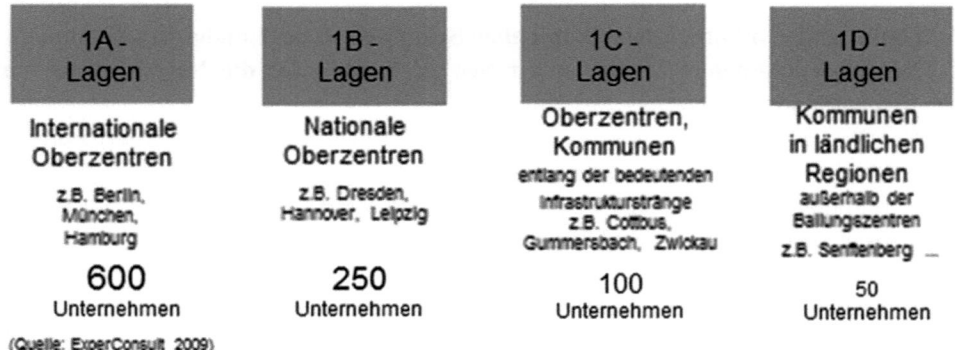

Abb. 2.21 Investorenverhalten in Deutschland 1. Quelle: expert consult

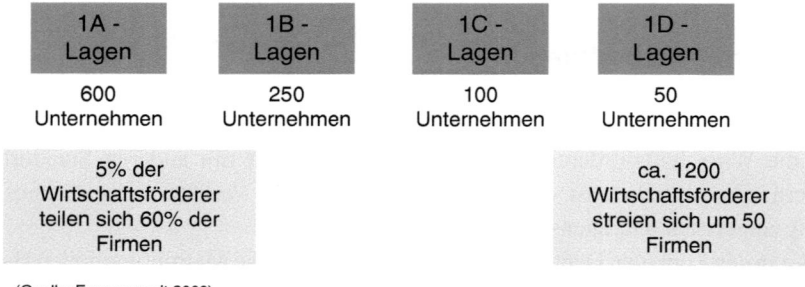

Abb. 2.22 Investorenverhalten in Deutschland 2. Quelle: expert consult

Die 1-D Lagen (Senftenberg) müssen dagegen mit günstigen Grundstücksangeboten, möglichst niedrigen Steuern und Beiträgen sowie einer optimalen Begleitung durch die Wirtschaftsförderung bei Investoren punkten. Je geringer die Einstufung der jeweiligen Region durch die Stärken/Schwächen Potenziale und die vorhandene Kaufkraft bzw. die Zahl der Einwohner ist, müssen zusätzliche Aufwendungen bei der Standortwerbung, Marketing und Außendarstellung getätigt werden (siehe Abb. 2.21 und 2.22).

Bessere Chancen im Wettbewerb der 1-D Kommunen können durch Kooperieren in regionalem Zuschnitt z. B. Metropolregionen, Wachstumskerne, gemeinsame Mittelzentren erreicht werden. Sichtbarkeit und Bekanntheit, die alleine nicht gegeben sind, können durch größere Gebietszuschnitte einfacher erreicht werden. Zudem können die knappen Ressourcen der Einzelakteure gebündelt, auch Wissen und Kontakte zusammengeführt werden.

2.8 Baustein 8: Unternehmerische Standortentscheidungen

Resümee

Die Leitbilddiskussion in einer Kommune erzielt zahlreiche Effekte. Wichtige Nebenwirkungen betreffen die Legitimierung des (wirtschafts-) politischen Handelns, die erhöhte Standortbindung der beteiligten Personen, die Gewinnung von Informationen usw. Durch das Einbeziehen der Bürgerschaft und der Unternehmen vor Ort ist das Ergebnis eines realistischen Leitbildes immer auch das Spiegelbild des eigenen Standortes. Nicht zuletzt bietet das Leitbild aber auch Orientierung für die konkrete strategische Ausgestaltung der Wirtschaftsförderung.

Allerdings braucht es dann noch mehr als ein Leitbild. Denn ohne Grundlage, d. h. ohne eine genaue Standortanalyse und Kenntnis des Istzustandes, würden die Aktivitäten einer Wirtschaftsförderung zwar zielorientiert, aber wenig fundiert verlaufen. Erst wenn sich die Akteure in die Lage eines Investors versetzen können, seine Gedankengänge und Standortbetrachtungen des eigenen Marketing einfließen lassen, ist eine Standortbewerbung, die auch von den Unternehmen so wahrgenommen wird, zu erwarten. Ein geeignetes Instrument in diesem Zusammenhang die SWOT-Analyse.

Kontroll- und Lernfragen

a. Wer sind die wichtigsten Akteure bei der Erstellung einer Stärken-Schwächen-Analyse des eigenen Standortes?
b. Werbeaussagen für die harten Standortfaktoren sind die Grundlagen für das Erzeugen von Aufmerksamkeit. Wie sollen die Prioritäten dieser Standortvorteile verteilt werden?
c. Benennen Sie die wichtigsten Punkte für die Erstellung des Leitbildes.
d. Welche Anforderungen der Wirtschaftsförderung sind in das Leitbild einzubringen?
e. Differenzieren Sie die verschiedenen Lagekategorien (1a usw.), die einzelnen Standorten zugewiesen werden können.

2.8 Baustein 8: Unternehmerische Standortentscheidungen

Lernziele

Dieser Abschnitt widmet sich dem Entscheidungsverhalten von Unternehmen bei der Standortwahl. Für die Akteure der Wirtschaftsförderung ist es essenziell, die Logik dieser zentralen Unternehmensentscheidung zu verstehen. Nur dann können geeignete Maßnahmen getroffen werden, um sowohl bestehende Betriebe zu halten, als auch neue Unternehmen über eine gelungene Ansiedlungsstrategie zu gewinnen.

2.8.1 Arten der Standortentscheidung

Die Standortwahl eines Unternehmens kann sehr unterschiedlich begründet sein. In der theoretischen Betrachtung wird in der Regel von einem rationalen Verhalten der Akteure ausgegangen, d. h. der ideale Standort wird unter Gesichtspunkten wie Nähe zum Kunden, Produktionsbedingungen, Verfügbarkeit von Fachkräften, Verkehrslage, technische Infrastruktur usw. gewählt.

Regelmäßig werden in Theorie und Praxis unternehmerische Standortentscheidungen ausschließlich als **Totalentscheidung** diskutiert. In diesem Falle geht es um den Aufbau eines neuen Standortes entweder durch:

- Zweigstellengründung
- Betriebsverlagerung
- Neugründung

Eine Standortwahl im Sinne einer Totalentscheidung ist jedoch nur eine Möglichkeit der Standortentscheidung. Es ist darauf hinzuweisen, dass **Kapazitätsentscheidungen**, gerade bei größeren Unternehmen mit mehreren Produktionsstandorten oder Filialen, der Normalfall für Standortentscheidungen sind. Beispielsweise eröffnet VW durchaus gelegentlich neue Standorte (wenngleich absehbar nicht mehr in Deutschland). Sehr viel häufiger allerdings entscheidet VW darüber, ob aktuelle oder zukünftige Modelle an dem einen oder anderen Standort produziert werden, ob die Auslastung der Kapazitäten an einzelnen Standorten hoch oder runtergefahren wird. Wir sprechen in diesem Zusammenhang aber nicht nur über Weltkonzerne. Auch der Handwerksbäcker, der seine eine Filiale vielleicht zulasten einer anderen ausbaut, trifft im Grunde eine vergleichbare Standortentscheidung, die nicht als total zu bezeichnen ist (die Zahl der Filialen bleibt ja gleich), aber dennoch regionalökonomische Auswirkungen haben wird.

Der Wirtschaftsförderer in der Praxis weiß in der Regel sehr genau, wie bedeutend in der Summe die zahlreichen Kapazitätsentscheidungen der Unternehmen für Wertschöpfung, Beschäftigung und letztlich auch Steuereinnahmen vor Ort sind. Für die einzelne Kommune kann schließlich das dauerhafte Zurückfahren einer großen Produktionsstätte viel bedeutender sein als die Schließung einer kleinen unbedeutenden. Folglich gilt: Kapazitätsentscheidungen sind auch Standortentscheidungen (zwischen vorhandenen Standorten)!

Diese folgen im Übrigen einer weitgehenden identischen Logik wie die Totalentscheidungen. Für die Wirtschaftsförderung sind wie dargelegt beide Formen der Standortentscheidung relevant.

2.8.2 Standortfaktoren als Kriterien der Standortwahl

Heute sind die Standortfaktoren in aller Munde und genießen zu Recht höchstes Augenmerk der Kommunen und ihrer Wirtschaftsförderungseinrichtungen. Standortfaktoren entscheiden über die Gunst der Unternehmen und der umworbenen Fachkräfte.

1909, also vor über hundert Jahren, entwickelte der deutsche Nationalökonom Alfred Weber seine Standorttheorie, die bis heute einen gewissen Stellenwert erhalten hat und

2.8 Baustein 8: Unternehmerische Standortentscheidungen

auch hier als Ausgangsmodell dienen soll. Weber unternahm eine erste Systematisierung die Standortfaktoren

1. nach dem Umfang ihrer Geltung (generelle und spezielle Standortfaktoren)
   a. Generelle Standortfaktoren (Lohnkosten) gelten für *alle* Wirtschaftssubjekte
   b. Spezielle Standortfaktoren (z. B. geografische Faktoren) nur *für bestimmte* Wirtschaftssubjekte
2. nach ihrer räumlichen Wirkung
   a. Regionalfaktoren sind dafür verantwortlich, dass manche geografische Orte bestimmte Wirtschaftssubjekte anziehen (z. B. Häfen, Verkehrsknoten etc.)
   b. Agglomerationsfaktoren führen zur Bildung von Anballungen oder „Clustern" (z. B. von Unternehmen einer Branche), Deagglomerationsfaktoren wirken dem entgegen und führen zu einer dezentralen Struktur
3. nach der Art ihrer Beschaffenheit
   a. natürlich-technische Faktoren (Klima, Küstenlage)
   b. gesellschaftlich-kulturelle Faktoren

Weber leitete dann einen dreistufigen Prozess der Standortwahl ab, der vor allem durch Transportkosten und Arbeitskosten determiniert war und aus heutiger Sicht zu realitätsfern ist. Dennoch hat Weber als Pionier erstmalig bis heute wichtige Fragestellungen zu Standortfaktoren und Standortwahl der Unternehmen aufgeworfen.

Doch welches sind dann diese essenziellen Standortfaktoren, von denen stets die Rede ist? In folgender Tabelle wird ohne Anspruch auf Vollständigkeit der Versuch unternommen, wichtige Standortfaktoren zusammenzutragen. Hier sind die verschiedenen Standortfaktoren unterschieden nach sozialen und rechtlichen Rahmenbedingungen, Marktaspekten und Produktionsbedingungen. Dies sind ohne Zweifel die wichtigen drei Motive für Unternehmen, ihren Standort zu verändern bzw. neue Standorte aufzubauen (siehe Tab. 2.5).

Tab. 2.5 Kriterien der unternehmerischen Standortentscheidung (Eigene Darstellung)

soziale & rechtlicher Rahmenbedingungen	Marktaspekte	Produktionsbedingungen
• Politische Stabilität	• Größe des Absatzmarktes	• Verkehrsanbindung
• Rechtssicherheit	• Transportkosten	• Produktionsfaktoren
• Wirtschafts- und Eigentumsverfassung	• Wettbewerb vor Ort	• „Lebensqualität"
• Bürokratie	• Vermeidung von Währungsrisiken	• technische Infrastruktur (Breitband!)
• Regulierungen	• Überwindung von tarifären oder nicht-tarifären Handelshemmnissen	• Flächenverfügbarkeit
• Korruption		• Nähe zu Zulieferern
• Fördermittel		• u.v.m.
• Kapitalmärkte		
• Steuerbelastung		
• Abgabenbelastung		
• Image		
• Kulturelle Aspekte		
• u.v.m.		

Zunehmend setzte sich in der Diskussion von Praktikern jedoch die Unterscheidung von so genannten weichen und harten Standortfaktoren durch. Diese Diskussion erfolgte häufig mehr oder weniger intuitiv, eine keinesfalls klare, aber umso überzeugendere Abgrenzung gelang in der Untersuchung von Grabow et al. 1995 („Weiche Standortfaktoren"). Diese Studie stieß in Deutschland eine neue Diskussion an und gilt bis heute als Referenz in der Standortdiskussion. Die Wissenschaftlergruppe versuchte, die Begriffe harte und weiche Standortfaktoren näher zu definieren (siehe Abb. 2.23). Einerseits gelang dies durch zwei Kriterien, nämlich

- Messbarkeit
- unmittelbare Relevanz für das Unternehmen

In der Folge leiteten Grabow et al. folgende Erkenntnisse ab:

- Harte Standortfaktoren sind solche, die objektiv messbar und damit vergleichbar sind (z. B. Hebesatz der Gemeinde oder Zahl der verfügbaren Flächen usw.) und die unmittelbar relevant für den Betrieb sind.
- Weiche Standortfaktoren haben eher mittelbare Relevanz für die Betriebs- und Unternehmenstätigkeit. Das heißt allerdings nicht, dass sie unbedeutend wären. Die Lebensqualität des Standortes hat beispielsweise nur mittelbare Relevanz (über die Mitarbeiter), aber ist – heute vielleicht mehr denn je – von höchster Wichtigkeit. Weiche Standortfaktoren sind zudem nur subjektiv zu bewerten, eine Quantifizierung ist kaum möglich.
- Es gibt keine objektive und trennscharfe Unterscheidung in weiche und harte, sondern ein Kontinuum (siehe Abbildung). Es gibt zwar Faktoren wie Steuern und Abgaben, die sehr eindeutig zuzuordnen sind, der Faktor „Qualität und Quantität des Arbeitskräfteangebotes" aber ist nicht so eindeutig zuzuordnen.

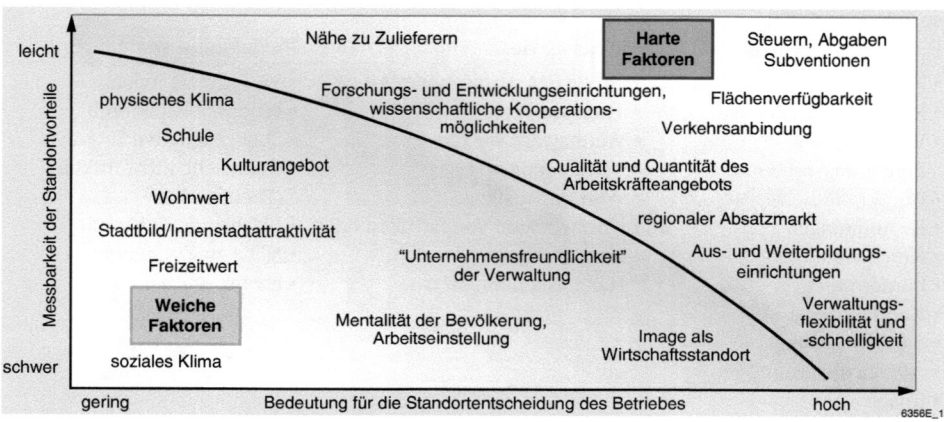

Abb. 2.23 Kontinuum weicher und harter Standortfaktoren (nach Grabow et al. 1995)

- Weiche SF können in unmittelbar wirksame unternehmensbezogene (z. B. Wirtschaftsfreudlichkeit der Verwaltung, Standortimage, Austausch mit anderen Unternehmen, Hochschulen, Verwaltung) und personenbezogene SF (z. B.) Freizeitqualität, unterschieden werden.

Außerdem zeigt die Studie Unterschiede nach Branchen und der Phase des Entscheidungsprozesses auf:

- Weiche Faktoren spielen vor allem bei Entscheidungen über Kapazitätsveränderungen eine überdurchschnittlich große Rolle.
- In der „Kreativwirtschaft" spielen weiche Faktoren offensichtlich die eindeutig größte Rolle und können durchaus Mängel bei harten Faktoren überspielen.
- Wichtige weiche Standortfaktoren sind nicht nur Kulturangebot und Freizeitwert, sondern Kommunikation, Transparenz, Konsens und Austausch zwischen den verschiedenen Akteuren vor Ort, dazu gehören Aspekte wie das Vereinsleben, gemeinsame Identität und gemeinsame Werte.

2.8.3 Standortwahl als Prozess

Die Standortwahl bzw. Standortentscheidungen ist idealtypisch ein kontinuierlicher, mehrstufiger Controllingprozess, in dem stetig über einen Soll-Ist-Vergleich geprüft wird, ob der Standort noch den Anforderungen entspricht. Gibt es Probleme oder interessante Alternativen, können Strategien entwickelt werden, die gegebenenfalls zu einer Standortsuche führen. Danach wird entschieden, ob ein neuer Standort aufgebaut (und möglicherweise ein anderer dafür aufgegeben) wird. Das Standortcontrolling ist jedoch ein Prozess kontinuierlicher Standortanalyse, d. h. auch ein neuer Standort steht wie gegebenenfalls alle weiteren Unternehmensstandorte ständig auf dem Prüfstand (siehe Abb. 2.24).

Bislang hatte der Entscheidungsprozess selbst in den vorangegangenen Ausführungen einen „Black Box" – Charakter, d. h. *wie* die Berücksichtigung der Standort*faktoren* erfolgt, blieb noch ausgeblendet. Dabei ist die Standortwahl nicht selten eine unternehmerische Entscheidung mit langfristiger Wirkung. Gerade wenn Gebäude, Maschinen oder andere Anlagen benötigt werden, entstehen so genannte „sunk costs", versunkene Kosten. Diese Kosten bei einem Umzug zum Großteil verloren bzw. der Umzug selbst verursacht hohe Kosten und ist somit ein wichtiger Faktor der für einen Verbleib am Standort spricht, auch wenn sich vielleicht in anderer Hinsicht deutlich attraktiver Standorte finden ließen. Es sind also im Entscheidungsprozess selbst nicht nur viele Standortfaktoren zu berücksichtigen. Ebenso wichtig ist es, die standortbezogenen Erträge und Aufwendungen abzuwägen. Eine fundierte Entscheidung ist gut vorzubereiten und erfordert umfassende Informationen!

▶ **Merke:** In der Praxis ist gerade die Standortwahl von Gründerinnen und Gründern eher von persönlichen Präferenzen und Prägungen denn objektiven Kriterien geprägt! Die Entscheidungstheorie entwirft häufig implizit Modelle für die Großindustrie. Für Gründungen und kleine Unternehmen, aber auch

Abb. 2.24 Standortentscheidung als Prozess (Eigene Darstellung)

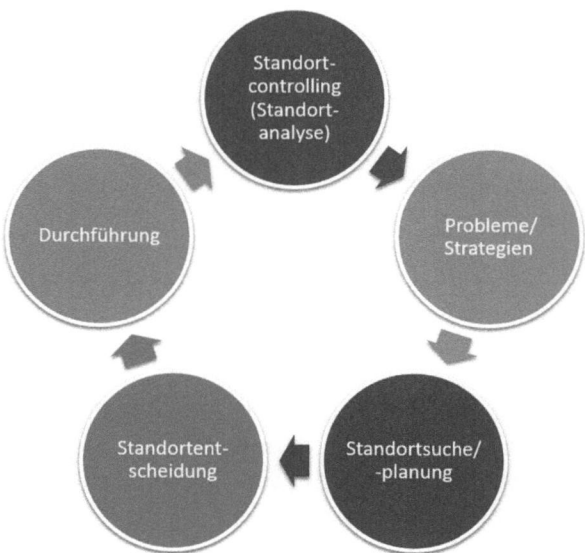

viele Dienstleistungsunternehmen sind die gängigen Entscheidungsmodelle oft weniger geeignet!

Vorsicht Falle: Die Standortwahl von Gründerinnen und Gründern am Heimat- oder Studienort ist keineswegs irrational, das Gegenteil ist der Fall. An diesen ihnen bekannten Orten können Gründerinnen und Gründer zumindest auf ihre persönlichen Netzwerke zurückgreifen (andere kann es ja noch nicht geben) und Erfahrungen und Kenntnisse über die Heimatstadt oder -region nutzen. Dies hilft, z. B. bei der Suche nach geeigneten Räumlichkeiten, dabei den Markt einzuschätzen, Geschäftspartner zu finden, erste Kunden anzusprechen usw.

Eine Möglichkeit, die in der Praxis bei größeren Unternehmen mit mehreren Standorten (das kann schon der lokale Bäcker sein) so oder so ähnlich Anwendung findet, ist das Stufen- oder Trichtermodell. Dabei führt das Unternehmen in einer ersten Stufe eine Makrostandortwahl durch. Die Frage lautet je nach Aufstellung des Unternehmens: welche Region, welches Land, welche Ländergruppe kommt in Frage? Kriterien können dann je nach Branche sein: Logistik, Kosten, aber auch Größe des Binnenmarktes, Verfügbarkeit von Fachkräften, oder sonstige Standortfaktoren.

Nach dem ersten Screening kommt nun möglicherweise eine Reihe von Standorten in Frage, die alle mehr oder weniger im gleichen Maße gute Bedingungen vorweisen. Jetzt wird in einem zweiten Schritt geprüft, welche konkreten Standorte möglich sind. Gibt es entsprechende Gewerbeflächen, gibt es limitierende Faktoren, die einen Standort ausschließen, welche Erweiterungsmöglichkeiten stehen zur Verfügung usw. Dann erfolgt die Endauswahl eines *des einen* Standortes.

In der Realität kann so ein Modell noch verfeinert werden, das grundsätzliche Vorgehen in dieser Form ist allerdings nicht selten (siehe Abb. 2.25).

2.8 Baustein 8: Unternehmerische Standortentscheidungen

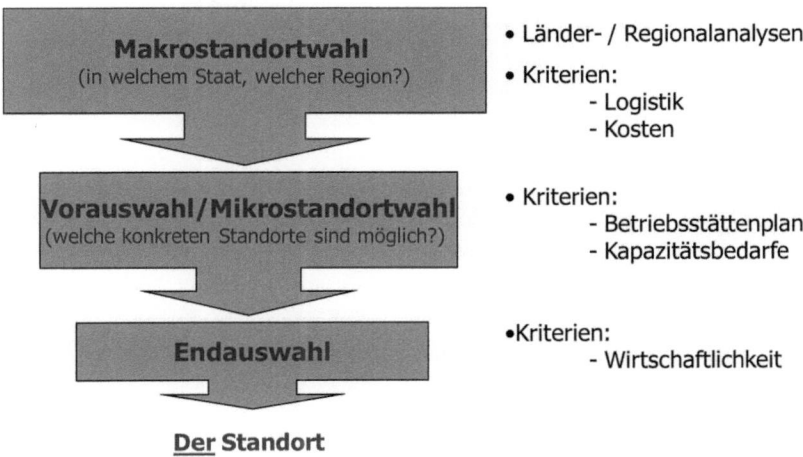

Abb. 2.25 Standortwahl als Stufenmodell (Eigene Darstellung)

Resümee

Die Attraktivität eines Standortes aus Sicht einer Kommune selbst kann, aber muss nicht mit der Sicht von Unternehmen korrespondieren. Daher ist es notwendig zu verstehen wie Unternehmen Standortentscheidungen treffen. Zunächst ist festzuhalten, dass die Totalentscheidung eher selten auftritt, die Kapazitätsentscheidung ist bei Unternehmen mit mehreren Standorten die Regel.

Entscheidungen der Unternehmen werden durch Standortfaktoren beeinflusst, sowohl weiche als auch harte, allerdings: jedes Unternehmen bewertet die Standortfaktoren unterschiedlich, je nach Informationsstand, Branche, Alter und Größe des Unternehmens etc. So gilt bei identischen Standortfaktoren: der Standortentscheidung eines Unternehmens, welche hohe nicht rückholbare Investitionen vor Ort geleistet hat, liegen andere Kriterien zugrunde als der etwa eines Dienstleistungsunternehmens, welches in jeder Hinsicht nur mäßig an den aktuellen Standort gebunden ist. Noch einmal anders ist das Kalkül eines regional verwurzelten Gründers, der eventuell gerade zu Beginn auf Netzwerke und seine lokale Marktkenntnis angewiesen ist.

Die Standortwahl ist dennoch bei allen Unternehmen ein idealerweise kontinuierlicher Prozess, was für den kommunalen Wirtschaftsförderer wiederum auch bedeutet, dass er sich eines einmal vor Ort niedergelassenen Unternehmens nie sicher sein kann, auch wenn es dem Unternehmen gut geht.

Kontroll- und Lernfragen

a. Unterscheiden Sie die Arten der unternehmerischen Standortentscheidung
b. Unterscheiden Sie wichtige Standortfaktoren in weiche und harte. Ist hier (immer) eine trennscharfe Unterscheidung möglich?
c. Skizzieren Sie den Standortcontrollingprozess.
d. Beschreiben Sie das Vorgehen der Unternehmen nach dem Stufenmodell der Standortwahl.

2.9 Baustein 9: Politische Handlungsfelder

Lernziele
Da die Wirtschaftsförderung zu den „freiwilligen" Aufgaben der Kommunen gehört, wird sie von Seiten der Kommunalpolitik selbst, aber auch durch die Landes- und Bundespolitik aufmerksam und oftmals kritisch begutachtet. Dabei spielt es kaum eine Rolle, in welcher Struktur die jeweilige Wirtschaftsförderung tätig ist.

Wie es Akteuren der Wirtschaftsförderung gelingen kann, auf das notwendige Zusammenspiel und die Wichtigkeit der verschiedenen Maßnahmen hinzuweisen und insgesamt die Bedeutung der Wirtschaftsförderung im Kalkül der politischen Entscheidern zu verankern, zeigt dieser Baustein.

2.9.1 Wirtschaftsförderung in allen Wahlprogrammen

Durchforscht man die Wahlprogramme von Landrats- oder Bürgermeisterkandidaten oder auch die für die Wahlen zu einer kommunalen Vertretungskörperschaft antretenden Parteien und Wählergruppen, so ist festzustellen, dass „Wirtschaftsförderung" fast immer als eine der wichtigsten kommunalen Aufgaben genannt wird.

Zwar haben die Kreise, Städte und Gemeinden den kommunal-verfassungsrechtlichen Auftrag, innerhalb der Grenzen ihrer Leistungsfähigkeit die für die wirtschaftliche, soziale und kulturelle Betreuung ihrer Einwohner erforderlichen Einrichtungen zu schaffen, aber den Begriff „Wirtschaftsförderung" sucht man in den maßgeblichen Gesetzen und Verordnungen vergebens.

Damit ist klar: Wirtschaftsförderung ist, obwohl allerorten als wichtig empfunden, keine Pflichtaufgabe der Kommunen, sondern wird von ihnen als freiwillige Aufgabe der kommunalen Selbstverwaltung in eigener Verantwortung wahrgenommen und gestaltet. Dies hat zur Folge, dass es kein einheitliches Bild davon gibt, was der Aufgabe „Wirtschaftsförderung" zuzurechnen ist und was einzelne Kommunen im Rahmen ihres Verständnisses und ihrer Bedürfnisse als wirtschaftsfördernde Angelegenheiten definieren. Dieses führt zu einem völlig uneinheitlichen politischen Verständnis von „Wirtschaftsförderung":

2.9.2 Rechte und Pflichten der Kreistagsabgeordneten/ Stadtverordneten/Gemeinderäte

Die Kontrolle und Steuerung der Stadtverwaltung ist die Kernaufgabe der Gemeinderäte. Um dieser Aufgabe gerecht werden und Entscheidungen unabhängig treffen zu können, werden den Ratsmitgliedern eine Reihe von besonderen Rechten eingeräumt.

Zu den wichtigsten Rechten der Gemeindevertreterinnen und -vertreter gehört sicher das Recht auf umfassende Information durch die Verwaltung. Ratsmitgliedern sind alle

Informationen zur Verfügung zu stellen, die für den Entscheidungsprozess in einer Sache notwendig sind. Die Ratsmitglieder müssen sich zudem zu allen Belangen ein eigenes Bild machen können, um eine verantwortliche Entscheidung treffen zu können.

Dabei kann es durchaus zu unterschiedlichen Auffassungen zwischen Verwaltung und der Stadtverordnetenversammlung kommen, ob die jeweiligen Informationen ausreichen. Verlangen Ratsmitglieder zusätzliche Unterlagen, so sind diese von der Stadtverwaltung zugänglich zu machen. Darüber hinaus dürfen Ratsmitglieder auch Einsicht in die Akten nehmen. Dies kann zum Beispiel in Fällen von An- und Verkäufen oder bei Rechtsstreitigkeiten, bei denen die Gemeindevertretung nachvollziehen möchte, ob die Verwaltung korrekt gehandelt hat, eine wichtige Rolle spielen. Akteneinsicht muss in der Regel beim Bürgermeister beantragt werden. Die Akten werden dann den Ratsmitgliedern in Verwaltungsräumen zur Verfügung gestellt.

Die komplexe Arbeit in einem kommunalen Parlament erfordert gute Kenntnisse in verschiedensten Bereichen, um gewissenhaft beurteilen und entscheiden zu können. Ratsmitglieder, die in ihrer Gesamtheit ein Spiegel der lokalen Gesellschaft sein sollen, können natürlich nicht immer alles wissen. Einführungen und Fortbildungen der Volksvertreter sollten daher auch durch die Wirtschaftsförderer selbstverständlich angeboten werden.

2.9.3 Kommunalpolitische Entscheidungen im Bereich gewerblicher Grundstücke

Hohe Relevanz für die Wirtschaftsförderung hat die Beschlussfassungen zu gewerblichen Grundstücksangelegenheiten. Grundsätzlich sind in der jeweiligen Hauptsatzung einer Stadt oder Gemeindeverwaltung bzw. der Kreisverwaltung die Grundlagen und Erfordernisse für Beschlussfassungen durch das jeweils zuständige Gremium festgelegt.

In der Mehrzahl dieser Festlegungen sind der Erwerb sowie die Veräußerung von Grundstücken mit entsprechenden Höchstsummen versehen. Der Spielraum für den Verwaltungsleiter bei derartigen Grundstücksgeschäften kann sehr unterschiedlich ausgestaltet sein. Oftmals ist hier eine Größenordnung von bis zu 50.000 Euro in Eigenverantwortung der Verwaltung festgelegt. Grundstücksangelegenheiten die eine solche festgelegte Höchstgrenze überschreiten, sind durch Beschlussfassungen der Gemeindevertretung, Stadtverordnetenversammlung bzw. des Kreistages zu legitimieren. Gleiches trifft in der Regel auch für Anschaffungen von Sachmitteln, notwendigen Präsentationsmaterial oder der Beauftragung von Unternehmen, die Konzepte und Gutachten erstellen sollen, zu.

Kommunale Parlamente sollten zu allen Grundstücksangelegenheiten entsprechende Informationen und Zusammenfassungen erhalten. Hier bietet sich ein jährlich zu erstellender Arbeitsbericht der Wirtschaftsförderung an, bzw. sollte am Jahresende in der Auflistung der wichtigsten Aktivitäten einer Wirtschaftsförderung auch diese Angelegenheiten zum Inhalt haben.

Die Kontrolle zu den Inhalten und Festlegungen der jeweiligen Kaufverträge, zu Investitionsverpflichtungen und zu entsprechenden Festlegungen zur Arbeitsplatzanzahl sollten auch hierzu regelmäßig als Informationen zum Erfüllungstand den kommunalpolitischen Gremien übermittelt werden.

Jedoch muss bei allen Beschlussfassungen und Informationen beachtet werden, dass generell Grundstücksangelegenheiten im nicht-öffentlichen Teil, also vertraulich zu behandeln sind. Diese Festlegung ist nicht nur für die Wirtschaftsförderung bindend sondern trifft generell auch auf alle Mitglieder des jeweiligen Parlamentes zu.

In der Praxis bietet sich folgende Verfahrensweise zur Vorbereitung der Beschlussfassung in der Gemeindevertretung, Stadtverordnetenversammlung oder des Kreistages an:

- Gemäß der Aufgabenzuteilung in der Wirtschaftsförderung findet in der Regel das erste Gespräch für eine mögliche Investitionen und dem damit verbundenen Grundstückserwerb vertraulich mit dem interessierten möglichen Käufer statt.
- Bei grundsätzlicher Einigung kann am Ende des Verhandlungsgespräches ein unverbindlicher Kaufantrag vorliegen, der das gewünschte Grundstück für den Interessenten sichert.
- Diese schriftliche Beantragung ist als Verwaltungsaktakt Grundlage für alle weiteren Arbeitsschritte bis hin zum notariell beurkundeten Kaufvertrag.
- Im Rahmen der Prüfung des Kaufantrages erfolgen alle Maßnahmen, die die Belange der Erschließung, der Bebaubarkeit des Grundstücks, dem gewünschten Zuschnitt des Areals und der Gesamtbetrachtung in dem jeweiligen Gelände beinhalten. Für diese Prüfung erweist sich eine enge Zusammenarbeit mit den Bereichen Liegenschaften und Stadtplanungsamt als hilfreich und Zeiteinsparend.
- Ein „Steckbrief" mit allen Daten und Fakten für das jeweilig zu erwerbende Grundstück dient dem Investor als Grundlage für sämtliche Beurteilungen des Areals und Planungen für die künftige Bebauung.
- Im Rahmen der Verwaltungstätigkeit sollte es dann möglich sein, dass die Wirtschaftsförderung mit den ausgehandelten Konditionen eine Verwaltungsvorlage (bei Grundstücksveräußerungen unter dem festgesetzten Betrag in der Hauptsatzung) bzw. eine Beschlussvorlage für das jeweilig beschließende Gremium erarbeitet. In beiden Fällen ist nach der Prüfung der beteiligten und betroffenen Ämter die Beschlussvorlage mit der Verwaltungsleitung und mit dem Investor abzustimmen.

Die Beschlussvorlage für die Gemeindevertretung, Stadtverordnetenversammlung oder Kreistag muss folgende Kriterien beinhalten: neben der Auflistung der persönlichen Daten des Käufers sind Flurstück und Flur, Gemarkung, Grundstücksgröße, ausgehandelter Grundstückspreis, eventuelle Dienstbarkeiten, festgelegte Nutzungen und ausgehandelte Zeitabläufe für den Abschluss eines Kaufvertrages aufzuführen. Diese Festsetzungen müssen dann auch in gleicher Art und Weise in den Kaufvertrag aufgenommen werden (siehe Abb. 2.26).

2.9 Baustein 9: Politische Handlungsfelder

Beispiel einer realen Beschlussvorlage/ Beschlussfassung:

Abb. 2.26 Beispiel für Inhalte von Beschlussvorlagen (Eigene Darstellung)

Bei Grundstücksverkäufen gewerblicher Flächen sollten den gewählten Volksvertretern auch die künftigen Inhalte der Investitionen und die geplanten Zeitabläufe für das Bauvorhaben dokumentiert werden. Dazu wird von jedem Kommunalvertreter eine Investitionsverpflichtung zur Nutzung des Grundstückes, zum Zeitpunkt der Bebauung und zur geplanten Anzahl der Arbeitsplätze eher positiv gewertet.

Bei besonders wichtigen Vorhaben ist es empfehlenswert, dass durch die Wirtschaftsförderung der Investor zu entsprechenden Stadtverordnetenversammlung eingeladen wird, um im nicht-öffentlichen Teil der Veranstaltung seine Investitionsabsichten zu erläutern.

2.9.4 Umsetzung eines Kaufantrages zum Erwerb eines gewerblichen Grundstückes am Beispiel der Stadt Senftenberg

Die Hauptsatzung der Stadt Senftenberg sieht vor, wann eine Beschlussfassung der Stadtverordnetenversammlung notwendig ist. Grundlage dafür ist die Festlegung in der Hauptsatzung, dass Grundstücksverkäufe über den Betrag von 25.000 Euro derartigen Beschlussfassung bedürfen.

Um die Ermächtigung zur Veräußerung des betreffenden Areals durch den Bürgermeister zu erhalten, sind die entsprechenden Gremien im Vorfeld der Beschlussfassung einzubeziehen. Dabei ist der hier zuständige Bau,- Wirtschaft, – und Umweltausschuss als beratendes (nicht beschließendes) Gremium die erste Etappe beim Durchlauf der Einbeziehung der Stadtverordneten.

Die durch die Wirtschaftsförderung eingebrachte Drucksache beinhaltet bereits alle Stellungnahmen der beteiligten Fachämter, wie zum Beispiel Stadtplanungsamt, Kämmerei, Liegenschaften, Tiefbauamt und Rechtsamt. Bei möglichen Unklarheiten zum ermittelten Kaufpreis sollte die Beschlussvorlage auch Thema des jeweiligen Finanzausschusses sein. Alle inhaltlichen Fragen zum Kaufpreis, zu den Investitionsabsichten, zu Zeitabläufen der geplanten Bauvorhaben und zu den daraus resultierenden Aufgaben, sind vor dem Abschluss des Kaufvertrages in der Verwaltung zu klären.

Fragen, die innerhalb der jeweiligen Ausschusssitzung nicht direkt beantwortet werden können, sind mit einer schriftlichen Antwort zeitnah, auf jeden Fall vor der Beschlussfassung in der Stadtverordnetenversammlung zu beantworten. Im Rahmen der Stadtverordnetenversammlung sollten dann diese inhaltlichen Belange nur noch eine untergeordnete Rolle spielen. Durch das Klären aller Fachfragen ist in der Regel der Stadtverordnete in der Lage, den politischen Willen durch sein Abstimmungsergebnis zu verdeutlichen.

Bei der Entscheidung der Stadtverordnetenversammlung sind neben den zu erzielenden Kaufpreisen und den Nutzungsabsichten immer Investitionsverpflichtungen, die im Einklang mit den Absichten des betreffenden Unternehmens ausgehandelt werden, gute Argumente für eine gewünschte positive Entscheidung.

Beispiel: Reale Beschlussvorlage/Beschlussfassung

Beschlussfassung:

Käufer: Herr Max Mustermann, nachstehend auch „der Käufer" genannt

Die Vergabe erfolgt zum Zwecke der Errichtung eines Produktionsgebäudes (Produktionshalle, Verwaltung, gewerbliche Nebenflächen).

Der Kaufpreis beträgt 8,00 Euro/m². Dies entspricht einem Gesamtkaufpreis von 80.000,00 Euro. Der Kaufpreis ist ein Festpreis. Der Verkauf stellt eine Unterwertveräußerung dar. Die Differenz zum vollen Wert gemäß Verkehrswertgutachten vom Oktober 2004 beträgt 25.850 Euro.

Der Käufer verpflichtet sich, im Zeitraum von 24 Monaten die wesentlichen Bestandteile der geplanten gewerblichen Investition umzusetzen.

Der Käufer verpflichtet sich für eine Dauer von mindestens 5 Jahren ab Produktionsbeginn, je nach konjunktureller Lage, 20 Arbeitnehmer an diesem Standort zu beschäftigen.

Der Firmen-Hauptsitz befindet sich in Senftenberg.

Der Gesamtkaufpreis ist innerhalb von 4 Wochen nach Vertragsabschluss an die Stadt Senftenberg zu zahlen.

Der Besitzübergang erfolgt mit der Zahlung des Gesamtkaufpreises.

Öffentliche Abgaben, Erschließungskosten und Anliegerbeiträge sowie Abgaben, für die bis zum Tag des Besitzüberganges ein Bescheid ergeht, trägt der Verkäufer.

2.9 Baustein 9: Politische Handlungsfelder

Sie werden vom Käufer getragen, wenn der Bescheid nach dem Tag des Besitzüberganges ergeht.

Das Grundstück wird voll erschlossen veräußert.

Der Notarvertrag muss innerhalb von 6 Monaten nach Beschlussfassung abgeschlossen worden sein. Diese Frist kann auf Antrag des Käufers um 6 Monate verlängert werden. Kommt der Vertrag nicht innerhalb der genannten Fristen zustande, verliert dieser Beschluss seine Gültigkeit.

Der Verkäufer ist zum Rücktritt vom Vertrag berechtigt, wenn nicht innerhalb von einem Jahr ab Vertragsabschluss nachhaltig mit der Errichtung des Produktionsgebäudes auf dem Vertragsgegenstand begonnen wurde.

Zur Sicherung des für den Fall der Ausübung des Wiederkaufsrechtes entsprechenden Anspruches der Stadt Senftenberg auf Übereignung des Grundstückes soll eine entsprechende Auflassungsvormerkung in Abteilung II des Grundbuches eingetragen werden.

Das Grundstück dient ausschließlich der gewerblichen Nutzung. Der Käufer verpflichtet sich, das Grundstück nicht zu Wohnzwecken, mit Ausnahme einer im Zusammenhang mit dem Betriebsgebäude stehenden Werkswohnung, zu nutzen. Der Käufer verpflichtet sich weiterhin, den Grundbesitz innerhalb von 5 Jahren ohne Zustimmung des Verkäufers nicht weiter zu verkaufen. Einer Zustimmung bedarf es nicht bei Verkäufen an eine Personen- bzw. Kapitalgesellschaft, bei der der Käufer herrschender Gesellschafter ist, wenn dadurch die Zweckbestimmung gewährleistet bleibt.

Sollte der Verkauf innerhalb dieses Zeitraumes erfolgen, so verpflichtet sich der Käufer, den Mehrerlös in der Höhe von 75 % an den Verkäufer abzuführen.

Die Kosten des Vertrages, sowie sämtliche Nebenkosten, welche mit dem Erwerb des Grundstückes im Zusammenhang stehen, gehen zu Lasten des Käufers.

Sollte der Käufer aus irgendwelchen Gründen zur Rückgabe des Grundstückes gezwungen sein, so hat er alle damit entstehenden Kosten und Steuern zu tragen. Er hat in diesem Fall das Grundstück vollständig beräumt zurückzugeben. Ferner sind sämtliche Belastungen des Grundstückes zu löschen. Ausgenommen sind Lasten, die bereits bei Besitzübergang auf den Käufer bestanden.

Im Falle der Rückgabe ist die Stadt zu bevollmächtigen, für den Käufer alle erforderlichen Erklärungen abzugeben.

Eventuell bestehende Grunddienstbarkeiten in Form von Leitungs- und Wegerechten und auch Rechte Dritter sind vom Käufer zu übernehmen. Außer der 110 KV-Leitung sind der Stadt Senftenberg anderweitige Leitungs- und Wegerechte auf diesem Grundstück nicht bekannt.

Der Verkäufer erteilt dem Käufer bezüglich der Vorwegbeleihung des Grundstückes, noch vor Eigentumsumschreibung, eine Belastungsvollmacht in Höhe von 2.000.000 Euro, jedoch nur mit der Bedingung, dass aus den Kreditmitteln der Kaufpreis erstrangig beglichen wird.

Der Käufer hat das Grundstück im gegenwärtigen Zustand zu erwerben.

Zur Erfüllung gemeindlicher Aufgaben wird das Grundstück nicht mehr benötigt.

Begründung:

Das Unternehmen Mustermann ist in Senftenberg angesiedelt und beschäftigt zur Zeit ca. 100 Arbeitnehmer. Zur Betriebserweiterung benötigt das Unternehmen dringend ca. 10.000 m² Gewerbefläche.

Über das Grundstück verläuft eine 110 KV-Leitung, die im Eigentum der Envia Mitteldeutsche Energie AG steht.

Das von der Stadt Senftenberg zu veräußernde Grundstück ist nur eingeschränkt baulich nutzbar, da eine 100 KV-Leitung, die im Eigentum der Envia Mitteldeutsche Energie AG steht, über dieses verläuft.

Der abweichende Kaufpreis zum gutachterlichen Verkehrswert ergibt sich aus den aktuellen Gewerbeflächenangeboten der Kommunen aus der näheren Region. Hierbei ist festzustellen, dass Gewerbegrundstücke in bester Lage für ca. 3,00–6,00 Euro/m² in den umliegenden Gemeinden Ruhland, Schwarzheide, Elsterwerda und Bad Liebenwerda den Unternehmen angeboten wurden.

Der ausgehandelte Kaufpreis von 8,00 Euro/m² wurde auf Grund der eingeschränkten Nutzung durch die 110-KV Leitung, die einen Großteil, ca. 2.500 m², des Areals in Anspruch nimmt, reduziert.

Außerdem begründet sich der unter dem Wertgutachten ausgehandelte Verkaufspreis in der klar formulierten Investitionsverpflichtung und der Rückabwicklung bei deren Nichteinhaltung.

Am 26.02.2012 erfolgte bei der Kommunalaufsicht des Landkreises OSL eine Abstimmung zum Verkauf. Mit der erfolgten Begründung zu den Aktivitäten und dem Nachweis der erfolglosen Veräußerung des Areals seit 16 Jahren wird einer Veräußerung unter dem Verkehrswert zugestimmt.

Anlagen: Lageplan

2.9.5 Die politische Bedeutung von Investitionszusagen

Die Entscheidungen politischer Gremien werden durch verschiedene Faktoren beeinflusst. Wichtig sind dabei zweifellos erhoffte regionalökonomische Wirkungen auf den Standort. **Investitionsverpflichtungen** beeinflussen daher die Entscheidungsfindungen in der Regel sehr positiv. So ist z. B. die Festlegung, dass im Zeitraum von 24 Monaten die wesentlichen Bestandteile der gewerblichen Investitionen umgesetzt werden müssen, bei den Parlamentariern eine gern gesehene Auflage. Gute Argumente für eine Zustimmung der Volksvertreter sind auch Festlegungen zur Anzahl der zu beschäftigenden künftigen Arbeitnehmer (leider später kaum einklagbar), die **Mehrerlösklausel** und die Festlegung, dass der künftige **Gewerbesteuerhauptsitz** in der eigenen Gemarkung zu nehmen ist.

Rechtlich müssen natürlich alle Angaben zur Kaufpreiszahlung, zu Erschließungskosten, zum Abschluss des nun folgenden Kaufvertrages, zu Dienstbarkeiten, zum möglichen Rückfall des Grundstückes an die Kommune, zu Einschränkungen bei der

Weiterveräußerung des Areals oder zur Vorwegbeleihung des Grundstückes in der Drucksache oder Beschlussfassung aufgeführt sein.

In der Begründung sollten nochmals leicht verständlich die Beweggründe zur Veräußerung dargestellt werden und selbstverständlich auch die zu erwartenden Effekte durch diese Neuansiedlung den Stadtverordneten erklärt werden. Generell ist es von Vorteil, dass der Grundstücksveräußerung ein positives Votum der jeweilig zuständigen Kommunalaufsicht vorausgeht.

In der weiteren Vorgehensweise ist nun der von beiden Parteien bestimmte Notar gut in der Lage, auf der Grundlage der erfolgten Beschlussfassung den entsprechenden Kaufvertrag zu formulieren und sehr zeitnah von den beiden Parteien gegenzeichnen zu lassen.

2.9.6 Politische Handlungsfelder der Wirtschaftsförderung zu Angelegenheiten der Landes – und Bundespolitik

Eine angemessene Kontaktpflege insbesondere zu den Landtags – und Bundestagsabgeordneten aus dem eigenen Wahlkreis bietet immer wieder Möglichkeiten, auf Problemstellungen der jeweiligen Aufgabenschwerpunkte hinzuweisen. Wenn bei der Problemlösung auch die aktive Mitwirkung des beteiligten Landtags – oder Bundestagsabgeordneten auch öffentlich hervorgehoben werden kann, ist das bei der Lösung von weiteren Problemen stets hilfreich.

Wirtschaftsfördernde Rahmenbedingungen werden nicht nur durch Planungen und Beschlussfassungen im eigenen Wirkungskreis erstellt. Insbesondere Regionalplanungen, Landesplanungen und länderübergreifende Strukturplanungen beeinflussen die Handlungsfelder eine Wirtschaftsförderung oftmals sehr intensiv.

Besonders bei der Ausweisung neuer Gewerbegebiete, bei Veränderungen im Flächennutzungsplan sind die Regionalplanungen, die generell auf politischen Intentionen der Auftraggeber beruhen, zu berücksichtigen. Durch Beschlüsse der jeweiligen hier zuständigen Parlamente wird eine direkte Einflussnahme auf Entwicklungspotenziale in den Kommunen und somit in den Aufgabenbereichen einer Wirtschaftsförderung genommen. Diese überregionalen Betrachtungen zu bestimmten Planungen entsprechen nicht immer den eigentlichen Notwendigkeiten vor Ort und bedürfen in der Regel weit reichender Korrekturen bzw. Einschränkungen im eigenen Planungsbereich.

Bei allen Problembereichen sind zuerst die Einflussmöglichkeiten bei den Ansprechpartnern in den jeweiligen Landes – und Bundesbehörden abzuklopfen. Wenn hierbei im Rahmen der geltenden Gesetzlichkeiten und des oftmals vorhandenen Ermessensspielraumes keine ausreichenden Ergebnisse erzielt werden können, ist die Einbeziehung der Landtags – und Bundestagsabgeordneten notwendig.

Beispiel: Neuausweisung von Gewerbestandorten

Aufgrund der zu erwartenden Größenordnung von neu ca. 6.000 Booten, Jachten, Fahrgastschiffen und anderer Wasserfahrzeuge wurde es notwendig, ein komplett neues Gewerbegebiet mit Wasseranschluss an einem geeigneten Uferstandort im Seenland vorzusehen.

Landespolitisch wurde hier die Diskrepanz zur eigentlichen Ausrichtung der Besiedlung der vorhandenen und noch nicht in Anspruch genommenen Gewerbeflächen („beleuchtete Äcker") deutlich.

Regionale Planungsstellen und Landesbehörden sind angehalten, diesem Grundsatz folgend, keiner Neuausweisung zusätzlicher Gewerbeflächen zuzustimmen.

Die Notwendigkeit einer derartigen Neuausweisung ist jedoch in der Entwicklung des Seenlandes nachvollziehbar und begründbar. Um einer Ausnahmeregelung dieser Grundsätze Nachdruck zu verleihen, war die Einbeziehung der hier zuständigen Ausschüsse und Gremien des Landtages Brandenburg notwendig und hilfreich.

So wurden die kommunalen Belange, die sich in der gewerblichen Entwicklung des künftigen Seenlandes begründen, in den entsprechenden Fachausschüssen des Landtages durch die Wirtschaftsförderung erläutert worden. Ohne die Inanspruchnahme eines Petitionsausschusses konnte erreicht werden, dass die Landesplanung die Entwicklung eines neuen Gewerbestandortes durch den politischen Willen der Landtagsabgeordneten aufgenommen hat.

Hierbei musste die Kommune jedoch akzeptieren, dass grundsätzlich auf diesem neuen Gewerbestandort nur wasseraffines Gewerbe angesiedelt werden kann. Dies sollte jedoch dem eigentlichen Zweck der Errichtung der notwendigen Erschließungsmaßnahmen und der geplanten Ausrichtung des neuen Gewerbegebietes entsprechen.

2.9.7 Bedeutung des Bundes – z. B. für Infrastrukturmaßnahmen

Eine der wichtigsten Voraussetzungen für gewerbliche Investitionen und für den Bestand der ansässigen Unternehmen ist eine funktionierende Infrastruktur am jeweiligen Standort. Dabei spielen überörtliche Verkehrsanbindungen bei der Betrachtung der Standortbedingungen eine sehr wichtige Rolle.

Der Bundesverkehrswegeplan diente in den vergangenen zwei Jahrzehnten für die Planungen und Umsetzungen der wichtigsten Infrastrukturmaßnahmen bei Bundesautobahnen, bei überörtlichen Umgehungsstraßen sowie bei dem Ausbau des Bundesstraßennetzes als Grundlage. Durch die Ausweisungen, vor allem im vordringlichen Bedarf des Bundesverkehrswegeplanes, sollten bestimmte Planungen, etwa für neue Gewerbegebiete oder für weiterführende kommunale Infrastrukturmaßnahmen, forciert werden. Unternehmen sollten nach der ursprünglichen Konzeption aufgrund der vorliegenden Bundesplanungen eigene Investitionsmaßnahmen, mit einer in Aussicht gestellten Verbesserung der Infrastrukturanbindung vor Ort, besser vorausplanen können.

In der Realität zeigte sich jedoch in den vergangenen Jahren oftmals ein anderes Bild. Selbst Maßnahmen, die bereits 1995 im vordringlichen Bedarf des Bundesverkehrswegeplanes ausgewiesen wurden, kommen bis zum heutigen Zeitpunkt nicht in die Umsetzung bzw. werden auch künftig keine Realisierung erfahren. Bei Planungen die in den Kommunen auf den vorgesehenen Maßnahmen im Bundesverkehrsplan basieren, waren jedoch die Städte gehalten, permanent auf die Umsetzung der jeweiligen Straßenbaumaßnahme zu drängen. Oftmals spielte dabei ein gemeinsames Wirken von Kommune, hier insbesondere der Wirtschaftsförderung, und betroffenen Unternehmen und Institutionen eine positive Rolle.

> **Beispiel: Umsetzung des Projektes Leila (Leipzig-Lausitz-Trasse)**
>
> Der Stadt Bad Liebenwerda drohte Ende der 90er-Jahre die Aberkennung der Einstufung als Kurstadt. Grund dafür war die enorme Belastung durch den Schwerlastverkehr mitten durch das Stadtgebiet und entlang der Kureinrichtungen.
>
> Der Bundesverkehrswegeplan sah im vordringlichen Bedarf eine zeitnahe Umfahrung des Innenstadtbereiches und eine neue Trasse der B 187 in Richtung Torgau/Leipzig vor. Bis zum Jahr 2000 gab es jedoch keine Vorplanungen oder Planfeststellungsbeschlüsse. Gemeinsam mit den Vertretern aus der örtlichen Politik, der Verwaltung und besonders den betroffenen Unternehmen (organisiert durch die Wirtschaftsförderung) ist es in Zusammenarbeit mit den Landtags – und Bundestagsabgeordneten gelungen, diesem Defizit Abhilfe zu schaffen und mit entsprechenden öffentlichen Aktionen die Projektumsetzung anzustoßen. Dabei war es wichtig, dass die Planungskosten im entsprechenden Landeshaushalt eingeordnet wurden und somit die Grundlage für das Arrangements des Bundes zum Bau dieser Umgehungsstraße geschaffen war. Wenn auch recht spät, konnte im Jahre 2012 der offizielle Baubeginn der ca. 120 Millionen teuren Investitionen getätigt werden. Dennoch konnten die weiterführenden Ortsumfahrungen Elsterwerda, Plessa usw. bis 2015 noch nicht realisiert werden.

Ein weiteres Beispiel ist die verkehrliche Anbindung eines Gewerbestandortes:

> **Beispiel: Landespolitik Anbindung des Gewerbestandortes Senftenberg OT Hosena an das Fernstraßennetz**
>
> Ebenfalls im vordringlichen Bedarf des Bundesverkehrswegeplanes 1995 wurde diese Anbindung des Ballungsraumes Hoyerswerda (B 96n) an die Bundesautobahn A 13 zur Anschlussstelle Ruhland eingestuft.
>
> Der Gewerbestandort Hosena wird derzeit über eine nur 5,5 m breite und 7 km lange Landesstraße, die gleichzeitig den Zu – und Abtransport im Lieferverkehr bewältigen muss, an das überregionale Straßennetz angebunden. Hier sollte die o. g. Ortsumgehung B96n zum Autobahnanschluss in Ruhland eine Verbesserung der Verkehrssituation ermöglichen.
>
> Durch die unzureichende Verkehrsanbindung zum Gewerbestandort Hosena, sah sich zu diesem Zeitpunkt 2007 das zweitgrößte Stahlbauunternehmen Ostdeutschlands, Züblin Stahlbau GmbH gezwungen, alle weiteren Planungen für Investitionen und Erweiterungen am Standort auf den Prüfstand zu legen. Durch die nicht erfolgten Straßenbauplanungen der B 96n (Bundesverkehrswegeplan 1995, vordringlicher Bedarf)

seitens der Bundesländer Sachsen und Brandenburg wurde die Wirtschaftsförderung der Stadt Senftenberg im Jahre 2008 gezwungen, für die insgesamt zwölf produktiven Unternehmen mit über 500 Arbeitsplätzen am Gewerbestandortes Hosena eine zügige Umsetzung einer angemessenen Verkehrsanbindung neu zu organisieren.

Die Einbeziehung von Bundestagsabgeordneten in die Problematik war durch den völlig überzeichneten Bundeshaushalt (Straßenbauprojekte) in diesem Zeitraum nicht erfolgreich. Jedoch konnte durch das gemeinsame Auftreten der Wirtschaftsförderung und der betroffenen 12 Unternehmen gegenüber dem Infrastrukturministerium des Landes Brandenburg und den hier zuständigen Bundestags – und Landtagsabgeordneten, eine Einordnung der Planung und Baukosten in den Landeshaushalt Brandenburgs für die Ertüchtigung der derzeit unzureichend ausgebauten Zufahrtsstraße erreicht werden.

Auch hier war das Zusammenwirken der Wirtschaftsregion (Netzwerk und gemeinsame Vermarktung – RWK Westlausitz) hilfreich und zielführend. Das Land Brandenburg wird 2017 die vorhandene Landesstraße erweitern und somit die „kleine" Lösung für die dann problemlosere Abwicklung der Schwerlasttransporte umsetzen. Aufgrund der vorhandenen Planungssicherheit investierte das Stahlbauunternehmen Züblin als unmittelbare Folge der Entscheidung bis zum Jahr 2014 insgesamt 30 Millionen Euro in Betriebserweiterungen und zudem in ca. 200 neue Arbeitsplätze.

Resümee

Ohne Mitwirkung, Zustimmungen und Beschlussfassungen der politischen Mandatsträger sind viele wichtige Vorhaben nicht umsetzbar. In der Kommunikation mit der Politik sollte immer mit nachvollziehbaren Argumenten für die Sache eingetreten und gegebenenfalls gestritten werden. Dabei reicht in vielen Fällen die lokale Ebene nicht aus. Neben Stadtverordneten und Kreistagsmitgliedern sind insbesondere Landtags – und Bundestagsabgeordnete wichtige (Ansprech-) Partner.

Dabei muss jedoch jederzeit beachtet werden, dass die fehlenden Fachkenntnisse vor allem der Kommunalpolitiker eine weitere Herausforderung für die Wirtschaftsförderung darstellt. Relevante Informationen und standortpolitische Argumente müssen daher auch in geeigneter Weise aufbereitet und kommuniziert werden.

Kontroll- und Lernfragen

a. Erklären Sie die Vorteile der drei wichtigsten Investitionsverpflichtungen im Rahmen des Abschlusses eines Kaufvertrages.
b. Nennen Sie die Fachämter, die im Rahmen der Erstellung einer Drucksache/Beschlussvorlage einzubeziehen sind?
c. Wie sind bei den Beschlussvorlagen die finanziellen Auswirkungen zu erläutern und ist die Genehmigungsbehörde (Kommunalaufsicht) hierbei einzubeziehen?
d. Haben Stadtverordnete ein Recht auf Akteneinsicht, wie sollte das erfolgen?

2.10 Baustein 10: Strategische Planung und zentrale Aufgabenfelder

> **Lernziele**
> In diesem Baustein werden Strategien der Wirtschaftsförderung für Städte und Regionen beschrieben. Grundsätzlich werden die Aufgabenstellungen einer Wirtschaftsförderung von den Bedürfnissen und Anliegen der Wirtschaft bestimmt. Dabei verändern gesellschaftliche Trends die wirtschaftliche Basis von Standorten. Der Fachkräftemangel nimmt zu, das Aufgabenspektrum wächst, Perspektiven verlagern sich, Anforderungen steigen. Umso mehr verlangt eine moderne Gesellschaft nach einer mittel- bis langfristigen wirtschaftspolitischen Strategie. Eine solche Strategie berücksichtigt die Ansprüche aus Politik und Verwaltung und die Anforderungen der Unternehmenswelt gleichermaßen. Am Ende haben alle ein gemeinsames Ziel: die Sicherung der Wirtschaftskraft einer Kommune, einer Region, eines Standortes. Dies geschieht durch Bestandskundenentwicklung, Key-Account-Management, Flächenmanagement, Vernetzung von Wissenschaft und Wirtschaft sowie regionale wie internationale Ansiedlungspolitik.

2.10.1 Steuerungsplan für die Zukunft eines Standortes

Planungen, Entwicklungsprozesse und das ergebnisorientierte Aufzeigen von Perspektiven in der Wirtschaftsförderung benötigen einen langfristigen vorrausschauenden Blickwinkel. Dabei kann eine Nachhaltigkeit nicht selten erst nach einer Entwicklungszeit von 10 bis 20 Jahren festgestellt werden.

1. **Startpunkt festlegen**
   Der Beginn einer Standortplanung umfasst eine sorgfältige individuelle und umfassende Analyse. Gemeinsam mit eigenen Rechercheinstrumenten, Statistiken und vorhandenen Konzepten muss die Ausgangssituation vor Ort ermittelt werden. Alle vorhandenen und umgesetzten Projekte in der Stadtplanung, zum Gewerbestandort, zur Infrastruktur usw. gehören auf den Prüfstand.

2. **Analysieren und Konzeptionieren**
   Aufbauend auf die erfolgte Grundlagenermittlung erfolgt als weiterer Schritt die Strategieentwicklung. Die Handlungsoptionen werden mit regionalen, überregionalen und internationalen Wettbewerbssituationen verglichen, Stärken/Schwächenanalysen fließen in das Entwicklungskonzept ein. Dabei finden vor allem Wertschöpfungsketten, Wirtschaftskreisläufe, Effekte für die Entwicklung des Arbeitsmarktes und daraus resultierende Verbesserungen der Haushaltssituation ihren Niederschlag.

3. **Strategische Aufgabenstellungen bedürfen immer einer effektiven Realisierungsmöglichkeit**
   In der Abstimmung mit Verwaltung, Politik, und Wirtschaft wird die strategische Planung der Wirtschaftsförderung und Prozesssteuerung der Erreichung der Zielsetzung untergeordnet. Dabei müssen die notwendigen Ressourcen und der Finanzrahmen angemessen festgelegt werden. Die Organisationsstruktur ist der Aufgabenstellung anzupassen, die politischen Rahmenbedingungen sind festzuschreiben.

4. **Rahmenbedingungen und Grundausrichtung einer effektiven Wirtschaftsförderungsstrategie**
   Rahmenbedingungen und Grundlagen der Strategie:
   - Aspekte kommunaler Wirtschaftsförderung
   - Ausgewählte Daten und Fakten
   - Akteure und Strukturen
   - Strategische Grundlinien
   - Strategische Handlungsfelder

5. **Aufgaben und Umsetzungsmaßnahmen**
   Übergeordnete Aufgaben:
   - Unternehmensservice
   - Standortentwicklung und -management
   - Standortmarketing und Ansiedlung
   - Netzwerkbildung und Informationsaustausch
   - Stadtentwicklung und regionale Kooperation
   - Strategische Grundlinien, Handlungsfelder und besondere Maßnahmen und Projekte der Wirtschaftsförderung

6. **Ziel und Inhalt eines Strategiepapiers**
   Das zu erarbeitende Strategiepapier greift alle Erfordernisse einer Wirtschaftsentwicklung und deren Förderung auf. Auf der Basis beispielhaft dargestellter Daten und Fakten und vor dem Hintergrund der Strukturen wird der Versuch unternommen, wesentliche strategische Grundlinien und Handlungsfelder zu benennen. Daraus werden neben den konkreten Aufgaben der Wirtschaftsförderung zielorientierte Maßnahmen und Projekte abgeleitet. Das Strategiepapier soll damit Grundlage und Richtschnur der Wirtschaftsförderung in der jeweiligen Kommune sein.

   Als Grundlage dafür sollte ein Beschluss in der Stadtverordnetenversammlung zur Erarbeitung eines Strategiepapieres für die Ausrichtung der Wirtschaftsförderung gefasst werden. Dabei soll sowohl die strukturelle als auch die inhaltliche Ausrichtung der Wirtschaftsförderung der Kommune dargestellt, sowie geeignete Vorschläge erarbeitet werden, wie zukünftig die Pflege ortsansässiger Gewerbebetriebe verbessert und die Neuansiedlung von Unternehmen in der Gebietskörperschaft gefördert werden kann.

   Das Strategiepapier ist jedoch kein geschlossenes Wirtschaftsförderkonzept. Zum einen ist es offen für Vorschläge seitens der verschiedensten Akteure. Gerade die spezifischen Projekte unterschiedlicher Unternehmen, Institutionen oder Verbände können und sollen bei einer künftigen Fortschreibung Berücksichtigung finden. Zum anderen das Strategiepapier gut geeignet, die erforderliche Aktualisierungen einzufügen. Dabei kommt immer auf den Prüfstand: Welche Projekte und Maßnahmen konnten umgesetzt werden? Welche Projekte wurden – aus welchen Gründen – nicht realisiert?

7. **Welche Maßnahmen sind neu aufzunehmen?**

Diese und ähnliche Fragen sind mit und in der jährlichen Fortschreibung des Strategiepapiers zu beantworten.

Wesentlich ist jedoch, dass sich die wichtigsten Akteure der kommunalen Wirtschaftsförderung (Stadtverwaltung, Stadtverordnetenversammlung, IHK, HWK, Unternehmerverbände und Gewerbevereine) zu den Zielen und Inhalten dieses Papiers bekennen. Nur so ist es möglich, im Wettbewerb zu bestehen.

2.10.2 Rahmenbedingungen und Grundlagen der Strategie

Die Rahmenbedingungen der kommunalen Wirtschaftsförderung wurden in den Bausteinen 1–3 ausführlich dargestellt und sind in der Ausgestaltung der konkreten Strategie natürlich ausführlich zu würdigen.

Grundlage einer effektiven Wirtschaftsförderung sind aber zudem Leitbilder und Zielstellungen für die gesamtstädtische Entwicklung in der Kommune, die in einem öffentlichen Diskussionsprozess erarbeitet werden müssen. Die Wirtschaftsförderung und die damit initiierte Entwicklung sind das Kernelement und die Basis der städtischen Entwicklung. Eine integrierte Stadtentwicklung bedingt eine intensive Zusammenarbeit und Abstimmung zwischen Politik, Verwaltung, Wirtschaft und Bürgern, auch darauf wurde an früherer Stelle eingegangen

Die Wirtschaftsförderung als gestaltender Bereich der städtischen Entwicklung ist mit seinem Aufgabenspektrum ein verbindendes Element, Initiator und Koordinator zwischen den Akteuren. Inhalt der Wirtschaftsförderung als eine zur Daseinsvorsorge zählenden Aufgabe der Städte und Gemeinden ist es, durch Schaffung bzw. Verbesserung der Standortbedingungen für die Wirtschaft mittels Förderung und Pflege die Wertschöpfung, die Beschäftigung und somit das wirtschaftliche und soziale Wohl der Bevölkerung in der Gemeinde oder Stadt zu sichern und zu steigern.

Als Konzeptgrundlage benötigt man die Kenntnis über den eigenen Standort und dafür die entsprechenden Daten. Wichtige Daten sind bereits in Tab. 2.1 im Zusammenhang mit den regionalen Disparitäten genannt worden, tatsächlich sind hier je nach Fragestellung viele Facetten denkbar. So wird in der Regel nicht nur die Zahl der Einwohner betrachtet und deren Geschlechteraufteilung, sondern auch nach der Bevölkerungsentwicklung gefragt und nach Verteilung in den Altersklassen, denn durch diese Informationen erhält man erst Einsichten zur spezifischen demografischen Entwicklung in der Region (siehe auch Baustein 4). Bei der bedeutenden Zielstellung einer jeden kommunalen Wirtschaftsförderung, die Erwerbstätigkeit zu erhöhen oder zumindest zu stabilisieren, sind auch auf diesem Feld differenzierte Daten zu erheben, also auch nach Branchen beispielsweise. Gleiches gilt für die Wertschöpfung vor Ort. Weitere wichtige Daten betreffen beispielsweise die Kaufkraft oder das Steueraufkommen.

2.10.3 Strategische Grundlinien

Entsprechend der allgemeinen Rahmenbedingungen und der resultierenden Anforderungen an die kommunale Wirtschaftsförderung dürften auch künftig folgende *strategischen Grundlinien* bestimmend sein:

Die Förderung, Beratung und Begleitung der bestehenden und ansässigen Unternehmen genießt Vorrang!
Das Primat der Bestandspflege basiert auf der Erkenntnis, dass die heimischen Unternehmen der wichtigste Motor für das anzustrebende Wachstum sind. Nur unter Nutzung und mit Unterstützung der vorhandenen Firmen kann das Wertschöpfungsniveau erhalten und erhöht werden. Dies setzt die Auseinandersetzung mit den Wünschen, Erwartungen und Problemen der ansässigen Firmen voraus.

Die Akquisition von neuen Unternehmen ist zu forcieren. Hierbei sind Schwerpunktbereiche zu bilden.
Es wäre wenig zielführend, wahllos eine bunte Palette von Branchen ansprechen zu wollen. Die Werbung für Neuansiedlungen sollte daher auf ansässige Schwerpunktebereiche gelegt werden, zu denen insbesondere die Clusterunternehmen gehören. Hintergrund dieser Zielstellung ist, dass nur die Ansiedlung sich ergänzender Branchen zu den bereits bestehenden Schwerpunkten die erforderliche Verzahnung zu Nutzung von Know-How-Synergien ermöglichen. Zudem erleichtert die Existenz bestimmter Kernkompetenzen die gezielte Werbung weiterer Unternehmen.

Die Stadtentwicklung als Basis des kommunalen Handelns baut auf zielgerichteten und abgestimmten Konzepten auf.
Nur auf der Basis zielgerichteter Konzepte lässt sich die Entwicklung der Stadt oder Region gewährleisten, was in besonderem Maße für die Wirtschaftsförderung gilt. Der Erarbeitung und Umsetzung der entsprechenden Konzeptionen ist daher hohe Bedeutung beizumessen. Vor dem Hintergrund des globalen Wettbewerbs verstärkt sich die Notwendigkeit zur Zusammenarbeit innerhalb der Region, sowohl bzgl. der konzeptionellen Ansätze als auch hinsichtlich der Umsetzungsstrategie.

Die Netzwerkbildung sowie die Zusammenarbeit zwischen den relevanten Akteuren genießt einen hohen Stellenwert. Netzwerke spielen eine zunehmende Rolle innerhalb des Wettbewerbs von Standorten und Regionen. Ihre wesentlichen Charakteristika sind der

Informations- und Wissenstransfer, der informelle Austausch, das Formulieren und Vertreten gemeinsamer Ziele oder das gemeinsame Bearbeiten von Projekten. Ziel der Wirtschaftsförderung ist es daher, solche Netzwerke zu begleiten, zu befördern und ggf. selbst zu initiieren.

Die Verwaltung orientiert sich an den Belangen der Wirtschaftsförderung.
Wirtschaftsförderung ist nicht allein eine Aufgabe des gleichnamigen Sachgebietes. Neben den Partnern außerhalb der Stadtverwaltung haben auch die weiteren Ämter maßgeblichen Einfluss auf die Bestandspflege und die Ansiedlung von Unternehmen. Schnelle Verfahren, kompetentes Agieren und – im Rahmen der bestehenden Vorschriften – wohlwollendes Ermessen sollte eines der Ziele innerhalb der Stadtverwaltung sein. Das Handeln ist dann im Sinne der Wirtschaftsförderung durch das „Ziehen an einem Strang" gekennzeichnet.

2.10.4 Strategische Handlungsfelder

In Umsetzung der strategischen Grundlinien ergeben sich insbesondere fünf Handlungsfelder, die dann in den Aufgaben und Projekten der Wirtschaftsförderung innerhalb der Stadtverwaltung niederschlagen:

1. Unternehmensservice
2. Standortentwicklung und -management
3. Standortmarketing und Ansiedlung
4. Netzwerkbildung und Informationsaustausch
5. Stadtentwicklung und regionale Kooperation

Hierbei werden die Aufgaben und Maßnahmen aufgeführt, die insbesondere durch das Sachgebiet Wirtschaftsförderung bearbeitet und umgesetzt werden. Dabei werden zunächst – ohne Anspruch auf Vollständigkeit – *allgemeine Aufgaben* genannt.

2.10.5 Servicestelle Wirtschaftsförderung

Um einem „Ämtermarathon" für Existenzgründer und bestehende Unternehmen effektiv und zeitsparend zu begegnen, sollte eine Servicestelle bei der Wirtschaftsförderung zur Verfügung stehen. Dabei handelt es sich um eine zentrale Anlaufstelle, deren Mitarbeiter die Belange des jeweiligen Gründers/Unternehmers gegenüber den zuständigen Verwaltungsstellen vertreten. Sie tauschen alle erforderlichen Informationen und Entscheidungsgrundlagen mit sämtlichen wirtschaftsrelevanten Fachämtern der Stadt und anderen betroffenen Einrichtungen aus (siehe Abb. 2.27).

Abb. 2.27 Servicestelle Wirtschaftsförderung (Eigene Darstellung)

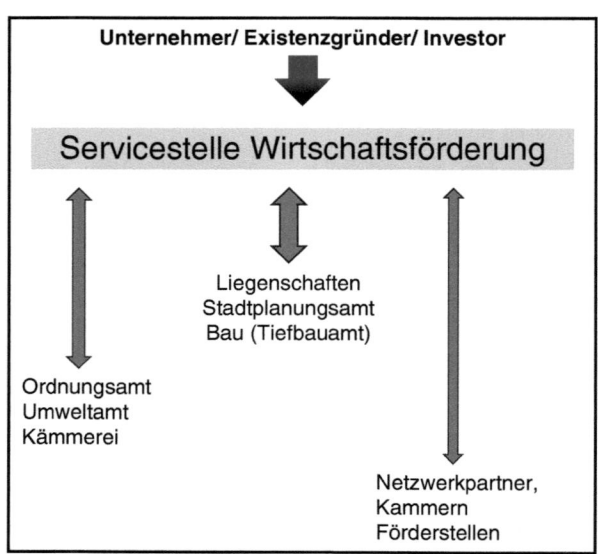

Diese Servicestelle sollte eine Weisungsbefugnis innerhalb der Aufgabenstellung in der Verwaltung erhalten. Ziel ist: möglichst nur ein Ansprechpartner für sämtliche gewerbliche Anliegen!

Voraussetzung für einen erfolgreichen Informationsaustausch ist einerseits ein funktionierender Kommunikationsfluss und andererseits eine hohe Motivation der Mitarbeiter. Für den Aufbau einer „Servicestation" oder eines „*One-Stop-Shops*" als verwaltungsinternes Netzwerk ist ein fundiertes Konzept in Abstimmung mit den kommunalen Ämtern, politischen Institutionen und wirtschaftsrelevanten Einrichtungen zu erarbeiten. Dabei sind die beteiligten Akteure mit den notwendigen Kompetenzen auszustatten, damit die Umsetzung in der Praxis auch tatsächlich klappen kann.

Diese internen Voraussetzungen ermöglichen dann eine hohe Qualität des eigentlichen Services für den Unternehmer, Gründer oder Investor. Und dazu gehören natürlich weiterhin flankierend viele intensive Firmenbesuche, Firmengespräche im Rahmen von Workshops und Wirtschaftsforen, Versenden von Informationen, Formularen und Direktkontakten bei akuten Problemen im Unternehmen.

2.10.6 Unternehmensbesuche als Kernaufgabe

Eine erfolgreiche, von den Unternehmen anerkannte und nutzenstiftende Wirtschaftsförderung hat auf kommunaler Ebene immer auch eine starke aufsuchende Komponente. Dies bedeutet, der Wirtschaftsförderer wartet nicht, bis ein hilfesuchender Unternehmer an die Tür klopft, sondern kommt zum Betrieb, womöglich sogar proaktiv. Ein intensiver Informationsaustausch zwischen Wirtschaft und Wirtschaftsförderung, ein Vertrauensverhältnis zwischen Wirtschaft und Wirtschaftsförderung entsteht dabei nicht von selbst, sondern kann nur durch die verantwortlichen Personen aufgebaut werden. Fleiß, Kompetenz, das Denken und Handeln immer „aus Unternehmenssicht" und insbesondere der persönliche Kontakt und das „Kümmern" um die Probleme des Unternehmers sind dabei unverzichtbar.

Die Wirtschaftsförderung darf nicht in Verwaltungsvorgängen denken, sondern muss sich mit den Problemen der Unternehmen richtiggehend identifizieren. Besuche des Wirtschaftsförderers bei den Unternehmen sind eine Möglichkeit, den Kontakt zur Zielgruppe der Bestandspflege zu bekommen und die Probleme der Wirtschaft aus erster Hand kennen zu lernen.

Vorrangig sind solche Unternehmen aufzusuchen, für die zeitgleich bestimmte Verwaltungsverfahren laufen oder bei denen sich für die Stadt wichtige (positive oder negative) Entwicklungen abzeichnen. Umgehend hat die Wirtschaftsförderung im Rahmen ihrer Möglichkeiten bei der Lösung der vom Unternehmen aufgezeigten Probleme behilflich zu sein. Gleichzeitig sind diese Unternehmensbesuche eine gute Gelegenheit, um mit dem Überreichen von Standortbroschüren und aktuellen Informationen zum einen Werbung in eigener Sache zu machen und zum anderen die Unternehmen zu sensibilisieren, ebenfalls innerhalb ihrer Branche und eigenen Netzwerken für den Standort zu werben.

Und nicht zuletzt: die allgemeinen Informationen aus diesen Gesprächen dienen u. a. der Vervollständigung der eigenen Unternehmensdatenbank.

2.10.7 Management der Unternehmensdatenbank

Um aktuelle Daten, Zahlen, Kennziffern der Leistungsfähigkeit und wichtige Ansprechpartner jederzeit zur Verfügung zu haben, ist durch die Wirtschaftsförderung eine Unternehmensdatenbank aufzubauen.

Entsprechend der Datenschutzbestimmungen wird die zur Veröffentlichung freigegebenen Daten in einer gesonderten Datenbank ins Internet unter der Rubrik „Branchenverzeichnis" eingestellt. Ziel dieser Internetpräsentation ist vor allem die Anbahnung von Geschäftskontakten zur ortsansässigen Wirtschaft. Die bereitgestellten Informationen erlauben es jedem Interessierten, einen schnellen Überblick über das Produktions- und Leistungsprofil der jeweiligen Unternehmen zu erhalten. Zugleich erhält die Wirtschaftsförderung durch die regelmäßigen Umfragen u. a. Auskünfte über die Entwicklung oder geplante Veränderung von Unternehmen.

2.10.8 Beratungsaufgaben für Existenzgründer und bestehende Unternehmen bei Neugründungen und Fördermitteln

Fördermittel können helfen, anstehende betriebliche Investitionsmaßnahmen zu finanzieren. Darum ist eine weitere (kostenlose) Servicefunktion der kommunalen Wirtschaftsförderung die Fördermittelberatung.

Die Wirtschaftsförderung hilft im Vorfeld bei der Auswahl geeigneter Zuschüsse und Darlehen und gibt Tipps für das Bankgespräch. Besonders von Existenzgründern, die u. a. auch im Rahmen des Netzwerkes für Existenzgründungsbegleitung an die Wirtschaftsförderung vermittelt werden, wird dieser Service dankbar angenommen. In dem bestehenden Netzwerk arbeiten neben der Wirtschaftsförderung die jeweilige Landesinvestitionsbank, die Agentur für Arbeit, die IHK und HWK und die regional ansässigen Hochschulen eng zusammen. Durch die Wirtschaftsförderung erhalten aber auch Unternehmen mit Liquiditätsengpässen Ratschläge und konkrete Hilfestellungen, in Ausnahmefällen bis hin zur Begleitung bei Bankgesprächen.

2.10.9 Standortplanung und – Standortentwicklung

Im Rahmen einer zielgerichteten Vermarktung vorhandener Industrie- und Gewerbeflächen werden alle Gebiete mit „freien" Flächen ins Internet eingestellt. Auf den Internetseiten sind neben einer Übersichtskarte Detailkarten der Einzelstandorte mit deren freien Parzellen und allgemeinen Angaben zur Lage, Gebietsgröße und Erschließung zu finden. Außerdem sollen diese Karten mit den zugehörigen Angaben in einer Angebotsmappe zur Beratung potenzieller Investoren sowie zur Präsentation auf Messen und dergleichen enthalten.

Um dem Interesse der Investoren auf eine Einmietung oder den Erwerb nachnutzbarer Gewerbe- und Industrieimmobilien sowie von Büroflächen schnellstmöglich nachkommen zu können, erfolgt eine kontinuierliche und systematische Erfassung gewerblich nutzbarer Flächen, Gebäude oder Gebäudeteile. Dazu werden interne Kenntnisse der Mitarbeiter, direkte Angebote der Eigentümer oder Verfügungsberechtigten herangezogen und sämtliche relevante Daten erhoben und erfasst. Kontinuierlich wird die Arbeit am Gewerbeflächenkataster mit der Erfassung neuer Objekte und der ständigen Aktualisierung vorhandener Daten fortgeführt.

Im Rahmen der Standortentwicklung erfolgen die Erarbeitung von Standortkonzeptionen sowie weiterführend die Begleitung von B-Plan-Verfahren und die Erstellung von Standortexposés. Diese dienen als Vorbereitung für eine gezielte Akquise und Investorenansprache im Rahmen umfangreicher Ansiedlungs- und Marketingaktivitäten.

2.10.10 Gewerbeflächenmanagement

Neben der klaren Ausrichtung auf die unmittelbaren Belange der Unternehmen kümmert sich die Wirtschaftsförderung um die Entwicklung und Vermarktung von Industrie- und Gewerbestandorten mit dem Ziel, den Vorstellungen interessierter Unternehmen mit „maßgeschneiderten Lösungen" und umfassendem Service „aus einer Hand" entsprechen zu können.

Als Voraussetzung hierzu ist eine umfassende systematische Erfassung nachnutzbarer kommunaler und nichtkommunaler Gewerbe- und Industrieflächen sowie Handels- und Büroflächen vorzunehmen.

Die im Detail erfassten Daten werden ständig aktualisiert und für die verschiedensten Verwendungszwecke aufbereitet. (Erstellung von Einzelhandelskonzepten, ISEK, Standortexposés u. Die entsprechenden Flächen einschl. dazugehöriger Informationen werden z. B. in das Geoinformationssystem GIS eingestellt.)

2.10.10.1 Leerstandangebote

Neben dem Standardinstrumentarium der Wirtschaftsförderung in Form der Vorhaltung von Gewerbeflächen ist ein weiteres wichtiges Instrument der Vermittlungsservice für leerstehende nachnutzbare Gewerbe-, Laden- und Gastronomieobjekte, Handelsflächen bzw. neuerrichtete Handelseinrichtungen. Eine Rubrik im Internetauftritt mit den aktuellen Angeboten aus kommunaler und privater Hand ist immer vorteilhaft.

2.10.10.2 Brachflächenangebote

An zahlreichen Standorten befinden sich eine Vielzahl Industrie und Gewerbeflächenbrachen sowie verfallener Gebäude. Diese Objekte werden von der Wirtschaftsförderung systematisch und umfassend erfasst und in dem Brachflächenkataster katalogisiert.

Angebote aus diesem Spektrum können unter gezielter Inanspruchnahme sämtlicher Fördermöglichkeiten des Landes, Bundes und der EU für Investoren komplett aufgearbeitet werden.

Die Klärung sämtlicher in diesem Zusammenhang auftretenden Grundstücksangelegenheiten (z. B.) Eigentümergespräche – z. B. mit der DB AG, Klärung von Eigentumsfragen und Restitutionsansprüchen oder Beratung zu Finanzierungsfragen ist eine Aufgabe der Wirtschaftsförderung.

2.10.10.3 Strategisches Einzelhandelskonzept

Meist liegt in Kommunen Einzelhandelskonzept (EHK) vor, welches in erster Linie Untersuchungen zur markwirtschaftlichen und städtebaulichen Verträglichkeit weiterer standortbezogener großflächiger Einzelhandelsnutzungen Aussagen trifft. Es ist zugleich Voraussetzung und wesentliche Grundlage für die weitere Erarbeitung des Flächennutzungsplanes (FNP) und des städtebaulichen Entwicklungskonzeptes (INSEK). Schließlich stellt es eine der wichtigsten Grundlage für den jeweiligen Einzelhandelsstandort dar. Ansiedlungs- und Erweiterungsvorhaben des Einzelhandels sind immer kritisch auf der Grundlage der Ergebnisse des vorliegenden EHK zu überprüfen.

2.10.11 Stadt – und Standortmarketing

Zur Verstärkung und zielgerichteten Ausrichtung der Marketingaktivitäten ist ein Stadtmarketingkonzept dringend erforderlich. Die Zielsetzung der Wirtschaftsförderung sollte es sein, ein solches Marketingkonzept zu erarbeiten, in dem die Standortpräsentation einen wichtigen Raum einnimmt.

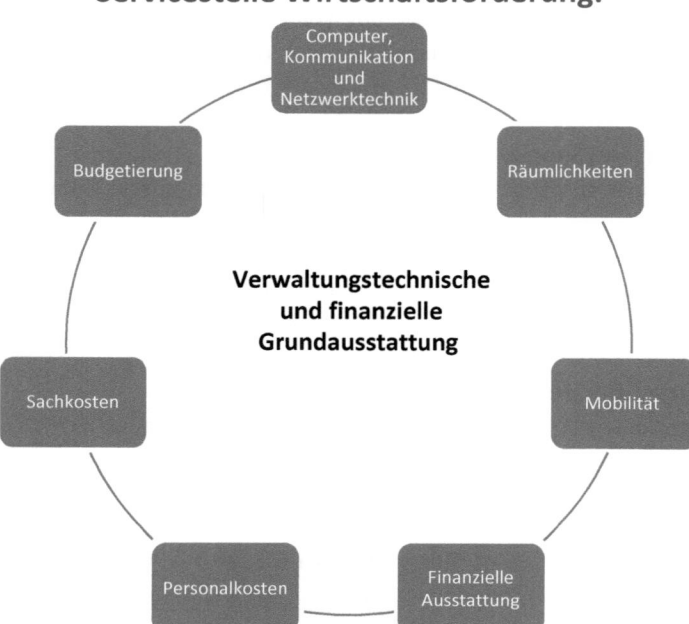

Abb. 2.28 Inhalte Grundausstattung der kommunalen Wirtschaftsförderung (Eigene Darstellung)

Das Konzept soll dabei unter anderem vorhandene Arbeitsergebnisse berücksichtigen, baut auf vorhandene Materialien sowie konzeptionelle Ansätze wichtiger Partner z. B. Werbeunternehmen, Tourismusverband, Gewerbevereine, Einzelhandelsorganisationen auf.

2.10.12 Verwaltungstechnische und finanzielle Grundausstattung einer Wirtschaftsförderung

Die Anforderungen an die Ausstattung von Wirtschaftsförderungseinrichtungen sowohl der technischen Ausstattung wie Medien/EDV, aber auch hinsichtlich der erforderlichen Infrastrukturen sind enorm gestiegen. Hohe Anforderungen werden auch an die Qualifikation des Personals gestellt. Dies gilt insbesondere für die Ansprüche der Wirtschaft an die Leistungen der Verwaltung. Schnelligkeit und Flexibilität werden hier vorausgesetzt (siehe Abb. 2.28).

2.10.12.1 Computer, Kommunikation und Netzwerktechnik
Schnell und effektiv arbeitende Computersysteme, geeignete Soft – und Hardware sind neben der heute üblichen Grundausstattung in einer Verwaltung oder Gesellschaft wichtigste

2.10 Baustein 10: Strategische Planung und zentrale Aufgabenfelder

Voraussetzungen in der Arbeit der Wirtschaftsförderung. Für das Erstellen der Datenbanken, dem Schriftverkehr, der Präsentationen und Vortragsunterlagen sind die aktuellen Windows und Office Pakete notwendig. Im Themenbrowser werden alle Verknüpfungspunkte mit den Bereichen Liegenschaften, Stadtplanung und Tiefbau usw. getätigt.

Das geografische Infoinformationssystem (GIS) ist ebenfalls eine Grundlage für eine zeitnahe Bearbeitung der jeweiligen Aufgabenstellung. Microsoft Produkte für PowerPoint Präsentationen, Publisher und Bildbearbeitungssysteme erleichtern die Arbeit bei der Erstellung von Grafiken und Präsentationen. Auch Sprach – Schreibprogramme, hier als Beispiel von *Dragon* ermöglichen zügige Bearbeitungen entsprechender Schrifttexte.

> **Beispiel: Beispielhafte Installationen einer Wirtschaftsförderung (50.000 Einwohner, Stand 2013)**
>
> Betriebssystem: Microsoft Windows 7 Professional (6.1.7601)
> Adobe AIR (3.9.0.1380)
> Adobe Flash Player 11 ActiveX (11.9.900.170)
> Adobe Flash Player 11 Plugin (11.9.900.170)
> Adobe Reader XI (11.0.05) – Deutsch (11.0.05)
> Adobe Shockwave Player 12.0 (12.0.7.148)
> DirectDrawEx
> Dragon NaturallySpeaking 12 (12.50.000)
> FreePDF (Remove only)
> GPL Ghostscript (9.04)
> Java 7 Update 45 (7.0.450)
> McAfee VirusScan Enterprise (8.8.02004)
> Microsoft Office Excel MUI (German) 2010 (14.0.7015.1000)
> Microsoft Office OneNote MUI (German) 2010 (14.0.7015.1000)
> Microsoft Office Outlook MUI (German) 2010 (14.0.7015.1000)
> Microsoft Office PowerPoint MUI (German) 2010 (14.0.7015.1000)
> Microsoft Office Proof (German) 2010 (14.0.7015.1000)
> Microsoft Office Proofing (German) 2010 (14.0.7015.1000)
> Microsoft Office Publisher MUI (German) 2010 (14.0.7015.1000)
> Microsoft Office Shared MUI (German) 2010 (14.0.7015.1000)
> Microsoft Office Standard 2010 (14.0.7015.1000)
> Microsoft Office Word MUI (German) 2010 (14.0.7015.1000)
> Microsoft Silverlight (5.1.20913.0)
> OmniTouch Unified Communication Client Extensions (2.7.013.002)
> OmniTouchFaxServer 6.5.6.26 (Client) (6.5.6.26)
> Somacos Mandatos (4.4.0)
> UltraVNC 1.0.6.4 (1.0.6.4)
> VLC media player 2.1.2 (2.1.2)

Dazu ist es unabdingbar, die Wirtschaftsförderung mit dem schnellem Internet, einer leistungsfähigen Telefonanlage, einem Farbdrucker mit allen notwendigen Scanfunktionen auszustatten. Mobile Erreichbarkeit ist ohnehin selbstverständlich.

2.10.12.2 Räumlichkeiten

Die Büroeinheiten der Wirtschaftsförderung sind in unmittelbarer Nähe zur Verwaltungsleitung immer hervorragend angeordnet. Je nach Personalgröße und Verantwortungsbereich sollten die räumlichen Strukturen so angelegt sein, dass jederzeit vertrauliche Gespräche als auch Beratungen und öffentlichkeitswirksame Veranstaltungen in unmittelbarer Nähe der Diensträume möglich sind.

Für den täglichen Gebrauch bei schnellen Beratungsrunden und kurzen Abstimmungen ist ein Beratungstisch, der in der Höhe einstellbar ist, immer von Vorteil. Hier hat der Gast die Möglichkeit, nach einer langen Autoanfahrt auch mal im Stehen eine Beratungsrunde wahrzunehmen.

2.10.12.3 Mobilität

Neben der ständigen telefonischen Erreichbarkeit ist die Mobilität der Wirtschaftsförderung oftmals bei schnellen Terminen unabdingbar. Hier fehlt es im öffentlichen Dienst häufig an entsprechenden Dienstfahrzeugen. Wenn, wie die Regel, ein Dienstfahrzeug zur ständigen Verfügung der Wirtschaftsförderung nicht zur Verfügung steht, wird oft im Rahmen einer Vereinbarung mit der Dienststelle der private Pkw für Dienstreisen eingesetzt. Dabei sind aber alle Versicherungsfragen und Kilometerabrechnungen vertraglich mit der jeweiligen Verwaltung vorher zu regeln.

2.10.12.4 Finanzielle Ausstattung

Aus dem steigenden Anspruch an die Qualifikation des Personals ergibt sich bereits ein Hinweis auf den erforderlichen Finanzbedarf. Die Stellenbewertung und das Vergütungssystem müssen dem hohen Anspruch an das Personal gerecht werden.

Um die Servicequalität für die Unternehmen zu verbessern, sind effektive und ausgereifte Datenbanksysteme erforderlich. Für wirtschaftspolitisch rationales Handeln sind Entscheidungsgrundlagen auf Basis spezifischer Analysekapazitäten und -kompetenzen erforderlich.

Die Umsetzung von Marketingstrategien erfordern zusätzliche finanzielle Mittel. Dies gilt für die Einrichtung von Kompetenzfeldinitiativen gleichermaßen. Die Ausstattung mit neuesten Kommunikationstechnologien und deren Erneuerung bedingen ebenfalls eine gesicherte und aufgabenangemessene Finanzausstattung.

2.10.12.5 Personalkosten

Durchschnittlich werden in Deutschland ca. 46 % für Personalkosten vom insgesamt zur Verfügung stehenden Etat der Wirtschaftsförderung in Anspruch genommen. Im öffentlichen Dienst erfolgt die Vergütung hauptsächlich TVöD Angestelltentarif bzw.

den entsprechenden Ländertarifen, im Falle beamteter Wirtschaftsförderer nach Beamtenbesoldungsgruppe A. Das durchschnittliche Jahresbruttoeinkommen schwankt deutlich und hängt von der Tätigkeit und Verantwortung aber auch der Größe der Kommune ab.

In vergleichbaren Gebietskörperschaften verdienen die Beschäftigten in den alten Bundesländern tendenziell mehr. Bei den privatrechtlichen Wirtschaftsförderungsgesellschaften werden zudem durch die fehlende oder geringe Bindung an die Tarife des öffentlichen Dienstes deutlich höhere Gehälter gezahlt (bei allerdings nicht selten befristeten Verträgen). Geschäftsführer der häufig auch deutlich größeren Wirtschaftsförderungsgesellschaften kommen so auf ein Durchschnittsgehalt von ca. 90.000 Euro inklusive variabler Anteile und gelegentlich zuzüglich bestimmter Nebenleistungen.

Im öffentlichen Dienst dagegen beträgt das Durchschnittseinkommen bei Amtsleitern der Wirtschaftsförderung ca. 50.000 Euro, Sachgebietsleiter und Fachbereichsleiter sind derzeit bei ca. 40.000 Euro eingestuft. Der überwiegende Teil der Führungspersonen erhält hier keine variablen Bezüge. Außerdem spielen bei den Geschäftsführern, Amtsleitern, Sachgebietsleiter und Fachbereichsleiter Nebenleistungen nur eine untergeordnete Rolle. Firmenautos, Lebensversicherungen oder zusätzliche Rentenversicherungen sind ebenfalls unüblich oder unzulässig, einzig die private Nutzung des Diensthandys ist weit verbreitet.

Dagegen nutzen mehr als 75 % aller Wirtschaftsförderungen bei Zielvereinbarungsgesprächen zu Mitarbeiterführung als Prämiensystem. (Quelle expert consult 2012). In Kommunen bis zu 50.000 Einwohnern ist die Einstufung des (selten beamteten) Sachgebietsleiters nach BAT in die A11 oder A12 üblich, Mitarbeiter mit eigenem Aufgabenbereich in der Wirtschaftsförderung werden überwiegend mit der Einstufung A8 und A9 beschäftigt.

2.10.12.6 Sachkosten

In einem hohen Maße unterschiedlich zeigen sie in den Kommunen und Gesellschaften die finanziellen Ausstattungen bei den Sachkosten. Besonders in Kommunen wo freiwillige Ausgaben einem ständigen Sparzwang unterliegen, wird oftmals die Arbeit der Wirtschaftsförderung nicht mit den notwendigen Finanzausstattungen versehen. Hierbei ist deutlich von den laufenden Aufgabenerledigungen und Projektarbeiten zu unterscheiden.

Wirkungsvolle Öffentlichkeitsarbeit, Ansiedlungsaktivitäten und Aktionen in der Bestandspflege sind nach einer Faustregel mit ca. 20.000 Euro pro Arbeitsplatz in der Wirtschaftsförderung an Sachkosten zu versehen. Diese Größenordnung gibt Spielräume für geeignete Marketingaktionen und erlaubt den Erwerb qualitativ hochwertiger, professionell erstellter Produkte. Zusätzliche Projektaufgaben, die Erstellung von Gutachten und Zertifikaten, die Nutzung überregionaler Akquiseangebote und Ausstattungen in Präsentation und Messematerial sind zusätzlich im Finanzplan auszuweisen.

> **Beispiel: Vorteilhaftigkeit der Budgetierung am Beispiel Senftenbergs 2014**
>
> In Senftenberg wird im Durchschnitt ein jährlicher Finanzetat von ca. 60.000 Euro für die laufenden Ausgaben veranschlagt. Vorteilhaft ist hier, dass eine Budgetierung die Möglichkeit des Austausches einzelner Kostenpositionen je nach Notwendigkeit und Aufwand ermöglicht.
>
> So werden aus diesem Etat alle Aufwendungen der Öffentlichkeitsarbeit, die Herstellung von notwendigen Broschüren und Dokumenten, die Beteiligung an Messen und Weiterbildungsmaßnahmen sowie den kostenpflichtigen Kongressen und auch die selbstständige Anschaffungen für Präsentationen bereitgestellt.
>
> Die geplanten zusätzlichen Projekte werden in anderen Haushaltsstellen als Projektbudget abgerechnet.
>
> Durch die Einstellung von ca. 35.000 Euro konnte somit im ersten Quartal eine Ausschreibung zur Erstellung eines Erholungsortkonzeptes stattfinden, die Abrechnung dazu wurde erst zum Jahresende 2014 durchgeführt.
>
> Ein Projekt einer neuen Schienenanbindung und Direktverbindung aus dem Seenland nach Dresden wurde als Tourismusaktion mit 10.000 Euro im Haushaltsplan veranschlagt.
>
> Die Anschaffung einer kompletten neuen Messepräsentation wurde in diesem Haushalt mit 10.000 Euro zusätzlich deklariert.
>
> Somit konnte innerhalb des Budgets auf Kostenveränderungen der jeweiligen Projekte unkompliziert reagiert werden.
>
> Bei den Sachausgaben im Bereich der Wirtschaftsförderung muss besonders viel Wert auf die klare Abgrenzung zu ähnlichen Projekten und Ausgaben in anderen Fachbereichen gelegt werden. Generell sind die Finanzaufwendungen im jeweiligen Haushaltsjahr durch Beschluss der Stadtverordnetenversammlung für den Gesamthaushalt auch verbindlich.

> **Resümee**
>
> Strukturen in der Wirtschaftsförderung und in der öffentlichen Verwaltungen sind nur effektiv, wenn die personellen und finanziellen Grundvoraussetzungen dazu passen. Grundlage dafür sind klare strategische Planungen und Aufgabensetzungen, die das jeweilige Budget begründen. Je intensiver Wirtschaftsförderung als Dienstleister für die Unternehmen auftritt, umso effektiver lassen sich Personal- und Finanzausstattungen erklären. Dienstleistungsangebote und Serviceeinrichtungen entwickeln in jedem Fall eine gute Außenwirkung, daher muss die Grundstruktur und Ausstattung einer Wirtschaftsförderung dieser Aufgabenerfüllung angemessen sein.

> **Kontroll- und Lernfragen**
>
> a. Welche Elemente enthält der Steuerungsplan für Strategiekonzept?
> b. Erläutern Sie den Zusammenhang bei der Sachkostenplanung mit Projekten und der Personalausstattung.

c. Nennen Sie wichtige strategische Grundlinien.
d. Welche Aufgaben sind innerhalb einer Servicestelle mit hoher Priorität zu betrachten?
e. Nennen Sie Elemente der verwaltungstechnischen und finanziellen Ausstattung.

2.11 Baustein 11: Strategische Ansiedlungspolitik

Lernziele

Unternehmensansiedlungen sind mehr als die Vermarktung von Gewerbegrundstücken. Wirtschaftsförderer sind Verkäufer!

Bei der Standortsuche von Unternehmen ist nicht nur das Angebot an passender Fläche entscheidend. Faktoren wie technologische Infrastruktur oder bestehende Cluster stehen zunehmend im Fokus. Dies gilt gleichermaßen für die Entwicklung und Vermarktung von kommunalen Gewerbeflächen. Ob der Schwerpunkt auf bestimmten Branchen oder Technologien, auf Großindustrie, KMU, Gewerbe, Handel oder Kreativen liegt – zukunftsorientierte, intelligente Nutzungskonzepte machen den entscheidenden Unterschied.

Bedarfsgerechte Flächenangebote und die Schaffung von zielgruppenorientierten Mehrwerten für den Primär- und Sekundärkunden benötigen eine solide Faktenbasis, eine gute Planung und eine verbindliche Projekt- und Organisationsstruktur. Ein professionelles Marketing rückt die jeweiligen Standortvorteile in den Fokus von Investoren. Wie dies alles zu einer erfolgreichen strategischen Ansiedlungspolitik zusammengeführt werden kann, zeigt dieser Baustein.

2.11.1 Wer sind „meine" Investoren?

Ansiedlung bedingt die Ansprache von potenziellen Investoren. Dabei wäre es wenig zielführend, wahllos eine breite Palette von Branchen anzusprechen. Beim Werben um Neuansiedlungen sollten daher die in der Region ansässigen Schwerpunktbereiche und Cluster beachtet werden. Hintergrund dieser Zielstellung ist, dass die Ansiedlung sich ergänzender Branchen zu den bereits bestehenden Schwerpunkten die erforderliche Verzahnung und die Nutzung von Know-How-Synergien ermöglichen. Zudem erleichtert die Existenz bestimmter Kernkompetenzen die gezielte Werbung weiterer Unternehmen.

Beispiel: Gezielte Ansiedlungswerbung für den Wirtschaftsstandort Elsterwerda

Der Gewerbestandort Elsterwerda ist geprägt vom Cluster Ernährungswirtschaft. Durch die Ansiedlung eines milchverarbeitenden Unternehmens konnte die Leuchtturmwirkung durch dieses Cluster erreicht werden.

Bei der Unternehmensakquise für den Gewerbestandort Elsterwerda-Ost wurden insbesondere Unternehmen aus dem Zuliefererbereich sowie aus dem Cluster Logistik beworben. Besonders im Verband der Milchwirtschaft wurde durch den am Standort tätigen Geschäftsführer intensive Werbung für den Wirtschaftsstandort getätigt.

Außerdem konnten durch zahlreiche Messebesuche der Wirtschaftsförderung weitere Kontakte bei Unternehmen aus der Ernährungswirtschaft, der Zuliefererindustrie sowie bei Logistikfirmen geknüpft werden.

Im Ergebnis konnte eine Ansiedlung eines Unternehmens aus dem Verpackungsmittelbereich, der ein direkter Zulieferer für das ansässige Milchwerk wurde, registriert werden. Diese Firma hat durch weitere Verknüpfungen zu den anderen Milchwerken u. a. im Konzern Campina eine hervorragende Entwicklung am Standort Elsterwerda genommen. Zwei größere Erweiterungen mit ca. 200 neuen Arbeitsplätzen waren das Ergebnis dieser Ansiedlung.

Eine weitere größere Investition konnte im Logistikbereich registriert werden. Neben den üblichen Lkw Transporten suchte das Milchwerk einen Anbieter für einen schienengebundenen Transport nach Italien. Hier konnte ein geeignetes Logistikunternehmen gefunden werden, das in beiden Transportbereichen bestmögliche Konzepte anbot und nach umfangreichen Investitionen auch die Betreibung eines Schienenverkehrsterminals übernahm. So konnte durch den zusätzlichen kombinierten Straßen – Schienenverkehr eine weitere Produktionslinie im Milchwerk für das Exportgeschäft von Joghurtprodukten installiert werden.

Drei weitere Ansiedlungen, die mit notwendigen Dienstleistungen im Milchwerk in Zusammenhang stehen, brachten insgesamt zusätzlich 80 neue Arbeitsplätze an den Standort Elsterwerda.

2.11.2 Wie erreiche ich die passenden Investoren?

Die Suche nach neuen Investoren ist oftmals ein sehr schwieriges und zeitaufwendiges Unterfangen. Erfolgsgarantien gibt es nicht, aber ohne Aktivitäten wird man auch keinen Erfolg verzeichnen. Die Methoden zur Firmenakquise bedürfen einer intensiven Prüfung um ein angemessenes „Zeit – Geld und Aufwandverhältnis" zu erreichen.

Eine der einfachsten Methoden auf den Standort aufmerksam zu machen ist die Schaltung von Zeitungsanzeigen, hierbei wird aber eher der finanzielle Aufwand nicht im Ergebnisbereich vernünftig darstellbar sein.

Erfolgreicher ist sicherlich die Methode der Direktansprache bei der Firmenakquise. Dazu werden durch entsprechende Anbieter bereit gestellte Datenbanken genutzt, die genau in das Muster der gewünschten Investitionen passen. Über diese Datenbanken ist es möglich auch direkt die Geschäftsführer oder Mitglieder der Geschäftsleitung zu kontaktieren. Eine derartige Mailingaktion muss immer auch noch einen herkömmlichen Schriftwechsel und die telefonische Kontaktaufnahme beinhalten.

Eine gute Möglichkeit, Unternehmen mit Investitionsabsichten auf den eigenen Standort aufmerksam zu machen, ist die Organisation und Durchführung von Fachtagungen, Kongressen, eigenen Messen oder den Angeboten einer Standortbesichtigung. Hierbei kann man gut mit den Partnern der Netzwerke auch gemeinsame attraktive Angebote organisieren, die letzten Endes dann zu Kontakten und Besuchen investitionswilliger Unternehmen in der eigenen Region führt.

Die effektivste Art der Investorensuche kann von der Wirtschaftsförderung selbst nicht initiiert werden. Hier ist die Unternehmenswerbung durch Unternehmer ein hervorragendes Mittel, um auf die Stärken des eigenen Standortes hinzuweisen und gegebenenfalls Investitionsabsichten in die eigene Kommune zu lenken. Dazu sind natürlich die Partner und Geschäftsführer der einheimischen Unternehmen mit allen notwendigen Informationsmaterialien und Werbebotschaften auszustatten, damit dann die zweite Kontaktaufnahme zum künftigen möglichen Investor direkt durch die Wirtschaftsförderung getätigt werden kann.

2.11.3 Wie erkennen mich die Investoren?

Durch die Umsetzung des eigenen Marketingkonzeptes sollten alle Möglichkeiten der positiven Darstellung des Standortes ausgeschöpft werden. Dafür bietet der eigene Internetauftritt die beste Plattform. Auch hier ist es von Vorteil wenn durch entsprechende Verlinkungen auch die Netzwerkpartner der Wirtschaftsförderung sichtbar werden und zusätzlich über deren Internetseiten Informationen zum eigenen Standort zur Verfügung stehen.

Zu ganz ausgewählten Präsentationen und Messen macht es auch Sinn, hier mit einem eigenen Messeauftritt und besonderen Angeboten im Wettbewerb mit den anderen Kommunen die Aufmerksamkeit von Investoren auf die eigenen Standortvorteile zu legen. Dabei sollten allerdings nur Fachmessen, zu denen auch die gewünschte Klientel Zugang hat, im Fokus stehen. Durch gezielte Öffentlichkeitsarbeit erreicht man auch ohne das Schalten von kostenaufwendigen Anzeigen einen überregionalen Bekanntheitsgrad. Folglich zahlen sich die Aufwände besonderer Marketing – und Werbeaktionen durch das überregionale Interesse der Medien aus.

2.11.4 Welche Ansprache interessiert mögliche Investoren?

Investoren reagieren auf speziell für sie wichtige Standortfaktoren, auf eine klare und ehrliche Ansage und auf Verlässlichkeit im Procedere. „Hier ist die Mitte von Europa" oder wir sind die „Allerbesten" werden eher keine gewünschte Aufmerksamkeit erzielen. Klare und kurze Ansagen zu den eigenen Stärken mit erfüllbaren Angeboten der Begleitung eines jeden Vorhabens sind die wichtigsten Punkte, die ein Investor aufnimmt und dann möglicherweise zur Kontaktaufnahme bewegt.

> **Beispiel: Investorenansprache (Stadt Senftenberg)**
>
> **Herzlich Willkommen am Wirtschaftsstandort Senftenberg**
>
> Die Stadt Senftenberg ist mit seinen rund 1.500 gewerblichen Unternehmen, darunter 20 mittelständische Industriebetriebe, ein attraktiver Standort für die produzierende Industrie.
>
> Für Forschung und Entwicklung neuer Technologien ist die Brandenburgische Technische Universität Cottbus-Senftenberg am Standort ein wichtiger Partner.
>
> 1. **Standortvorteil: 24-Stunden Wirtschaftsförderung**
>   Wir sind rund um die Uhr für Sie erreichbar – unter der Telefonnummer 0162-4000762 (Abb. 2.29)
>
> 2. **Standortvorteil: Höchstfördergebiet des Landes Brandenburg**
>   Bis zu 35 Prozent GA – Förderung ist für gewerbliche Investitionen im Regionalen Wachstumskern (RWK) „Westlausitz" möglich, in den Clustern Energiewirtschaft/Technologie, Gesundheitswirtschaft, Kunststoffe/Chemie, Verkehr/Mobilität/Logistik, Metall und Tourismus.
>
> 3. **Standortvorteil: Hervorragende Verkehrsanbindung**
>   Die Autobahn A13 Berlin-Dresden (Auffahrten Schwarzheide und Klettwitz) ist von Senftenberg aus in 10 Minuten ohne Ortsdurchfahrt erreichbar über die 10

Abb. 2.29 Werbepylone an den Stadteingängen (Stadt Senftenberg, Frank Neubert)

Kilometer lange Umgehungsstraße B169n. Direktverbindungen vom Bahnhof Senftenberg führen den Fahrgast der Deutschen Bahn AG nach Dresden, Cottbus und Berlin. Der Flughafen Dresden ist knapp 50 Kilometer entfernt. Die Distanz zum Flughafen Berlin-Schönefeld beträgt 100 Kilometer. Ein Industriegleisanschluss ist am Standort Senftenberg vorhanden.

4. **Standortvorteil: Brandenburgische Technische Universität Cottbus-Senftenberg**
Die Brandenburgische Technische Universität Cottbus-Senftenberg bietet Studiengänge in den Fachbereichen Architektur/Bauingenieurwesen/Versorgungstechnik, Biochemie- und Verfahrenstechnik/Informatik/Elektrotechnik/Maschinenbau, Musikpädagogik, Sozialwesen und Gesundheitswirtschaft. An beiden Standorten lernen derzeit insgesamt ca. 9.700 Studierende.

5. **Standortvorteil: Arbeitskräftepotenzial**
Die Lausitz bietet ein gutes, motiviertes, sofort verfügbares Arbeitskräftepotenzial. Gemeinsam mit den Partnern der Agentur für Arbeit ist es uns jederzeit gelungen, für die zahlreichen Neuansiedlungen die dafür geeigneten Mitarbeiterinnen und Mitarbeiter zu vermitteln.

6. **Standortvorteil: Regionaler Wachstumskern Westlausitz**
Die Region ist fit für Investitionen mit seinen fünf Städten im Regionalen Wachstumskern Westlausitz: Senftenberg, Finsterwalde, Großräschen, Lauchhammer und Schwarzheide. Wir sind damit gut aufgestellt, um in allen fünf Städten und somit im Höchstfördergebiet des Landes Brandenburg voll erschlossene und bestens geeignete Gewerbeflächen anzubieten.

7. **Senftenberger „Wirtschaftsforum"**
Für die Stadt Senftenberg ist das Wirtschaftsforum die kommunale Anlaufstelle für Fragen der Stadtentwicklung, Gewerbeansiedlungen oder der gewerblichen Bestandspflege. Das Wirtschaftsforum besteht aus sieben Vertretern der Branchen Industrie, Logistik, Wissenschaft, Handel, Dienstleistungen, Handwerk und Tourismus. In Fragen neuer Gewerbegebietsausweisungen, künftiger Verkehrsanbindungen und Strategien moderner Wirtschaftsförderung fungiert das Gremium als beratendes Bindeglied zwischen Wirtschaft und Stadt.

Unverbindlicher Kaufantrag
Stellen Sie Ihren unverbindlichen Kaufantrag für ein Gewerbegrundstück in Senftenberg. Füllen Sie bitte das folgende Formblatt aus und senden es per Fax an 03573 701-107. unverbindlicher Kaufantrag [PDF: 137 KB]

Kontaktdaten für Investoren
Zur Vorbereitung und Begleitung Ihrer Investition in Senftenberg finden Sie hier eine Auflistung mit allen wichtigen Ansprechpartnern, von der Agentur für

Arbeit bis zur Fördermittelberatung, von Gewerbevereinen, Immobilienmaklern, Banken bis zu Wirtschafts- und Berufsverbänden. Kontaktdaten für Investoren [PDF: 37 KB]

Steuerhebesätze
Grundsteuer A 250 Prozent
Grundsteuer B 350 Prozent
Gewerbesteuer 370 Prozent

8. **„Weiche" Standortfaktoren**
Der Senftenberger See als Vorbild für die Nachnutzung von Tagebaulandschaften gehört mit einer Wasserfläche von 1.300 Hektar zu den größten künstlich angelegten Gewässern Europas. Senftenberg ist die Stadt im Lausitzer Seenland. Die größte künstliche Seenlandschaft Europas hat eine rund 12.500 Hektar große Wasserfläche. Zehn Seen werden zukünftig durch schiffbare Kanäle miteinander verbunden sein.

- Theater „Neue Bühne" im Stadtgebiet
- Amphitheater mit 600 Plätzen direkt am Senftenberger See
- Tierpark mit angrenzendem Schlosspark
- neu restaurierte Festungsanlage mit Museum
- ganzjährig Abfahrtsski im Snowtropolis, der Indoor-Skihalle als wetterunabhängiges Schneesport- und Freizeitresort
- Erlebnisbad mit verschiedenen Sport- und Spaßangeboten

Eurospeedway Lausitz als modernste Motorsport- und Eventanlage Deutschlands alle angebotenen Schulformen: fünf Grundschulen, zwei Oberschulen, ein Gymnasium, zwei Förderschulen, ein Oberstufenzentrum, Musikschulen, Volkshochschule
Parken ohne Gebühren in der historischen Innenstadt

9. **Investieren in Senftenberg und wohnen im Lagunendorf**
Ein sicherlich einmaliges Angebot: Wer in Senftenberg investiert und damit neue produktive Arbeitsplätze schafft, der soll auch an einem ganz besonderen Standort wohnen. Das Lagunendorf im größten künstlich geschaffenen Seenland Europas ähnelt zwar etwas der künstlichen Insel Palm Jumeirah in Dubai, wird aber im brandenburgischen Senftenberg, Ortsteil Sedlitz entstehen.

Die Vision der Stadt Senftenberg ist ganz einfach: Unternehmen investieren in den Bereichen verarbeitendes Gewerbe, Forschung und Entwicklung, Industrie oder Handwerk. Dabei sollten mindestens 10 neue sozialversicherungspflichtige Arbeitsplätze entstehen. Diese Firmen haben ihren Steuerhauptsitz in der Stadt Senftenberg, dem Höchstfördergebiet im Land Brandenburg. Die Unternehmer können gleichzeitig Ihren Wohnsitz im neu geschaffenen Seenland an einem „First Class Wohnstandort" etablieren (Abb. 2.30).

2.11 Baustein 11: Strategische Ansiedlungspolitik

Abb. 2.30 Vision Lagune Sedlitz (Zweckverband Lausitzer Seenland BB, Stadt Senftenberg)

10. **Unser Gütesiegel**
    Als erste städtische Wirtschaftsförderung in Deutschland erhielt die Wirtschaftsförderung der Stadt Senftenberg das Gütesiegel Servicequalität Deutschland, Stufe 1. Senftenberg ist außerdem mit 25 Teilnehmerbetrieben die 3. Qualitätsstadt im Land Brandenburg.
    „Großer Preis des Mittelstandes" Auszeichnungsgala der Oskar – Patzelt – Stiftung am 06.09.2014 in Dresden: „Kommune des Jahres 2014" – Stadt Senftenberg.

2.11.5 Erstkontakt und Standortdarstellung

Nach der erfolgreichen Mailingaktion, dem Telefonkontakt und der Zusendung entsprechender Standortbroschüren und gewünschten Unterlagen zum benötigten Grundstück, erfolgt die Terminvereinbarung für den persönlichen Erstkontakt. Der erste Eindruck ist auch für dieses Geschäft essenziell. Im günstigen Fall bietet er eine hervorragende Grundlage für die weiteren Arbeitsschritte und ist Ausgangspunkt für vertiefende Gespräche.

Der Investor muss davon überzeugt werden, dass seine Anforderungen an den Standort erfüllt werden können. Weiterhin erwartet er die sehr kompetente Begleitung seiner Investitionsabsicht. Dem Unternehmer muss von der ersten Minute der Kontaktaufnahme an der gute Eindruck vermittelt werden, dass die Kommune alle Möglichkeiten nutzt, um das Vorhaben so zeitnah wie möglich und auch so kompetent wie nötig zu begleiten.

2.11.6 Grundstücksunterlagen und Investorenmappe

Beim Erstkontakt spielt neben dem persönlichen Kennenlernen auch die Zurverfügungstellung aller notwendigen Materialien und Unterlagen eine bedeutende Rolle. Hier sollte die Wirtschaftsförderung in der Lage sein, neben dem „Standortexposé" bereits alle Dokumente wie Liegenschaftsauszüge, Liegenschaftskarten, Luftbilder und technischen Parametern für die in Frage kommenden Grundstücke zur Verfügung zu stellen.

Zusätzlich ist es von Vorteil, dem Investor in einer Art Investorenmappe eine komplette Übersicht über die künftigen Ansprechpartner bei der Finanzierung des Vorhabens, zu Fördermitteln, zu Kammern und anderen Institutionen vor Ort vorzulegen. Ebenfalls Inhalt dieser Investorenmappe sollte eine Übersicht zu denen lokal oder in der Region vorhandenen Bauunternehmen und Dienstleistern sein, die möglicherweise für das geplante Bauvorhaben in Anspruch genommen werden könnten. Dieser Baukalender vermittelt dem Investor den guten Eindruck, dass in der Kommune ausreichend Wirtschaftskraft sowie eine diversifizierte Wirtschaftsstruktur vorhanden sind. Insbesondere erfolgt damit außerdem der Hinweis, dass die Wirtschaftsförderung auch bei diesem Projekt die regionalen Wirtschaftskreisläufe und die Wertschöpfung vor Ort fest im Blick hat.

Nicht zuletzt sollte die Investorenmappe eine Übersicht zu allen möglichen Versorgungsträgern und Ansprechpartner der regionalen Verbände und Gewerbevereine beinhalten. Kontaktdaten der regionalen Medien, wie Zeitungen, Rundfunk und Fernsehanstalten vermittelt ebenfalls den guten Eindruck, dass die Netzwerke der Wirtschaftsförderung aktiv betrieben werden.

Diese Investorenmappen dienen dem Unternehmen später zugleich zum Nachschlagen und zu weiteren Informationen, die nicht beim Erstkontakt vermittelbar waren. Aus diesem Grunde macht es stets Sinn, bei der Gelegenheit mit entsprechenden Flyern und anderen Werbematerialien zusätzlich auf die weichen Standortfaktoren und touristischen Angebote hinzuweisen.

2.11.7 Folgeberatung und Ämterkonferenz

Investor und Wirtschaftsförderung stehen nach dem Erstkontakt vor einer Reihe von Aufgaben, um die Konkretisierung des Vorhabens voranzutreiben. Dabei ist die Organisation einer Ämterkonferenz mit den dafür notwendigen Ansprechpartnern durch die Wirtschaftsförderung immer von Vorteil.

Diese Ämterkonferenz ist überwiegend in drei unterschiedliche Beratungsgruppen aufgeteilt. Je nach Wichtigkeit und Umfang der möglichen Investitionen sollte die Verwaltungsspitze und geeignete Vertreter des politischen Gremiums der jeweiligen Stadtverordnetenversammlung dem Unternehmer das gute Gefühl des Willkommenseins am Standort vermitteln. In der zweiten Runde werden unabhängig voneinander mögliche

Finanzierungen und Fördermittelfragen geklärt. Ein dritter Beratungspunkt dient der Begutachtung und Zulässigkeit des geplanten Bauvorhabens durch die hier zuständigen Ämter der Stadt – und Kreisverwaltung.

2.11.8 Kaufvertrag und Aktivitäten bei Baubeginn

Nach dem im Baustein 9 aufgezeigten Prozedere der verwaltungstechnisch und politischen Willensbekundung, erfolgt die notarielle Beglaubigung des Kaufvertrages. Gemäß der ausgehandelten Investitionsverpflichtungen finden in der Regel recht zeitnah die Beauftragung eines geeigneten Planungsbüros und die Vorbereitungen für einen zügigen Baubeginn statt. Hierbei ist die frühzeitige Einbindung des Planungsbüros mit den Verantwortlichen des Stadtplanungsamtes und der Bauordnungsbehörde stets von Vorteil.

Der Baubeginn bzw. die Grundsteinlegung gibt dem Unternehmen und der Verwaltung die Möglichkeit, öffentlichkeitswirksam auf das Vorhaben hinzuweisen. Dadurch ist es möglich, die gelungene Zusammenarbeit zwischen Investor und Verwaltung in der Außenwirkung zu dokumentieren. Im Bereich Öffentlichkeitsarbeit kann die Wirtschaftsförderung außerdem anbieten, neben geeigneten Partnern aus den Netzwerken auch die Medien zur Grundsteinlegung, Richtfest oder Firmeneröffnung einzuladen. Die Phase der baulichen Umsetzung des Vorhabens ist oftmals von der gleichzeitigen Suche nach geeigneten Fachkräften aus der Region geprägt. Hier ist die reibungslose Kommunikation mit der Agentur für Arbeit hilfreich, weil der Bauzeitraum für mögliche Qualifikationen der künftigen Beschäftigten gut genutzt werden kann. Nicht nur durch das Bauschild, sondern auch durch die Medienberichterstattung werden oftmals geeignete künftige Mitarbeiter auf dieses neue Unternehmen aufmerksam.

2.11.9 Wohnen und Wohlfühlen am Standort

Der Produktionsstart ist für die Wirtschaftsförderung gleichzeitig mit der Arbeitsaufgabe verbunden, Verknüpfung des neuen Unternehmens mit den Netzwerkstrukturen der gesamten Region herzustellen. Die Organisation von Fachveranstaltungen, z. B. zu den neuen Produkten, wirksame Öffentlichkeitsarbeit, das Einbringen der neuen Firma in vorhandene Vereinsstrukturen im gewerblichen Bereich, selbst die Einladungen zu Neujahrsempfängen und städtischen Veranstaltungen hilft dem Unternehmen bei der Einordnung in die neue Struktur. Die Wirtschaftsförderung sollte immer darauf hin wirken, dass neben der erfolgten Investitionen im gewerblichen Bereich auch die Unternehmensführung den Wohnstandort in die eigene Kommune verlegt. Dadurch erhöhen sich neben der Identifikation mit der Region auch die Steuereinnahmen im Bereich der Einkommensteuer.

> **Beispiel: Erfolgreiche Ansiedlung am Standort Senftenberg**

Ansiedlungsvertrag in nur 10 Tagen unterschrieben und in nur 8 Monaten zum Produktionsbeginn

Bei einem Unternehmensbesuch bei der Fa. Clever Etiketten am Gewerbestandort Ortsteil Hosena erhielt die Wirtschaftsförderung der Stadt Senftenberg die Information, dass ein Partnerbetrieb auf der Standortsuche für eine Neuinvestition im Raum Dresden zeitliche Probleme beim Grundstückserwerb hat. Hier sollte es bis zu einem Notartermin mindestens 6 Monate dauern, ein viel zu langer Zeitraum für die zügige Umsetzung des Vorhabens.

1. **Standortvorteil ausnutzen – Schneller Bearbeitungszeitraum**

   Aufgrund einer telefonischen Kontaktaufnahme wurde an einem Sonntagvormittag im Februar 2008 ein Termin im Gewerbegebiet Grubenstraße in Senftenberg mit dem Geschäftsführer organisiert. Nach der Vorstellung der Rahmenbedingungen und dem Besichtigen eines geeigneten Grundstückes wurde sofort ein vorerst unverbindlicher Kaufantrag des Investors formuliert. Die klare Forderung des Investors: Wenn in Senftenberg die Möglichkeit besteht, innerhalb von 14 Tagen einen Kaufvertrag abzuschließen, würde man die Aktivitäten in Dresden zu Gunsten Senftenbergs einstellen. Für diese mögliche Neuansiedlung wurde unverzüglich eine Sondersitzung der Stadtverordnetenversammlung einberufen, der Beschluss zur Veräußerung des Areals herbeigeführt, der Notarvertrag erarbeitet – nach nur 10 Tagen wurde das neue Unternehmen „Clever Foliendruck Senftenberg GmbH" gegründet und Grundstückseigentümer.

2. **Zügige Fördermittelantragsbearbeitung beim Land Brandenburg**

   Die GA-Fördermittelanträge konnten gemeinsam mit dem Kundenberater der ILB bearbeitet und bei der Investitionsbank des Landes Brandenburg im gleichen Zeitraum eingereicht werden. Gleichzeitig erfolgten die Bauvoranfrage und die Erstellung eines Baugrundgutachtens.

   Da eine Finanzierungszusage, die Fördermittelbereitstellung und das ausformulierte Investitionsvorhaben sehr zeitnah vorlagen, konnte die Errichtung eines produktiven kunststoffverarbeitenden Betriebes im März 2008 realisiert werden.

3. **Baugenehmigung durch den Landkreis nach nur 4 Wochen erteilt**

   Die Bearbeitungsdauer für die Erteilung der Baugenehmigung für eine Produktionshalle in der Größe von ca. 2.500 qm mit Sanitär- und Verwaltungstrakt betrug nur 4 Wochen, so dass die Bauarbeiten bereits im Mai beginnen konnten. Der vorhandene Bebauungsplan und die komplett vorgenommene Erschließung des Grundstückes war dafür die Voraussetzung. Unter Einbeziehung eines vollständigen Firmenkataloges (Baukalender der Wirtschafsförderung Senftenberg) der in der Region ansässigen Baubetriebe wurden auch bei dieser Bauausführung überwiegend heimische Unternehmen berücksichtigt.

4. **Ergebnis: 8 Monate bis zum Produktionsbeginn**
   Mit einer Gesamtinvestition von ca. 13 Mio. Euro und der damit verbundenen Schaffung von 35 produktiven Arbeitsplätzen in der Phase des Produktionsbeginnes konnte die im Dreischichtsystem tätige Belegschaft die Fertigung von Folien-Druck-Erzeugnissen beginnen, nach nur 8 Monaten seit dem ersten Investorengespräch.

Resümee

Bei allen Bemühungen um gewerbliche Ansiedlungen ist es fast wie in der Bundesliga:

Der FC Bayern München (1-A Lage) kann bei der ersten Ballberührung ein tolles Tor erzielen, der FSV Senftenberg (6. Liga und 1-D Lage) muss vielleicht 50 x auf das Tor schießen, ehe einer drin ist. Aber wenn diese Mannschaft aus Senftenberg nicht 50 x auf das Tor schießt, wird möglicherweise nie ein Treffer fallen. Dabei müssen noch die Schüsse auf das Tor wohl platziert sein, nur mit Querschlägern und schwach geschossenen Rückgaben ist kein Treffer zu landen.

Die Ansage an die Investoren muss deshalb klar formuliert werden, Alleinstellungsmerkmale erzeugen immer erhöhte Aufmerksamkeit. „**Denken und handeln wie ein Investor**" – dies ist das geeignete Motto für eine erfolgreiche Investorensuche und Ansiedlungsbegleitung.

Kontroll- und Lernfragen

a. Wie finden sich Investor und Investitionsstandort?
b. Durch welche Partner der Wirtschaftsförderung sind die effektivsten Möglichkeiten einer Standortwerbung gegeben?
c. Was sind die wichtigsten Unterlagen die einem Investor nach dem Erstbesuch vorliegen sollten?
d. Welche Vorteile bietet die Möglichkeit neben dem Gewerbestandort auch den Wohnstandort für Investoren anzubieten?

2.12 Baustein 12: Bestandspflege

Lernziele

Die dritte Säule der Schwerpunktaufgaben der Wirtschaftsförderung ist die Bestandspflege. Nur durch den persönlichen Kontakt zu den bestehenden Firmen ist es möglich zu erkennen, was die Unternehmen bewegt und wo Handlungsbedarf besteht. Umfassende Bestandspflege sichert am Standort die vorhandenen Arbeitsplätze. Zudem kann die Wirtschaftsförderung auch die Schaffung neuer Arbeitsplätze unterstützen, denn es sind vor allem die ansässigen Unternehmen, die neue Arbeitsplätze generieren. Instrumente der Bestandspflege sind vor allem der Besuch von Unternehmen, Erhebungen, Informationsveranstaltungen und Messen.

2.12.1 Hauptinhalte der Bestandspflege

Bestandspflege beinhaltet Maßnahmen zur Erhaltung vorhandener Betriebe, insbesondere Beratungs- und Hilfsangebote, Bereitstellung/Vermittlung von Flächen, Unterstützung bei Bankkontakte wie Erschließungsmaßnahmen.

Außerdem gehört eine Vielzahl weiterer Aktivitäten dazu, zum Beispiel:

- Betriebsbesuche bei den Unternehmen und Gewerbetreibenden,
- Netzwerksbildung der Unternehmen im Einzugsbereich,
- Existenzgründerberatung,
- Überwachung von gewerblichen Kaufverträgen und den darin festgelegten Vereinbarungen,
- Die Ausschilderung von Gewerbegebieten im Stadtgebiet überwachen und aktualisieren,
- Vermittlung geeigneter Gewerbeflächen,
- Fortführung und Pflege eines Leerstandsinformationssystems
- Wirtschaftsmessen organisieren, bzw. daran teilnehmen
- Ständige Erreichbarkeit des Wirtschaftsförderers,
- Angelegenheiten des regionalen Personennahverkehrs bearbeiten,
- Erstellung, Aktualisierung und Betreuung eines gemeinsamen Messestandes,
- Unterstützung bei der Organisation des Fremdenverkehrs,
- Eigene Aktionen und Projekte für den Tourismus und Fremdenverkehr,
- Fördermittelberatung und Lotsenfunktion,
- Auswertung von Wirtschaftsberichterstattungen, Geschäftsberichten, Betriebsgesprächen, Information der Verwaltungsführung über bedeutsame Ereignisse und kritische Situationen zur Optimierung von Rahmenbedingungen,
- Generell Finanzierungs- und Zuschussquellen zur Unternehmensansiedlung und -erweiterung erschließen und kommunizieren.

2.12.2 Aktivitäten der Bestandspflege: Beispiele aus der Praxis

Bestandspflege dient der Sicherung des vorhandenen Unternehmensbestandes. Dazu gehört die Beschaffung von Kleinkrediten für Kleinstunternehmen, jungen Unternehmen und Existenzgründern.

2.12.2.1 Beispiel: Kommunale Fördermittelprogramme der Stadt Senftenberg

Da die Förderungen der ILB für KMU Betriebe in der Senftenberger Innenstadt bereits im Jahr 2012 ausgelaufen sind, aber immer noch besonderer Bedarf der Kleinstunternehmen in der Stadt Senftenberg für weitere wichtige Investitionen gegeben ist, sollen für 2014 diese städtischen Förderprogramme hierbei unterstützend wirken.

Weiterhin ist es derzeit für Kleinstunternehmen insgesamt kompliziert, für notwendige Investitionen Kredite aufzunehmen, auch hierfür sind diese Förderinstrumente hilfreich.

2.12 Baustein 12: Bestandspflege

Diese Finanzmittel sollen im Rahmen einer einfachen, überschaubaren und für die Unternehmer auch nutzbaren Förderrichtlinie abrufbar sein und bei der Erfüllung der gestellten wirtschaftlichen Ziele des Zuwendungsempfängers weiterhelfen.

Ferner sollen alle Investitionen für einen barrierefreien Zugang zu den Geschäften in der Stadt Senftenberg und bei den touristischen Leistungsträgern im gesamten Stadtgebiet eine Förderung erhalten.

Die Förderungen sollen außerdem die Neuansiedlung von dringend benötigten Ärzten unterstützen und die für 2014 notwendige Zertifizierung der Senftenberger Q- Stadt Unternehmen begleiten.

Die jeweilige Förderrichtlinie ist leicht verständlich, die überschaubaren Antragsformulare sind von den Handwerkern und Gewerbetreibenden in wenigen Minuten ausfüllbar und unterscheiden sich dadurch deutlich von der Papierflut anderer Förderprogramme.

2.12.2.2 Presseinformation zu den Förderprogrammen
Einmalig in Deutschland – kommunale Förderprogramme für Kleinstunternehmen, Ärzte und Existenzgründer

Öffentliche Verlautbarung: „4 Fördermittelprogramme für gute Investitionen in der Stadt Senftenberg 2014"

Der Wirtschaftsstandort Senftenberg wird in den kommenden Monaten geplante Investitionen bei Kleinstunternehmen bis 10 Mitarbeitern im gesamten Stadtgebiet mit einer in Deutschland einmaligen Förderung unterstützen. Da derzeit ein besonderer Bedarf der Unternehmen in der Stadt Senftenberg für weitere wichtige Investitionen gegeben ist, sollen ab dem 01.02.2014 vier neue kommunale Förderprogramme hierbei unterstützend wirken.

Bürgermeister Andreas Fredrich erklärt dazu: „Die Finanzmittel für diese vier Förderprogramme in Höhe von 200.000 Euro werden im Rahmen einer einfachen, überschaubaren und für die Unternehmen auch sofort nutzbaren Förderrichtlinie abrufbar sein und bei der Erfüllung der gestellten wirtschaftlichen Ziele des Zuwendungsempfängers weiterhelfen. Selbstverständlich werden diese wirtschaftsförderlichen Aktivitäten bei der Schaffung und dem Erhalt von Arbeitsplätzen einen wichtigen Beitrag leisten".

2.12.2.3 Investitionszuschuss an Senftenberger Kleinstunternehmen

Gemäß der Beschlussfassung der Stadtverordnetenversammlung Senftenberg tritt ab dem 01.02.2014 das Senftenberger Förderprogramm für gewerbliche Investitionen (Fördersumme max. 30%) und für die Förderung von Investitionen in Barrierefreiheit (Fördersumme max. 50%), in Kraft.

Dabei wird die Stadt Senftenberg diese Vorhaben mit jeweils max. 7.500 Euro unterstützen.

Im Rahmen des Beteiligungsverfahrens „Bürgerhaushalt" der Stadt Senftenberg ist aus der Bevölkerung der Vorschlag eingebracht worden, eine Förderung zur Neuansiedlung von Fachärzten einzuführen. Die Stadtverordnetenversammlung der Stadt Senftenberg hat deshalb im Rahmen der Beschlussfassung zum Bürgervorschlagsrecht einen Investitionskostenzuschuss

für Ärzte, die sich in Senftenberg niederlassen beschlossen. Hier soll eine Förderung in Höhe von jeweils max. 10.000 Euro für jede Neuansiedelung ermöglicht werden.

Im Jahr 2011 ist die Stadt Senftenberg mit dem Titel „Qualitätsstadt" ausgezeichnet worden. Zur Qualitätsstadt gehören über 20 Betriebe, die das Siegel „Service-Qualität Deutschland" tragen und sich zu besonderen Serviceleistungen gegenüber den Kunden verpflichtet haben. Zur Erhaltung des Status „Q- Stadt Senftenberg 2014" ist es notwendig, dass sich die Unternehmen erneut zertifizieren lassen und auch neue Unternehmen die Zertifizierung mit der „Service-Qualität Deutschland Stufe I", beantragen. Die Prüfgebühr für die Zertifizierung wird mit bis zu 50 % gefördert.

Die komplette Fördersumme in Höhe von 200.00 Euro geht an die Unternehmen, anders bei Bundes – und Landesförderprogrammen.

Die jeweilige Förderrichtlinie ist leicht verständlich, die übersichtlichen Antragsformulare sind von den Handwerkern, Gewerbetreibenden sowie den Ärztinnen und Ärzten in wenigen Minuten ausfüllbar und unterscheiden sich dadurch deutlich von der Papierflut anderer Förderprogramme. Mit dem Zuwendungsbescheid kann mit der geplanten Maßnahme sehr zeitnah begonnen werden.

Die Bearbeitung, Genehmigung, Auszahlung und Kontrolle der Fördermöglichkeiten werden ohne weitere kommunale Finanzmittel und ohne weitere Behörden oder Ingenieurbüros zeitnah von der städtischen Wirtschaftsförderung in Zusammenarbeit mit dem Stadtplanungsamt und dem Amt für Soziales, Bildung und Kultur zusätzlich erledigt.

Schnellstmögliche Bearbeitung Antrag und Zuwendungsbescheid in 5 Tagen möglich.

Zur Bewertung der eingegangenen Anträge tagt wöchentlich eine Arbeitsgruppe aus Mitgliedern der Stadtverordnetenversammlung, der beteiligten Ämter der Verwaltung und der Wirtschaftsförderung der Stadt Senftenberg. Somit kann innerhalb von 5–10 Tagen nach Antragstellung ein Zuwendungsbescheid dem Antragsteller überreicht werden.

Informationen, Richtlinien und Anträge finden Sie unter www.senftenberg.de/Wirtschaft/Förderung.

Interessenten steht als Ansprechpartner der Wirtschaftsförderer der Stadt Senftenberg, Frank Neubert, unter der Tel: 03573 701-115 oder 0162 4000762 (24 h) gern zur Verfügung.

2.12.2.4 Grundlage und Umsetzung der Maßnahme

Wichtig: Die finanziellen Grundlagen der Förderprogramme sind: nicht geplante Mehreinnahmen von Gewerbesteuern 2013. Keiner sozialen Einrichtung wird also etwas weggenommen – diese Mehreinnahmen kommen wieder der Wirtschaft zugute.

Wichtig: Die Bearbeitung, Genehmigung, Auszahlung und Kontrolle der Fördermöglichkeiten werden ohne weitere kommunale Finanzmittel und ohne weitere Behörden oder Ingenieurbüros zeitnah von der städtischen Wirtschaftsförderung in Zusammenarbeit mit den beteiligten Ämtern zusätzlich erledigt.

2.12.3 Bestandspflege – Wirtschaftskreisläufe aktivieren

Steuereinnahmen bilden den Grundstock einer funktionierenden Gemeindestruktur Dabei sind unterschiedlichste Einnahmesituationen in Deutschland festzustellen (siehe auch Baustein 1). In der Folge soll am Beispiel Senftenberg näher auf die unterschiedlichen Einnahmearten eingegangen werden und am konkreten Beispiel auch deutlich werden wie sehr Bestandspflege und regionalökonomische Effekte zusammenhängen, wie divers sich jedoch zugleich auch die Ausprägungen in Deutschland darstellen (siehe Abb. 2.31 und Abb. 2.32) (siehe auch grundsätzlich „regionale Disparitäten" in Baustein 1).

1. **Gewerbesteuern am Standort**
   - sie richtet sich nach dem Gewinn eines Unternehmens
   - sie ist der Beitrag der Unternehmen für die von der Gemeinde aufgebaute Infrastruktur
     Interessenharmonie zwischen Unternehmen und Gemeinde, weil beide an wirtschaftlicher Dynamik interessiert sind. Einerseits benötigt das Unternehmen die kommunale Infrastruktur, andererseits braucht die Gemeinde das Unternehmen zur Schaffung von Arbeitsplätzen

2. **Einkommenssteuer**
   - die Kommunen erhalten einen Anteil der Lohn- und Einkommensteuer in Höhe von 15 % des Gesamtaufkommens des Landes der von den Finanzbehörden im Landesgebiet eingenommenen Steuerbeträge
   - der Anteil an der Einkommensteuer hängt sowohl von der allgemeinen Entwicklung im Land als auch von der besonderen wirtschaftlichen Entwicklung in der Kommune ab
   - je höher die Arbeitslosigkeit in der Kommune und je geringer die Einwohnerzahl ausfällt, desto geringer fällt die Schlüsselzahl dieser Kommune aus.

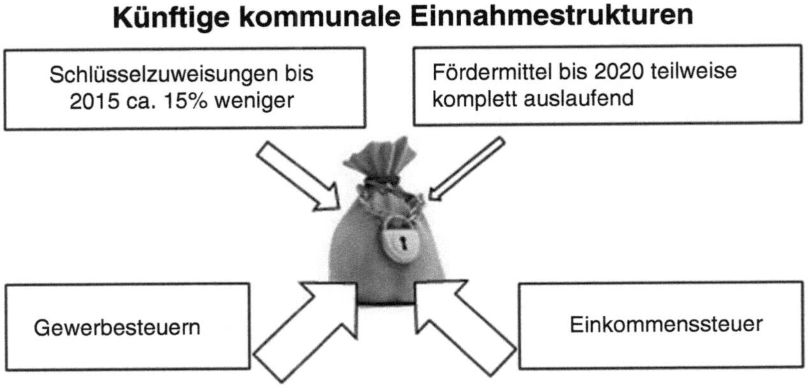

Künftige kommunale Einnahmestrukturen

Schlüsselzuweisungen bis 2015 ca. 15% weniger

Fördermittel bis 2020 teilweise komplett auslaufend

Gewerbesteuern

Einkommenssteuer

Abb. 2.31 Künftige kommunale Einnahmestrukturen (Eigene Darstellung)

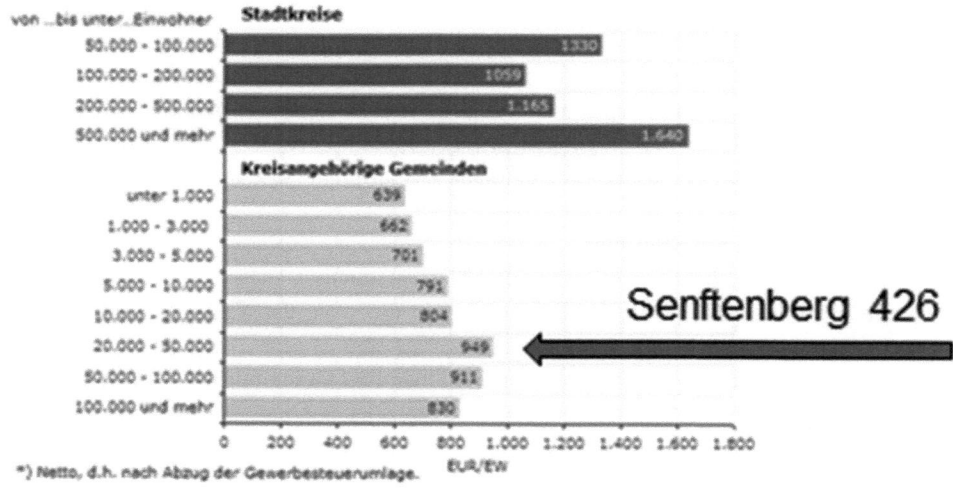

Abb. 2.32 Steuereinnahmen im Vergleich zum „Ländle"

2.12.3.1 Die Rolle der kommunalen Aufträge

Wirtschaftskreisläufe zu aktivieren, regionale Wertschöpfung und Steuereinnahmen zu erhöhen kann auch dadurch erreicht werden, dass kommunales Geld nach Möglichkeit auch in der Stadt bzw. Kommune bleiben sollte.

Daher war und ist es dringend geboten, einheimische Firmen, Planer, Dienstleistungsunternehmen in die kommunalen Ausschreibungen einzubeziehen. Dies gilt auch für alle Unternehmen und Gesellschaften, bei der die Kommune Anteile besitzt. Nach Möglichkeit sind die Unternehmen zu animieren, den Steuerhauptsitz in die betreffende Stadt zu verlegen.

Wichtig ist dabei, die Lose nach Möglichkeit so auszuschreiben, dass beispielsweise keine Generalauftragnehmer notwendig sind, sondern die Gewerke sich an der entsprechend kleinteiligen Ausschreibung bewerben können. Das in der Regel vor Ort ansässige und steuerzahlende Handwerk kann so mittelbar gefördert werden.

Grundlage dafür ist der Baukalender, der alle diesbezüglichen Gewerke mit Firmenbezeichnungen, Ansprechpartner und Unternehmensportfolio beinhaltet. Nur wenn ansässige Handwerker selbst (und nicht als Subunternehmer) Gewinn erwirtschaften, werden Steuern gezahlt, mehr Arbeitsplätze geschaffen und auch die Vereine können über Sponsoring besser unterstützt werden.

2.12.3.2 Beispiel Wirtschaftskreislauf Innenstadt

Ein funktionierender Wirtschaftskreislauf im Innenstadtbereich ist die Grundlage für den Erhalt des Einzelhandelsstandortes. Nur wenn eine ausreichende Kundenfrequenz mit

2.12 Baustein 12: Bestandspflege

einer ausreichenden Kaufkraft die Einzelhandelseinrichtungen der Innenstadt aufsucht, werden die Erlöse, die die Hauseigentümer durch den Umsatz oder die Mieten erzielen, ausreichend sein, die Bausubstanz zu erhalten oder zusätzliche Investitionen zu tätigen.

Mögliches negatives Ergebnis: wenn das Geschäft leer ist und keine Investitionen auf dem Grundstück durch fehlende Einnahmen getätigt werden können, wird nicht nur das Stadtbild an Attraktivität verlieren, auch die Anwohner und Mieter werden die Innenstadt verlassen und niemand wird mehr flanieren.

In den meisten Kommunen gibt es einen Handlungsbedarf: schlechte Rahmenbedingungen wie z. B. fehlende Parkplätze in der Innenstadt, einschränkende Satzungen, Bearbeitungszeiten bei Bauanträgen.

2.12.4 Umsetzung und Verhaltungshandeln

Damit Bestandspflege effektiv und erfolgreich betrieben werden kann, sind jedoch nicht nur die Inhalte wesentlich. Es geht auch um die Form der Umsetzung, das Verwaltungshandeln. Daher gilt:

- sofortiges Reagieren der Verwaltung auf Anfragen, Hinweise und Kritiken aus der Wirtschaft
- klare Prioritäten bei der Aufgabenerledigung in der Verwaltung zu Gunsten der Wirtschaft
- keine Entscheidungsfindung mit „Suchen, wie es nicht geht" – sondern aufzeigen „wie es geht"
- „Bin nicht Zuständig" „Bauchentscheidungen" usw. bei Beschlüssen und Entscheidungen komplett ablegen
- Ehrlich und offen mit eigenen Fehlern oder Versäumnissen gegenüber dem Ansprechpartner in der Wirtschaft umgehen
- öfter miteinander reden – nicht nur „wichtige" Anschreiben versenden
- keinem Konflikt ausweichen – es löst sich nichts von selbst
- wichtige Angelegenheiten mit Vertretern der Wirtschaft vor Umsetzung beraten

Resümee

Wirtschaftsförderliches Handeln hat immer eine besondere Außenwirkung. Ansässige Unternehmer sind für viele Belange in der gesamten Struktur einer Verwaltung jederzeit ein wichtiger Ansprechpartner. In der Bestandspflege werden oftmals die möglichen Ermessensspielräume benötigt, um zeitnah die erkannten Probleme zu lösen.
Mit einer Grundeinstellung der Verwaltung:

- „Ich mach den doch nicht zum Millionär"
- „Wir sind für die Bürger da, nicht für reiche Unternehmer"
- „Das ist so und bleibt so"

- „Ich diene nur dem Gesetz"
- „Stadtbild geht vor"

Mit einer solchen Haltung wird man zukünftig keine Infrastruktur instandhalten, keine „soziale Stadt" oder freiwillige Ausgaben mehr finanzieren können. Einzig das Interesse der Unternehmen am Gemeinwohl und auch Arbeitsplätze in der Wirtschaft und Verwaltung würden so gefährdet.

> **Kontroll- und Lernfragen**
> a. Benennen Sie die wichtigsten Grundsätze im Verwaltungshandeln für den Bereich der Bestandspflege.
> b. Welche Einflussmöglichkeiten haben Wirtschaftsförderer bei Einnahmesteigerungen der Gewerbesteuer und Einkommensteuer?
> c. Nennen Sie Hauptinhalte der Bestandspflege.
> d. Was ist bei kommunalen Ausschreibungen im Sinne der Bestandspflege zu bedenken?

2.13 Baustein 13: Konflikte, Netzwerke und Kooperationen

> **Lernziele**
> Jede Organisationsstruktur im öffentlichen Dienst kann unterschiedliche Konfliktsituationen beinhalten. Die Arbeitsaufgaben in der Wirtschaftsförderung berühren in fast allen Punkten auch die Handlungsfelder des Stadtplanungsamtes, des Bereiches Liegenschaften, des Ordnungsamtes, der Bauabteilung und der Kämmerei. In diesem Baustein sollen funktionierende und in der Praxis bewährte Strukturen aufgezeigt, Konfliktsituationen beschrieben und Kooperationspartner aufgeführt werden.

2.13.1 Zuständigkeiten in der Organisationsstruktur

Die direkte Zuordnung einer Stabsstelle Wirtschaftsförderung zum Verwaltungsleiter erleichtert den Akteuren in der Wirtschaftsförderung ein zügiges Abarbeiten der entsprechenden Aufgaben. Da durch die Aufgabenzuteilungen und festgelegten Zuständigkeiten im öffentlichen Dienst auch andere Abteilungen der Verwaltung die Erledigung der Aufgabe begleiten müssen, entstehen oftmals Reibungspunkte bei der zeitlichen, aber auch finanziellen Begleitung der wirtschaftsförderlichen Vorhaben.

Wenn die Verwaltungsmitarbeiter, egal in welcher Position, nicht mit den unterschiedlichsten Aufgabenstellungen einer Wirtschaftsförderung vertraut sind, kann auch nicht davon ausgegangen werden, das hier Verständnis für eine besonders zeitnahe Mitwirkung an den Problemlösungen erzeugt wird.

Die Verwaltungsleitung ist an dieser Stelle gehalten, mit jeweils auf eine entstandene Situation ausgerichtete Aufgabenverteilung, die Kompetenzen und die Mitwirkungspflichten in der jeweiligen Dienststelle festzulegen. Je klarer die Dienstvereinbarungen und Festlegungen formuliert sind, desto besser lassen sich hieraus die Verantwortungsbereiche und Zeitabfolgen ableiten.

2.13.2 Konflikte im Bereich Liegenschaften

Klassische Konfliktsituationen ergeben sich in den vielen Grundstücksangelegenheiten mit dem jeweiligen Sachgebiet oder Amt für Liegenschaften. Hier kommt es bei den meisten Ansiedlungsvorhaben oder Investitionen, die mit Veränderungen der Grundstücksverhältnisse in Zusammenhang stehen, zu konkret formulierten Arbeitsaufgaben der Wirtschaftsförderung gegenüber der Liegenschaftsabteilung.

Bei diesen Grundstücksgeschäften ist oftmals das vorhandene Zeitfenster zu Gunsten des Kaufinteressenten sehr eng gefasst. Dies bedeutet, dass hierbei im Liegenschaftsbereich mit schnellen Ausschreibungen, zügigen Bewertungen der Kaufabsichten, der inhaltlichen Vorbereitung der politischen Entscheidungen und dem Abschluss von Kaufverträge Aufgaben im erheblichen Umfang abzuarbeiten sind. Die Wirtschaftsförderung ist hier auf die Kooperation angewiesen und kann nur indirekt darauf einwirken, dass diese Arbeiten prioritär und gelegentlich „auf Zuruf und sofort" erledigt werden. Die Unterstützung von der Verwaltungsspitze ist hier hilfreich, aber vor allem auch die generelle Wirtschaftsfreundlichkeit der entsprechenden Abteilung.

Nicht immer wird der Bereich Liegenschaften dem Vorhaben die Priorität einräumen (können), die es aus Sicht der Wirtschaftsförderung verdient. Für die Wirtschaftsförderung als direkter Ansprechpartner für die Investoren ist es jedoch extrem wichtig, dass vor allem einmal zugesagte Termine unbedingt eingehalten werden. Hier steht die Verlässlichkeit der Verwaltung als Ganzes auf dem Spiel. Die ständige Kontrolle der Einhaltung der Verpflichtungen in den jeweiligen Kaufverträgen ist zwar meist beim Sachgebiet Liegenschaften angesiedelt, aber das Nachhalten der Termine und eine gewisse Überwachung sind durch die Wirtschaftsförderung ergänzend zu leisten.

2.13.3 Konflikte im Bereich Stadtplanung

Strategische Planungen in der Wirtschaftsförderung beinhalten immer klare inhaltliche und zeitliche Vorstellungen für die Entwicklung des Wirtschaftsstandortes. Dabei spielt aus Sicht der Wirtschaftsförderung die Erhaltung und Förderung von Flora und Fauna nicht die wichtigste Rolle. Die Ausweisung neuer Gewerbeflächen, die Ertüchtigung von Industriebrachflächen und die bestmögliche Bereitstellung von Infrastruktur stehen im Fokus der Wirtschaftsförderung, aber nicht immer im Mittelpunkt der Stadtplanung.

Daher ist bei den ständigen Aktualisierungen des Flächennutzungsplanes, der Bauleitplanung oder bei den Gestaltungen einzelner Bebauungspläne, eine klare Ausrichtung der Belange der Wirtschaft in den jeweiligen Beratungsrunden dringend geboten. Durch die umfassende Begleitung unterschiedlichster Behörden und Institutionen an diesen Planungen werden sämtliche Belange von Umwelt, Natur und der Raumordnung dennoch immer in einem hohen Maße Beachtung finden. Hier ist ein besonderes Durchsetzungsvermögen der Wirtschaftsförderung mit entsprechender Fachkompetenz notwendig.

Außerdem sind wichtige Rahmenbedingungen für die Bestandspflege oder für die Entwicklung einer funktionierenden Innenstadt durch die Wirtschaftsförderung im Rahmen der Stadtplanung ständig einzufordern. Dabei ergeben sich z. B. permanent Konflikte zu notwendigen Ausweisungen von benötigten Stellplatzflächen oder Grünanlagen. Hier ist die Beteiligung der Wirtschaftsförderung bei konkreten Stadtentwicklungsprozessen und -entscheidungen ein wesentlicher Faktor, der direkte Austausch und ein permanentes, auch verwaltungsinternes „Lobbying" für die Belange der Wirtschaft aber ebenso.

2.13.4 Konflikte im Bereich Kämmerei

Mit der Einführung der doppischen Haushaltsführung fand eine grundsätzliche Bewertung des städtischen Eigentums Eingang in die Haushaltspläne. Diese Buchwerte wurden oftmals aus der Sicht einer Kämmerei erstellt, nicht immer finden sich hier die tatsächlichen Marktwerte oder Abschreibungen der städtischen Straßen, Medien, Gebäude und Grundstücke wieder.

Besonders bei Gewerbegebieten spielen Bodenrichtwerte, die sich aus den Verkaufserlösen von Grundstücken in diesem Bereich aus den letzten 20 Jahren ergeben, eine große Rolle. Oftmals unterlagen Grundstücksbewertungen auch Schätzungen der Kämmerei oder einer Anpassung im zu genehmigenden Stadthaushalt. Dabei sollen die Zahlen eher auf ein hohes Vermögen der Kommune hinweisen.

Da der Marktwert und der Buchwert bei ungenutzten oder unbebauten Gewerbegrundstücken in den seltensten Fällen übereinstimmen, besteht hier ein enormer Konflikt in Hinblick auf die notwendigen Vermarktungsaktivitäten. Das Anbieten dieser Gewerbegrundstücke zu marktgerechten Preisen führt dann oft zum notwendigen Ausbuchen (Verlust) aus dem Anlagevermögen.

Negatives Ergebnis dieses Konfliktes wäre die nicht mögliche Veräußerung eines Gewerbegrundstückes durch einen, für die Kämmerei zu geringen Kaufpreises. Dass damit die betreffenden Grundstücke dann für weitere Jahre der Grünpflege der Stadt unterliegen, wird eher von der Finanzverwaltung nicht beachtet.

Um einen korrekten Marktpreis zu erzielen, helfen öffentliche Ausschreibungen, die „bedingungsfrei", also ohne einen Kaufpreis zu benennen, mindestens einmal jährlich getätigt werden sollten. Damit kann auch die Genehmigungsbehörde (Kommunalaufsicht) in die Lage versetzt werden, Kaufverträge, die nicht den aktuellen Bodenrichtwert beinhalten, zu genehmigen.

Bei bebauten Gewerbegrundstücken bietet sich die Erstellung eines Wertgutachtens an, das dann jeweils den aktuellen Zustand des Gebäudes widerspiegelt und sich nicht am, in den Vorjahren ermittelten Anlagevermögen orientiert.

In der Kommunikation mit der Kämmerei helfen die guten Argumente des „langen Geldes", wenn nach der Investition die langfristigen Einnahmen aus Gewerbe- und Einkommensteuer dem städtischen Haushalt zugeordnet werden können.

2.13.5 Konflikte in den Bereichen Ordnungsbehörde und Bauamt

Nicht zu jedem Ereignis oder zu jedem Antrag kann eine sofortige Umsetzung des Anliegens des Gewerbetreibenden erfolgen. Dennoch ist das Ziel einer funktionierenden Wirtschaftsförderung, bestmögliche Bedingungen den Unternehmen am Standort anzubieten.

Zahlreiche Aufgabenstellungen, die Beseitigung von Missständen oder die Verbesserung von städtischen Angelegenheiten zu Gunsten der Unternehmen, werden vor allem im Bereich der Bestandspflege an die Wirtschaftsförderer herangetragen. Wenn zum Beispiel die Genehmigung für eine zusätzliche Einfahrt in einem Gewerbegebiet für ein Unternehmen nach einigen Wochen keinen befriedigenden Arbeitsstand für den Antragsteller aufweist, wird als zusätzliche Ansprechpartner die Wirtschaftsförderung in Anspruch genommen. Durch eine effektive Organisationsstruktur ist jetzt die Möglichkeit gegeben, eine zeitnahe Erledigung dieser Angelegenheit durch die Wirtschaftsförderung zu organisieren. Wenn dies gelungen ist, und nach dem Einschalten der Wirtschaftsförderung in einem ganz kurzen Zeitrahmen die Genehmigung dann vorliegt, wird in der Außenwirkung das besondere Engagement der Wirtschaftsförderung sichtbar und durch die Unternehmen auch gewürdigt und weiter kommuniziert.

Aber Achtung!

Dies birgt jedoch zugleich die Gefahr, dass daraus der Eindruck entsteht, es sei einfacher, sich bei Problemen gleich und nur noch an die Wirtschaftsförderung zu wenden und nicht den eigentlich korrekten Weg über das zuständige Fachamt einzuschlagen. Damit ist gelegentlich der öffentliche Eindruck verbunden, der Fachbereich reagiere nur, wenn die Wirtschaftsförderung die betreffende Angelegenheit forciert. Im Innenverhältnis führt diese Außenwirkung zu massiven Konflikten zwischen der Wirtschaftsförderung und den handelnden Mitarbeitern und Leitern der Fachbereiche. Hier muss durch die Wirtschaftsförderung in der Kommunikation mit dem Antragsteller das gemeinsame Handeln der Verwaltung verdeutlicht werden; und dann unter entsprechender Begleitung der Führungsspitze in der Verwaltungspraxis auch tatsächlich gelebt werden (siehe Abb. 2.33).

Baustein 13 Konflikte, Netzwerke und Kooperationen

Konflikte im Bereich Stadtplanung

Wirtschaftsförderung muss die wirtschaftlichen Unternehmensinteressen vertreten:

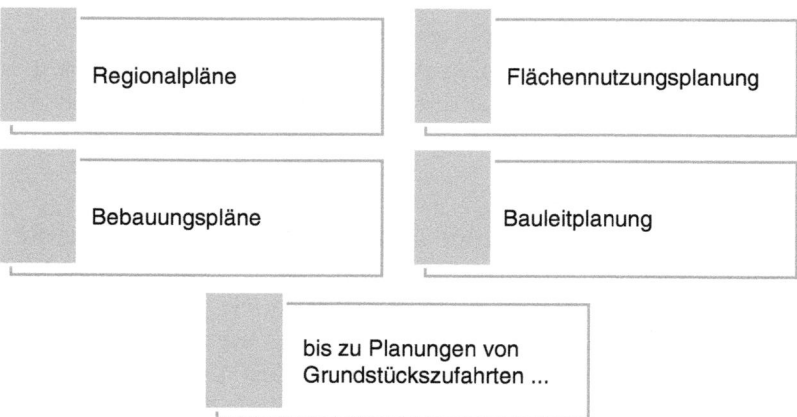

Abb. 2.33 Wirtschaftsförderung muss vielfältige Interessen beachten und vertreten (Eigene Darstellung)

2.13.6 Konflikte der Wirtschaftsfördergesellschaften

Aus der Verwaltung ausgelagerte Wirtschaftsfördergesellschaften, etwa in Form einer GmbH, haben zum Teil weniger direkte Konfliktsituationen mit den genannten Verwaltungsstellen. Hier erweist sich der räumliche Abstand auf den ersten Blick als Vorteil. In der Zusammenarbeit mit der zuständigen Kommune sind jedoch in der Zuarbeit aus den Bereichen Liegenschaften und Stadtplanung ebenfalls Reibungspunkte zu erwarten. Denn angewiesen auf gewisse Zuarbeiten sind externe Wirtschaftsfördergesellschaften genauso wie verwaltungsintern organisierte Wirtschaftsförderungen. Der externe Status kann sich hier letztlich sogar als klarer Nachteil erweisen: Informationen werden nicht weitergegeben, Erwartungen und Anforderungen der Wirtschaftsfördergesellschaft ignoriert oder nicht umgehend erfüllt. Da in der Regel kein Weisungsrecht gegenüber dem Gesellschafter besteht, gibt es die Gefahr einer gewissen Handlungsunfähigkeit.

Allerdings ist dieses Szenario erneut eine Frage der Rückendeckung durch die Verwaltungsspitze und die Politik. Wichtigster Absprechpartner ist dabei der zuständige Gesellschafter/Verwaltungsleiter/Bürgermeister. Durch die Weisungsmöglichkeiten des Verwaltungsleiters sollte zumindest die Rückendeckung der Wirtschaftsfördergesellschaft gewährleistet sein. (Unterschwellige) Konflikte zu vermeiden gelingt auch dann nicht immer.

2.13.7 Konfliktmanagement

Die zeitnahe Beseitigung der aufgetretenen Unstimmigkeiten und der Dokumentation verschiedener Standpunkte ist die Grundlage für ein erfolgreiches Konfliktmanagement. Wichtig ist dabei die Rolle der Führung: die Verwaltungsleitung sollte auf der Mitwirkungspflichten aller Beteiligten beharren. Kleine Unstimmigkeiten können auf dem technischen Kommunikationsweg umfassend geklärt werden. Hier ist ein Mailverkehr oft nicht ausreichend, das persönliche Gespräch ist in jedem Falle zielführender.

Je klarer die Dienstvereinbarungen und Festlegungen formuliert sind, je eindeutiger lassen sich hieraus die Verantwortungsbereiche und Zeitabfolgen ableiten. Dabei ist gegebenenfalls ein klares Weisungsrecht auszuüben, um für alle Beteiligten somit die Aufgabeneinteilungen und die Handlungsweisen zu verdeutlichen. Bei bestimmten wiederkehrenden Konfliktsituationen ist der Verwaltungsleiter gut beraten, wenn die Wirtschaftsförderung ein Weisungsrecht erteilt wird, damit zur Erfüllung der Arbeitsaufgaben auch verwertbare Ergebnisse abrechenbar werden. In besonderen Konfliktfällen ist möglicherweise externe Hilfe, etwa in Form von Mediation, hilfreich.

2.13.8 Schnelle Einnahmen oder langfristige Strategien?

Grundlegend ist in der Wirtschaftsförderung der Zielkonflikt zwischen langfristig angelegtem, strategischem Handeln und kurzfristigen Erfolgen. Bei quasi allen seriösen Ansiedlungsaktivitäten, Maßnahmen der Bestandspflege oder bei langfristigen Planungen und Strategieentwicklungen sind schnelle Erfolge eher selten. Da nützt es der jeweiligen Kommune sehr wenig, wenn man höhere, nicht marktgerechte Grundstückspreise erzielen möchte und das Augenmerk auf eine schnelle hochpreisige Veräußerung von Grundstücken legt. Je nach Attraktivität und Lage des Standortes, sollten die Effekte einer Ansiedlung oder einer Betriebserweiterung langfristig betrachtet werden. Selbst bei Maßnahmen zum Erhalt von Arbeitsplätzen machen sich vermeintliche finanzielle Einbußen in vielen Fällen langfristig doch bezahlt.

> **Beispiel: Wirtschaftsstandort Senftenberg**
>
> Am Wirtschaftsstandort Senftenberg werden nach Bodenrichtwert städtische Gewerbegrundstücke für 8,00 Euro – 12,50 Euro pro Quadratmeter angeboten. Dabei handelt es sich um Grundstücke die bereits teilweise seit über 15 Jahren keinen Käufer gefunden haben. Daher verfügt die Kommune über Grundstücke, die einer ständigen Pflege bedürfen, aber mit diesen hohen Preisvorstellungen nicht vermarktbar sind.
>
> Nach entsprechend bedingungsfreien Ausschreibungen wurden durch Bewerbungen von Investoren Marktpreise von nur 4,00 bis 5,00 Euro pro Quadratmeter angeboten. Diese Grundstücke wurden im Anschluss zu den angebotenen und ausgehandelten Konditionen veräußert, also formal „unter Wert", aber immer mit Investitionsverpflichtungen im Kaufvertrag versehen.

Ergebnis: Durch die Veräußerung der Grundstücke wurde eine Mindereinnahme von 4,00–6,00 Euro pro Quadratmeter im Anlagevermögen des Haushaltes registriert. Dabei wurden Gewerbegrundstücke in der Größenordnung von ca. 5.000–10.000 qm veräußert. Allerdings: die Käufer verpflichteten sich zur Schaffung von durchschnittlich zehn neuen Arbeitsplätzen im Zeitraum von max. 24 Monaten.

Durch die Investitionsverpflichtung konnte jeweils erreicht werden, dass die Bautätigkeit und die vorgesehene Schaffung von Arbeitsplätzen durch das Unternehmen zeitnah aufgenommen und umgesetzt wurden. Außerdem wurde in allen Fällen vereinbart, den Steuerhauptsitz nach Senftenberg zu verlegen.

Nach einem Zeitraum von ca. fünf Jahren konnte festgestellt werden, dass neben den bereits erfolgten Gewerbesteuerzahlungen auch über die Investitionstätigkeiten der Baufirmen, durch Dienstleistungsverträge mit anderen ansässigen Firmen und durch den Anteil der Einkommensteuer der ehemals entstandene Verlust im Anlagevermögen, längst ausgeglichen werden konnte. Somit konnten neben den neuen Arbeitsplätzen, die Etablierung eines Gewerbebetriebes auch zusätzliche Steuereinnahmen in kürzester Zeit erzielt werden. Wenn dann noch durch die Begleitung der Wirtschaftsförderung im Rahmen der Bestandspflege das Unternehmen weiter wächst, hat eine Kommune alles richtig gemacht.

2.13.9 Interkommunale Zusammenarbeit

Bei der Investorenansprache kann man im Wettbewerb mit den anderen Kommunen auf die eigenen Alleinstellungsmerkmale bauen und somit als Alleinkämpfer agieren. Hierbei ist jedoch die Gefahr gegeben, dass der Interessent beim Verhandeln der Grundstückspreise die Kommunen gegeneinander ausspielt und so sein Erpressungspotenzial nutzt – und zudem teils schwere und nachhaltige interkommunale Konflikte heraufbeschwört.

Netzwerke und vertrauensvolle Partnerschaft helfen beim Vorbeugen dieser Probleme. Besonders im vergleichbaren ländlichen Raum (1-D Lage) ist dabei eine gemeinsame Vermarktungs- und Firmenakquise hilfreich. Voraussetzung für eine interkommunale Zusammenarbeit kann z. B. die Erarbeitung einer gemeinsamen Studie zur „Verbesserung der Standort- und Investitionsvoraussetzungen für Unternehmen" der Städte sein. Eine solche Studie dient der Zusammenstellung aller Voraussetzungen einer kommunalen Zusammenarbeit mehrerer Gebietskörperschaften.

Beispiel: Studie zur interkommunalen Zusammenarbeit
Bestandsbewertung:
Prüfung und Bewertung vorhandener Gewerbestandorte
Auswertung vorhandener Unterlagen (FNP, Internetseiten, Flächenübersichten Dritter, Untersuchungen zum Grundwasser etc.)
Vorbereitung und Durchführung eines Auftaktgesprächs je Stadt
Vor-Ort-Recherchen zur Erfassung der wesentlichen Flächen- und Standortmerkmale

Zusammenfassung der Standortkriterien in je einem Standortprofil
Vorschlag zur Auswahl der Flächen für die gemeinsame Vermarktung

Ableitung von Entwicklungsempfehlungen:
Vorbereitung, Durchführung und Auswertung einer Unternehmensbefragung
Abfrage und Ermittlung der Gewerbeflächenumsätze
Erfassung und Bewertung der Arbeitsplätze/Gewerbeflächen-ausstattung
Gewerbeflächenprognose
Prognose der Wirtschaftsstruktur und des Gewerbeflächenbedarfs
Bilanzierung Angebot und Nachfrage
Ableitung der Empfehlungen

Standortbezogene Vertiefungen:
Vertiefung auf Basis des abgestimmten und definierten Arbeitsprogramms für die Zusammenlegung der Gewerbegebiete Kommune A und Kommune B
Vertiefung auf Basis des abgestimmten und definierten Arbeitsprogramms für die Prüfung der Ausweisung neuer Gewerbegebietsflächen in der Stadt C
Vertiefung auf Basis des abgestimmten und definierten Arbeitsprogramms für zwei weitere Standorte in D und E
Zusammenfassung der jeweiligen Ergebnisse in Standortdossiers

Berichtserstellung, Dokumentation und Abstimmung:
Abstimmung und Erstellung des Abschlussberichtes inkl. der Gewerbeflächenprognose
Laufende Abstimmung mit den betroffenen Städten Abstimmung mit der Koordinierungsrunde der Wirtschaftsförderer (ca. 4–5 x) sowie mit der Lenkungsrunde der Bürgermeister (ca. 1–2 x)
Vorbereitung, Durchführung und Auswertung von max. 10 Fach- und Expertengesprächen in der Region sowie nach Bedarf auf Landesebene
Auf der Grundlage der Ergebnisse einer solchen Studie ist dann eine Vertragslage z. B. Kooperationsvertrag mit allen hier beteiligten Kommunen zu erarbeiten und umzusetzen.

Vorteile:
Gemeinsame Vermarktung aller vorhandenen Gewerbeflächen
Breiteres Medieninteresse für das gemeinsame Vorhaben
effektive Firmenakquise durch ein breites Angebot vieler Grundstücke und Standorte
finanzielle Einsparmöglichkeiten bei der Werbung und bei den Präsentationen
Investoren schätzen funktionierende Kommunalverbände sehr positiv ein

Nachteil:
Bürgermeister und Kommunalvertreter müssen auch Ansiedlungserfolge außerhalb ihrer eigenen Gemarkungsgrenzen akzeptieren.

2.13.10 Netzwerke der Wirtschaftsförderung

In Baustein 5 wurde bereits ausführlich auf die Bedeutung von Netzwerken hingewiesen und wichtige Partner genannt. Grundlage der erfolgreichen Arbeit der Wirtschaftsförderung ist am Standort ein komplexes Netzwerk, in dem die öffentlichen und privaten Akteure auf vielfältiger Weise miteinander kommunizieren und interagieren.

Innerhalb dieses Rahmens liefern Netzwerke einen ganz neuen Raum für gemeinschaftliche Innovationen. In Netzwerken schließen sich Personen oder Unternehmen aufgrund ihrer Kompetenz zusammen. Sie bündeln ihre unterschiedlichen Wissens- und Erfahrungsstände, um einen neuen, besseren Wissensstand zu erreichen, Wertschöpfungsketten zu optimieren und wirtschaftliche Erfolge zu erzielen.

Alle wirtschaftsförderlichen Aufgaben sollten im Netzwerk mit den Kammern, Zweckverbänden und Vereinen vor Ort besser bearbeitbar sein als allein. So herausfordernd und langwierig das Schmieden solcher Netzwerke auch sein kann, neben dem Erreichen einer Integrierten Wirtschaftsförderung und dem Zusammenlegen verschiedenster Kompetenzen und Ressourcen lassen sich auf diese Weise auch unnötige Konflikte vermeiden:

> **Beispiel: Regionale Netzwerke am Beispiel der Wirtschaftsförderung Senftenberg**
> Wichtige Netzwerkspartner:
> - Unternehmerverband Sedlitz e.V. (Wirtschaftsförderung aktives Mitglied)
> - Gewerbeverein Senftenberg e.V. (Wirtschaftsförderung aktives Mitglied)
> - Handwerks – und Gewerbeverein Groß-und Kleinkoschen e.V. (Wirtschaftsförderung aktives Mitglied)
> - LUC Existenzgründerverein Senftenberg e.V. (Wirtschaftsförderung aktives Mitglied)
> - Wirtschaftsforum Senftenberg (Wirtschaftsförderung aktives Mitglied)
> - IHK Cottbus
> - HWK Cottbus
> - BVMW Südbrandenburg
> - BWA Brandenburg
> - ZAB Brandenburg
> - Marketingclub Cottbus

> **Resümee**
> Die vorhandenen Strukturen in den öffentlichen Verwaltungen sind nicht per se geeignet, zeitnahe Erledigungen der Arbeitsaufgaben zu ermöglichen. Konkrete Abstimmungen, Weisungsrechte und Dienstvereinbarungen helfen, bestimmte Konfliktsituationen generell zu minimieren. Gegenüber den Unternehmen muss durch die Wirtschaftsförderung in der Kommunikation das gemeinsame, ergebnisorientierte Handeln der Verwaltung verdeutlicht werden.
>
> Eine gemeinsame Begleitung gewerblicher Aktivitäten in einem Kommunenverbund hilft beim Außenmarketing für eine Region und minimiert Konflikte im Wettbewerb der Gemeinden.

Die Partner in den Netzwerken der Wirtschaftsförderung können eine Wirtschaftsförderung zusätzlich massiv unterstützen. Im Ideal der Integrierten Wirtschaftsförderung ist das Optimum an Synergien und gegenseitiger Ergänzung erreicht, aber auch auf dem Weg dorthin lässt sich durch Abstimmung, Zusammenlegung von finanziellen und personellen Ressourcen, gemeinsamen Auftreten usw. viel für den Standort und die Unternehmen erreichen.

> **Kontroll- und Lernfragen**
> a. Erläutern Sie die möglichen Konflikte der Wirtschaftsförderung mit der Finanzabteilung.
> b. Welche Inhalte sollte eine Kosten/Nutzenberechnung bei einer unter-Wert-Veräußerung eines Grundstückes besitzen?
> c. Wo sind die größten Reibungspunkte in der Zusammenarbeit der Wirtschaftsförderung mit dem Stadtplanungsamt zu erkennen?
> d. Nennen Sie die wichtigsten Grundvoraussetzungen einer interkommunalen Zusammenarbeit und deren Vorteile.

2.14 Baustein 14: Öffentlichkeits- und Pressearbeit

> **Lernziele**
> Die effektive Wirtschaftsförderung ist eine ausgewogene Mischung von Aktivitäten, Werbung und Marketingaktionen. Alle Arbeitsaufgaben der Wirtschaftsförderung besitzen vor, bei und nach der Erledigung eine Außenwirkung. Der Baustein soll die Wichtigkeit von Marketing und Öffentlichkeitsarbeit erläutern und Maßnahmen zur Steigerung des Bekanntheitsgrades aufzeigen.

2.14.1 Aufgabenverteilung in der Organisationsstruktur

Die klare Aufgabenverteilung innerhalb der Verwaltungsstruktur bzw. der Organisationsstruktur der jeweiligen Wirtschaftsförderungsgesellschaft ist notwendig und nützlich. Wirtschaftsförderung sollte hierbei keine Öffentlichkeitsaufgaben außerhalb des eigenen Wirkungsbereiches übernehmen.

Die Größe der jeweiligen Einheit ist ausschlaggebend für die Aufgabenerledigung in der Öffentlichkeitsarbeit. In der Regel ist bei Kommunen bis 10.000 Einwohnern die Wirtschaftsförderung mit einer Person ausgestattet, bei Kommunen bis 25.000 Einwohnern sind 2–3 Mitarbeiter anzutreffen. In solchen Fällen ist es nicht unüblich, wenn die Öffentlichkeitsarbeit direkt durch die Wirtschaftsförderung ausgeübt wird. Dann ist ein schnelles und kompetentes Reagieren auf Medienanfragen durch die klare Zuordnung und ein jederzeit zuverlässiges Management für die Medienvertreter potenziell gegeben.

So kann man zeitnah möglicherweise aufgetretenen Problemen begegnen und muss nicht später Richtigstellungen anzeigen. Voraussetzung ist eine kompetente Schulung der jeweiligen presseverantwortlichen Wirtschaftsförderer.

In den Ämtern der Wirtschaftsförderung bei den Landkreisen und bei den Kommunen über 50.000 Einwohnern ist die jeweilige Pressestelle in Abstimmung mit dem Verwaltungsleiter fast immer für die Öffentlichkeitsarbeit zuständig. Durch die Pressestelle werden in Abstimmung mit dem Verwaltungsleiter und der Wirtschaftsförderung alle Medienanfragen und alle eigenen Verlautbarungen professionell bearbeitet. Die Wirtschaftsförderung arbeitet der Pressestelle alle Themen zu und ist dann aus der Pflicht, als direkter Ansprechpartner der Medien permanent zur Verfügung stehen zu müssen. Dabei ist aber festzustellen, dass vor allem die kommunalen Wirtschaftsförderungen keine Möglichkeit besitzen, sehr zeitnah Einfluss auf Medienanfragen zu nehmen oder rechtzeitig vor der Veröffentlichung auf Unkorrektheiten hinzuweisen.

Weiterhin zeigt die Praxis, dass die Presseinformationen der Wirtschaftsförderung im Vergleich zu Pressemitteilungen z. B. aus dem Gesundheitsamt oder der unteren Naturschutzbehörde nicht immer den notwendigen Stellenwert erhält und daher nicht ausreichend schnell und prominent publiziert wird.

2.14.2 Pressearbeit in Wirtschaftsfördergesellschaften

Bei den ausgegliederten Wirtschaftsförderungen und Gesellschaften übernehmen im Regelfall die Geschäftsführer alle Medienkontakte. Hierbei ist je nach personeller Ausstattung der Gesellschaft ein Geschäftsführer oder der beauftragte der Geschäftsführung ein kompetenter Ansprechpartner für die Medienvertreter.

Da es hier ausschließlich um den Geschäftsinhalt der Wirtschaftsförderungsgesellschaft geht, ist ein Zeit- und Informationsverlust eher nicht gegeben. Bei Wirtschaftsfördergesellschaften mit mehreren Geschäftsfeldern, die sich auch inhaltlich deutlich unterscheiden, ist eine Zuordnung der Öffentlichkeitsarbeit in die jeweiligen Bereiche ratsam.

2.14.3 Der Idealfall in der Öffentlichkeits- und Pressearbeit

Die Wirtschaftsförderung, bzw. der Wirtschaftsförderer oder der Leiter der Stabsstelle Wirtschaftsförderung ist bei Kampagnen, Werbeaktionen, Medienanfragen und aktuellen Informationen aus dem eigenen Bereich der erste und einzige Ansprechpartner der Medien. Dabei ist die Eigenverantwortung bei den Medienkontakten oftmals ein schmaler Grat zwischen den Intentionen der Dienstvorgesetzten und der jeweiligen Bewertung des Medienvertreters. Hier ist eine klare Abstimmung in der jeweiligen Verwaltungsebene Grundlage für eine vertrauensvolle Zusammenarbeit in der Verwaltung und gegenüber den Medien.

Vorteile einer eigenständigen Öffentlichkeits- und Pressearbeit:

- Alles aus einer Hand – schlanke Struktur in der Öffentlichkeitsarbeit
- schnelles und kompetentes Reagieren auf Medienanfragen
- Eigeninitiative bei Kampagnen und Werbeaktionen
- Entlastung der übergeordneten Verwaltungsspitze auch bei kritischen Themen
- Möglichkeiten der Schaffung einer Vertrauensstellung bei ausgewählten Medienvertretern
- Zeiteinsparung durch nicht notwendige Abstimmungen mit der Pressestelle

Nachteile einer eigenständigen Öffentlichkeits- und Pressearbeit:

- Zusätzlicher Arbeitsaufwand der Wirtschaftsförderung ohne zeitliches Limit der jeweiligen Aufgaben
- ständige Rufbereitschaft und extrem hohe Anforderungen, weil de facto das komplette Wissen über sämtliche relevanten Sachstände erwartet wird
- Rechtfertigungsnotwendigkeit gegenüber dem Dienstvorgesetzten bei unkorrekter Widergabe der Nachrichten

2.14.4 Kontaktdatenbank

Der Aufbau einer aktuellen Kontaktdatenbank mit den Handynummern, Festnetztelefonnummern, Faxnummern, Anschriften und Mailadressen für die jeweilig zu nutzenden Informationsabsichten ist unentbehrlich. Diese Datenspeicher sollten in vier unterschiedlichen Medienbereichen aufgeschlüsselt sein. Der wichtigste Bereich beinhaltet die vor Ort tätigen Medien wie zum Beispiel die Tageszeitung, kostenfreie Wochenblätter, die regionalen Fernsehsender sowie einheimische Medienbüros.

Die zweite Datenbank beinhaltet regionale Tageszeitungen sowie Wochen- und Monatsblätter, regionale Rundfunk- und Fernsehanstalten. Eine weitere Datenbank sollte Fachzeitungen, Messeveranstalter, Veranstaltungsblätter und bestimmte Redaktionsleitungen überregionaler Tageszeitungen (ca. 100 km Umkreis) beinhalten.

Eine überregionale Datenbank ist die Grundlage für besonders wichtige Presseinformationen oder Anfragen von deutschlandweit agierenden Medien. Hier sollten alle Ansprechpartner sämtlicher (deutschsprachiger) empfangbarer Fernseh- und Rundfunkanstalten und aller wichtigen Magazine und Tageszeitungen die im gesamten Bundesgebiet erhältlich sind, aufgeführt sein (siehe Abb. 2.34).

2.14.5 Medienkontaktaufnahme und – pflege

Der jeweils aktuelle Kenntnisstand über die Strukturen und Ansprechpartner der regionalen und überregionalen Medien ist unverzichtbar. Wichtigste Voraussetzung ist ein entsprechend aktueller Datenspeicher zu allen notwendigen Angaben der Medienpartner. Dabei ist es notwendig regelmäßige Kontakte zu den Ansprechpartnern der regionalen und überregionalen Zeitungen, TV-Lokalsendern, Radiosendern und Fernsehsendern zu pflegen.

Abb. 2.34 Kontaktdatenbank (Eigene Darstellung)

Eine derartige Zusammenarbeit sollte am Beginn einer effektiven Öffentlichkeitsarbeit ein persönliches Gespräch mit dem jeweiligen Ansprechpartner beinhalten. Hierbei ist es notwendig, auch vertrauliche Informationen über die derzeitigen und geplanten Aktivitäten auszutauschen. Dem Medienvertreter sollte damit die Möglichkeit gegeben werden, vertrauensvoll in bestimmte Projekte Einblick zu gewinnen und Verständnis für Aufgabenstellungen, die nicht öffentlich sind und dennoch zum Gesamtverständnis des Projektes beitragen, zu entwickeln. Dieser Erstkontakt ist nach Absprache mit dem Dienstvorgesetzten Grundlage für weitere Aktivitäten wie zum Beispiel ein Pressefrühstück, Pressekonferenzen, Einladungen zu Veranstaltungen, Projektabschlüssen sowie möglichen gemeinsamen Pressereisen zu unterschiedlichsten Events oder Präsentationen.

2.14.6 Aufbau einer Presseinformation

Bei jeder Pressemitteilung sind die sogenannten fünf W's Grundlage für die Inhalte und Aussagen der jeweiligen Information an die Medien (siehe Abb. 2.35).

Diese beinhalten die „wer, wann, wo, was und warum". Dabei ist immer aufzuführen wer diese Presseinformation herausgegeben hat und wer der Ansprechpartner für Rückinformationen ist. Jede Pressemitteilung beinhaltet eine Aussage über den Weg zu

2.14 Baustein 14: Öffentlichkeits- und Pressearbeit

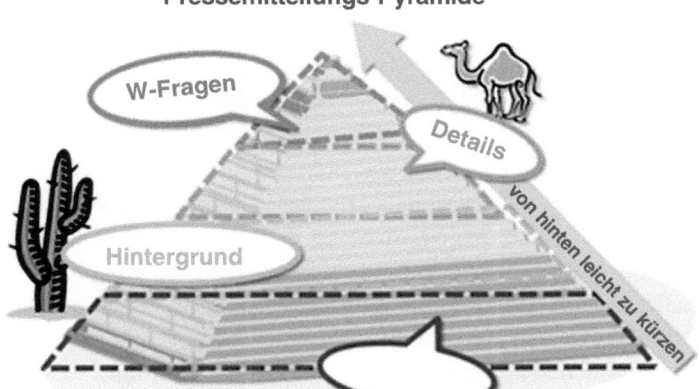

Abb. 2.35 Fünf Bestandteile einer Pressemitteilung (Eigene Darstellung)

dem entsprechenden Ereignis. Bei fast allen Presseinformationen ist das – wo findet oder fand die Aktion statt.

Besonders klar und deutlich muss in der Pressemitteilung das Ereignis mit konkreter Datums – und Uhrzeitanzeige aufgeführt sein. Für die Medienvertreter ist es immer wichtig, einen Weg aufzuzeichnen, warum man zu dem jeweiligen Ergebnis gekommen ist. Dabei unterscheiden sich Pressemitteilungen für den regionalen und überregionalen Bereich in Inhalt und Wichtigkeit.

2.14.6.1 Beispiel für eine regionale Pressemitteilung

Pressemitteilung der Stadt Senftenberg/Wirtschaftsförderung

Sehr geehrte Damen und Herren,

die nachfolgende Pressemitteilung der Wirtschaftsförderung der Stadt Senftenberg bitte ich zu veröffentlichen. Zu Rückfragen stehe ich jederzeit gern zur Verfügung.

Sonnige Grüße aus dem Seenland

i.A. Frank Neubert
Stadt Senftenberg
Markt 1
Wirtschaftsförderung
Tel: 03573 701-115
Tag + Nacht 0162-4000762
Fax: 03573 701-107
frank.neubert@senftenberg.de

Grundsteinlegung der IMTIS GmbH im neuen Gewerbegebiet Totziggraben Senftenberg

Nach der bereits fertiggestellten Industrieansiedlung SECU Plastics GmbH hat das Unternehmen IMTIS GmbH nun die 2. Ansiedlung in diesem Gewerbegebiet in unmittelbarer Vorbereitung. Am 14.10.2013 hat die Grundsteinlegung den Baubeginn für eine neue Produktionshalle an der Grubenstraße eingeleitet.

Das Unternehmen plant, in den kommenden Monaten eine gewerbliche Nutzung in den Branchen Forschung und Entwicklung in der Kunststoffverarbeitung, sowie die Herstellung, Bearbeitung und den Vertrieb von dafür benötigten Werkzeugen, Formen, Robotern und Automatisierungstechnik, am Standort vorzunehmen. Dazu wird eine Produktionshalle, Lagerflächen und das Verwaltungsgebäude errichtet. Für die künftige Produktion ist eine weitere konstruktive Zusammenarbeit mit der BTU Cottbus – Senftenberg gewünscht und notwendig. Vorgesehen ist die Schaffung von ca. 12–15 neuen hochwertigen Ingenieursarbeitsplätzen im ersten Bauabschnitt.

Insgesamt wird hier eine Investitionssumme von 2,5 Mio. Euro benötigt, mittelfristig sind 25 neue Arbeitsplätze und weitere Ausbaustufen auf dem Gewerbegrundstück geplant.

Info zum GE Totziggraben: Für das noch freie Nachbarareal in der Größe von ebenfalls ca. 10.000 qm gibt es bereits einen Kaufinteressenten. Die restlichen 3 Gewerbegrundstücke im GE Totziggraben können leider erst nach der Überarbeitung des hier notwendigen Bebauungsplanes vermarktet werden, die Stadt Senftenberg hofft auf die Klärung bis zum Jahresende 2013.

2.14.6.2 Beispiel für eine überregionale PM

Siehe Abb. 2.36.

„Wir machen Wirtschaft"
Investieren in Senftenberg und wohnen im Lagunendorf
Siehe Abb. 2.37.

Ein sicherlich einmaliges Angebot: Wer in Senftenberg investiert und damit neue produktive Arbeitsplätze schafft, der soll auch an einem ganz besonderen Standort wohnen. Das Lagunendorf im größten künstlich geschaffenen Seenland Europas ähnelt zwar etwas der künstlichen Insel Palm Jumeirah in Dubai, wird aber im brandenburgischen Senftenberg, Ortsteil Sedlitz, entstehen.

Die Vision der Stadt Senftenberg ist ganz einfach: Unternehmen investieren in den Bereichen verarbeitendes Gewerbe, Forschung und Entwicklung, Industrie oder Handwerk. Dabei sollten mindestens 10 neue sozialversicherungspflichtige Arbeitsplätze entstehen.

Diese Firmen haben ihren Steuerhauptsitz in der Stadt Senftenberg, dem Höchstfördergebiet im Land Brandenburg. Die Unternehmer können gleichzeitig Ihren Wohnsitz im neu geschaffenen Seenland an einem „First Class Wohnstandort" etablieren.

Stadt Senftenberg | Markt 1 | 01968 Senftenberg

Verteiler überregionale Medien

Stadt Senftenberg
Der Bürgermeister

PREISTRÄGER
Großer Preis des
MITTELSTANDES

Pressemitteilung der Wirtschaftsförderung der
Stadt Senftenberg

Stadt Senftenberg
Markt 1
01968 Senftenberg

Sehr geehrte Damen und Herren,

die nachfolgende Pressemitteilung der Wirtschaftsförderung der Stadt Senftenberg bitte ich ohne Sperrfrist zu veröffentlichen. Zu Rückfragen stehe ich jederzeit gern zur Verfügung. Zu weiteren Informationen biete ich Ihnen zusätzlich ein Pressegespräch an.

Datum:
Gebäude: **Markt 1**
Zimmer: 205
Amt/Sachgebiet:
Wirtschaftsförderung
Leiter:
Frank Neubert
Telefon: 03573 701-115
Fax: 03573 701-107
01624000762 Tag + Nacht
E-Mail-Adresse:
frank.neubert@senftenberg.de
(technische Hinweise zur elektronischen Kommunikation unter www.senftenberg.de)
Unser Zeichen:
neu
Ihr Zeichen:

Mit freundlichen Grüßen

Ihre Nachricht vom:

Frank Neubert

Wirtschaftsförderung
Stadt Senftenberg
Markt 1
Wirtschaftsförderung
Tel: 03573 701115
Tag + Nacht 01624000762
Fax: 03573 701107
frank.neubert@senftenberg.de

Abb. 2.36 Beispiel einer Vorlage-Pressemitteilung (eigenes Dokument)

Für die Kommune bedeutet das: neue dringend benötigte Arbeitsplätze, keine verlängerte Werkbank auf Zeit in den Gewerbegebieten, Einwohnerzuzug, gute Einnahmen aus Gewerbesteuern und Einkommenssteuern, Erhöhung der Kaufkraft usw. Für Investitionen stehen in Senftenberg voll erschlossene, sofort verfügbare Gewerbeflächen zur Verfügung. Neben den, bereits zu 100 % ausgelasteten Gewerbegebieten Laugkfeld, Grenzstraße, Kleinkoschen, Hosena, Grubenstraße und Schwarzbacher Straße bietet der Industriepark „Marga" mit ca. 28 ha freier Fläche neben den neuen Gewerbegebieten „Totziggraben" (ca. 20.000 qm), „Brieskar Kreisel" (ca. 7,5 ha) und dem einzigen Gewerbestandort mit direktem Wasserzugang in den ostdeutschen Bundesländern am Sedlitzer Nordufer (ab 2013 ca. 20 ha) beste Bedingungen für erfolgreiche Investitionsvorhaben. Dabei sind viele Gewerbegrundstücke zu einem Kaufpreis ab 4,00 Euro/qm sicherlich ein gutes Investitionsargument. Durchschnittlich können hier

Abb. 2.37 Pressefoto Lagune Sedlitz (Zweckverband Lausitzer Seenland BB, Stadt Senftenberg)

klein- und mittelständische Unternehmen mit bis zu 40 % Förderung der gewerblichen Investitionssumme rechnen.

Die Stadt Senftenberg und die Wirtschaftsregion „Westlausitz" verstehen sich als bildungs- und wissenschaftsorientierter Standort. Diese Ausrichtung wird durch das ingenieurwissenschaftliche und naturwissenschaftliche Fächerspektrum der Hochschule Lausitz am Standort Senftenberg unterstützt.

Durch den Landschaftswandel und das entstehende größte künstlich geschaffene Seengebiet Europas, dem Lausitzer Seenland, verfügt die Region über besondere Möglichkeiten, Tourismus, attraktives Wohnen und industrielle Entwicklung zu kombinieren.

Als Ansprechpartner steht den Interessenten zu jeder Tageszeit der Wirtschaftsförderer der Stadt Senftenberg, Frank Neubert unter 0162-4000762 zur Verfügung. Weitere Infos finden Sie unter www.senftenberg.de.

Positives Ergebnis dieser PM
Siehe Abb. 2.38.

2.14.7 Presseinformationen, Werbeaktionen und Kampagnen

Korrekte und nachvollziehbare Angaben in Presseinformationen sind selbstverständlich und die Basis für Glaubwürdigkeit bei Presse und Öffentlichkeit. Dabei sollte es

Abb. 2.38 Beispiel einer überregionalen Berichterstattung Immobilien Zeitung vom 16.02.2012

unerheblich sein, ob Erfolgsmeldungen oder problematische Situationen Inhalt der Presseinformationen sind.

Bei fast allen Pressemeldungen ist es für die wesentlichen Ansprechpartner der Medien wichtig, Hintergrundinformationen zu erfahren, um die Sachverhalte besser verstehen oder einordnen zu können. Hier ist ein hohes Maß an Vertraulichkeit und Verlässlichkeit notwendig.

Neben den regelmäßig stattfindenden Pressegesprächen, die auch unproblematisch in der jeweiligen Redaktion stattfinden können, sollten zu wichtigen Angelegenheiten Pressekonferenzen organisiert und durchgeführt werden. Bei den Pressekonferenzen ist wiederum zwischen regionalen und überregionalen Angelegenheiten zu unterscheiden, um einen geeigneten Personenkreis einzuladen zu können.

Anlass für Pressekonferenzen sind wichtige Entscheidungen zu geplanten Aktivitäten der Wirtschaftsförderung oder auch generelle wirtschaftspolitische Fragestellungen der Kommune oder Region. Dabei ist es oftmals wichtig, auch in der Pressearbeit proaktiv zu agieren, d. h. selber Themen und Informationen frühzeitig in die Öffentlichkeit zu bringen statt später auf Anfragen oder Beschwerden reagieren zu müssen.

In Pressekonferenzen erhalten die Medienvertreter mündliche Erklärungen, die zugleich in schriftlicher Form verfügbar sein sollten. Der Inhalt einer entsprechenden Pressemappe kann dann auch den nicht anwesenden Pressevertretern im Anschluss der Konferenz schnell zugeleitet werden.

Eine hervorragende Außenwirkung erzielt man, wenn die Wirtschaftsförderung Presseeinladungen zum jeweiligen Ort des Geschehens ausspricht. Solche Vororttermine sind für die Presse hoch attraktiv, weil entsprechende Bildmotive möglich sind, die den Beitrag anreichern. Beispiele sind Betriebseröffnungen, Grundsteinlegungen oder der berühmten Spatenstich. Ein weiterer Vorteil solcher Vororttermine ist, dass dann in der Regel mit den jeweiligen Unternehmen oder Institutionen weitere gute Ansprechpartner für die Fragen der Medienvertreter zur Verfügung stehen.

Besondere Werbeaktionen können auch auf eigenen Messen, bei Teilnahme an Messen Dritter, bei passenden weiteren Veranstaltungen oder auch im Rahmen von speziellen Pressereisen platziert werden. So kann man im Vorfeld bestimmter Entwicklungen – zum Beispiel der Ausweisung eines neuen Gewerbegebietes – den Pressevertretern vor Ort die Vision der künftigen Gewerbeansiedlungen erläutert werden. Bei einer solchen Gelegenheit kann die Wirtschaftsförderung auf bestimmte Zeitabläufe der Planungen hinweisen und die Zielsetzung einer zeitnahen Besiedlung dieser Gewerbeflächen besser verdeutlichen.

Des Weiteren sind für bestimmte Werbeaktionen entsprechende Pressemitteilungen und Begleitung durch die Medien äußerst hilfreich. Wenn zum Beispiel im Rahmen einer Unternehmensakquise bestimmte Unternehmen für Ansiedlungen interessiert werden sollen, sind dementsprechende Berichterstattungen, die somit auch Willensbekundungen einer Wirtschaftsförderung beinhalten, sehr hilfreich.

Bei eigenen städtischen Veranstaltungen sollte die Wirtschaftsförderung immer darauf achten, dass die hierfür passenden Medienvertreter durch den Veranstalter (zum Beispiel Bürgermeister) eingeladen werden. Zu diesen Veranstaltungen gehören z. B. Neujahrsempfänge, Stadtfeste, Bauausschusssitzungen oder Stadtverordnetenversammlungen.

Eine wichtige Informationsquelle für die eigenen Verlautbarungen bietet selbstverständlich auch das Internet. Hierbei sollte der eigene Internetauftritt generell die Rubrik zum Beispiel: „Aktuelles aus der Wirtschaft" oder „Informationen der Wirtschaftsförderung" beinhalten. Genau diese Informationen müssen regelmäßig aktuell gehalten werden und sollten im Netzwerk der Wirtschaftsförderung über Newsletter regelmäßig auch den Partnern zugänglich gemacht werden.

2.14.8 Korrekturen und Richtigstellungen

Im Nachgang einer Pressemitteilung sollte den jeweiligen Medienvertreter stets und explizit die Möglichkeit zur Rücksprache eingeräumt werden. Dies kann das Angebot zur Mitwirkung bei der Erstellung des Artikels einschließen. So kann direkt sichergestellt werden, dass es bei der Berichterstattung zu Missverständnisse oder Fehldarstellungen kommt. Es geht dabei nicht darum, in die journalistische Freiheit einzugreifen, Bewertung und Kommentar obliegen den jeweiligen Medien. Allerdings kann man auf diesem Wege dem Medienvertreter Hilfestellung bei der korrekten Wiedergabe von Zahlen und Fakten anbieten und unnötige Fehler vermeiden.

Trotz solcher Bemühungen ist klar: nicht jede Presseveröffentlichung in der Praxis enthält die von der Wirtschaftsförderung intendierten Botschaft. Nicht selten werden Fakten falsch oder zu verkürzt und damit missverständlich widergegeben. In diesem Fall ist es unumgänglich, dem jeweiligen Redakteur mündlich oder schriftlich die Mitteilung zu geben, dass die getätigte Berichterstattung nicht korrekt ist.

Die entstandene Außenwirkung ist dafür entscheidend, ob man eine Richtigstellung oder Korrektur des Beitrages einfordert. Oftmals sind Richtigstellungen einige Tage nach Erscheinen des unkorrekten Artikels in einer untergeordneten Form und Platzierung wenig sinnhaft. Die Richtigstellung wird kaum oder gar nicht wahrgenommen, die Fehlinformation bleibt im Bewusstsein der Bürger haften. Besser ist es dann, wenn der Medienpartner die Möglichkeit erhält, in einem weiteren Artikel diese Unkorrektheiten so darzustellen, dass letzten Endes das Ziel und der Zweck der Pressemitteilung erreicht wird, zumindest die Fakten korrekt dargestellt werden.

Wenn jedoch zum Schaden der Kommune/Gesellschaft durch unkorrekte Berichterstattung keine Richtigstellung in dieser Form möglich ist, sollte ein Gespräch auf höherer Verwaltungsebene (Bürgermeister – Chefredakteur) hilfreich sein, um künftig derartige Situationen zu vermeiden.

Unproblematisch ist es außerdem, eine eigene Darstellung der fälschlicherweise wiedergegebenen bzw. unkorrekten Daten und Fakten auf entsprechenden städtischen Internetseiten zu veröffentlichen bzw. in den eigenen Publikationen die korrekten Informationen abzudrucken. Im äußersten Falle ist durch eine Schiedsstelle oder einen Gerichtsbeschluss eine Korrektur der Berichterstattung möglich.

2.14.9 Überregionale Publicity

Besondere Werbeaktionen und überregionale, weltweite Berichterstattungen lassen sich über entsprechend ausgerichtete Agenturen und Nachrichtendienste am besten umsetzen. Weiterhin sind Europa oder weltweit agierende Fachjournale für derartige, meist recht kostenintensiven Werbeaktionen bestens geeignet. So kann man zum Beispiel weltweite Ausschreibungen für clusterorientierte Unternehmensansiedlungen oder besonders einmalige und hochwertige Wohnstandorte mit einer entsprechenden Öffentlichkeitsarbeit verbinden. Die hierbei angesprochenen Nachrichtenagenturen sind in der Regel sehr gut mit internationalen Kontakten ausgestattet und somit in der Lage diese Informationen breit zu streuen. Allerdings ist genau abzuschätzen, ob der nicht unerhebliche Aufwand solcher Maßnahmen gerechtfertigt ist.

Resümee

„Tue Gutes und rede darüber" – ist der Grundgedanke einer effektiven und überzeugenden Außenwirkung. Aktivitäten, Erfolge aber auch Rückschläge sind in der öffentlichen Berichterstattung für das Bekanntmachen eines Standortes unerlässlich.

Durch eine ehrliche und korrekte Pressearbeit hat man die Möglichkeit, wichtige Botschaften in der Öffentlichkeit zu platzieren, ob im Bereich Ansiedlung und Vermarktung, Befragungen im Bestand, bei regional relevanten wirtschaftspolitischen Fragen oder wichtigen Vorhaben der Wirtschaftsförderung. So können die Zielgruppen erreicht und eine wirksame Öffentlichkeitsarbeit für die eigene Arbeit und den Standort insgesamt realisiert werden.

> **Kontroll- und Lernfragen**
> a. Wie lauten die fünf Grundregeln bei der Erstellung einer Pressemitteilung?
> b. Welche sachliche Aufteilung ist bei Kontaktdatenbanken empfehlenswert?
> c. An welchem Ort und mit welchen Unterlagen ausgestattet, sind Pressekonferenzen am effektivsten?
> d. Wie sollten unkorrekte Darstellungen von Sachverhalten in den Medien durch die Wirtschaftsförderung angegangen werden?
> e. Nennen Sie Vor- und Nachteile einer eigenständigen Öffentlichkeits- und Pressearbeit

2.15 Baustein 15: Nachhaltige Ideenumsetzung und Marketingstrategien

> **Lernziele**
> Im Gegensatz zu den meisten hoheitlichen Aufgaben gibt es in der Wirtschaftsförderung keine Gesetzlichkeiten, Richtlinien oder fertige Aufgabenbeschreibungen für das tägliche Handeln. Der nachfolgende Baustein soll die vielen Möglichkeiten eigener Kreativität und Ideenumsetzung vermitteln. Nur selten gibt es für eine Aufgabe *das* eine Patentrezept zur Problemlösung. Der ständige Kontakt zur Wirtschaft und zu den Netzwerken hilft aber bei Erstellung der eigenen Handlungsleitlinien.

2.15.1 Kreativität und Eigeninitiative gefragt – Richtlinien und Aufgabenfestschreibungen fehlen

Die Aufgabenstellungen für die Wirtschaftsförderung, das Entwickeln von Projekten und Strategien, leiten sich im hohen Maße von den Bedürfnissen der gewerblichen Wirtschaft im jeweiligen Einzugsbereich ab.

Die jederzeit mögliche Erreichbarkeit der Wirtschaftsförderung bietet eine gute Möglichkeit, schnell und effektiv sich den Problemen der betroffenen Unternehmen anzunehmen und ein Vertrauensverhältnis zwischen der Verwaltung und der gewerblichen Wirtschaft herzustellen.

2.15 Baustein 15: Nachhaltige Ideenumsetzung und Marketingstrategien

Im Gegensatz zu vielen anderen Ämtern und Sachgebieten im öffentlichen Dienst ist die ständige Erreichbarkeit der Wirtschaftsförderung eine große persönliche Herausforderung für den Betroffenen. Dabei kann man sich aber im Wettbewerb der Kommunen als besonders engagierter Partner der Wirtschaft präsentieren.

Aktionen zur Verbesserung der Wettbewerbsfähigkeit der Unternehmen am eigenen Standort sind eher nicht in den gängigen Marketing – oder Stadtentwicklungskonzepten aufgeführt. Auch hier ist die Kreativität gefragt und das frühzeitige Erkennen möglicher Problemstellungen durch die Wirtschaftsförderung notwendig. Da Aktionen für eine positive Standortvermarktung auch immer eine positive Außenwirkung bewirken, ist natürlich das Engagement einer kreativen Wirtschaftsförderung ein hervorragendes Aushängeschild für die gesamte Kommune.

2.15.2 Ideen und Aktionen am Beispiel Senftenberg (ca. 25.000 Einwohner)

Beispiel: Umgesetzte Ideen – immer ansprechbar

In der Stadt Senftenberg begleitet ein Ansprechpartner die Unternehmer bei allen Aktivitäten.

Wirtschaftsförderung Tag + Nacht erreichbar – klare Zuordnung – ein Ansprechpartner für die Unternehmen.

Rund um die Uhr erhalten die anfragenden Firmenvertreter unter der Tel. Nr. 0162 4000 762 alle dadurch möglichen Unterstützungen.

Vom Grundstücksverkauf bis zur Einladungsliste für die Eröffnungsfeier kann alles vom Wirtschaftsförderer ohne Kostenaufwand für die Unternehmen organisiert werden. In der Praxis sind Telefonate und Terminabsprachen am Wochenende z. B. am Sonnabendvormittag sehr effektiv. Unternehmer haben meist keine Zeit, an den Wochentagen in das Rathaus zu kommen und sind von diesem Serviceangebot immer begeistert. Dabei findet das Serviceversprechen aus dem Leitbild hier die praktische Anwendung: Beratungstermine finden innerhalb von 3 Werktagen statt, ein Kaufvertragstermin für den Erwerb eines städtischen Gewerbegrundstückes, für eine Neuansiedlung oder Erweiterung wird innerhalb von 14 Werktagen organisiert.

Effekte für Unternehmen: Durch die Begleitung der 24 h Wirtschaftsförderungsinitiative konnten in den vergangenen 5 Jahren 15 Neuansiedlungen unterstützt werden. Über 300 Betriebsbesuche zu Problemen oder Aktivitäten in den Unternehmen wurden von den Geschäftsführern als sehr gute Kommunikation und Hilfestellung empfunden.

Beispiel: Wirtschaftskompetenz ins Rathaus – „Senftenberger Wirtschaftsforum" gegründet

Für die Wirtschaftsförderung und die Verwaltungsleitung der Stadt Senftenberg ist das Wirtschaftsforum mit 7 Geschäftsführern aus den Bereichen Industrie, Handwerk,

Handel, Dienstleistungen, Logistik, Hochschule und Tourismus die kommunale Anlaufstelle für Fragen der Stadtentwicklung, Gewerbeansiedlungen oder der gewerblichen Bestandspflege. In Fragen neuer Gewerbegebietsausweisungen, künftiger Verkehrsanbindungen und Strategien moderner Wirtschaftsförderung fungiert das Gremium als beratendes Bindeglied zwischen Wirtschaft und Stadt.

Weiterhin kann bei den im Zusammenhang mit wirtschaftsförderlichen Aktivitäten stehenden Beschlussfassungen der Stadtverordnetenversammlung das Votum des Wirtschaftsforums jedem Stadtverordneten bei der Entscheidungsfindung Unterstützung geben. Das Wirtschaftsforum befasst sich mit den Haushaltsplänen, den Investitionsvorhaben, Flächennutzungsplänen, Neuausweisungen von Gewerbegebieten, Hochschulfragen usw. vor der jeweiligen Beschlussfassung in der Stadtverordnetenversammlung.

Effekte für Unternehmen: Bei allen wirtschaftsrelevanten Beschlussvorlagen der Stadtverordnetenversammlung war das Votum des Wirtschaftsforums ein beförderndes Element.

Beispiel: Wirtschaft helfen und fördern

2009/2012 – schnell und unkompliziert – 3 Senftenberger Förderprogramme für Senftenberger Unternehmen

Die Senftenberger Förderprogramme sind eine einmalige Erfolgsgeschichte im Land Brandenburg. Die insgesamt 300.000 Euro Fördermittel aus dem städtischen Haushalt wurden aus nicht geplante Mehreinnahmen aus der Gewerbesteuer gespeist und haben insgesamt 48 Unternehmen geholfen. Unbürokratisch und schneller geht es nicht – oftmals an einem Arbeitstag im Rathaus erfolgte nach Antragseingang der Zuwendungsbescheid.

Senftenberger Förderprogramm 2009 bis 2010 für gewerbliche Aktivitäten: gefördert wurde jede getätigte betriebliche Investition mit einer Fördersumme in Höhe von max. 30 % bzw. max. 20.000 Euro,

Senftenberger Förderprogramm zur Einstellung von Absolventen der Hochschule Lausitz 2010 bis 2012: gefördert wird jede Einstellung von Absolventen der Hochschule Lausitz in einem Senftenberger Unternehmen, mit einmalig 10.000 Euro (neuer Arbeitsplatz)

Senftenberger Förderprogramm 2011 bis 2012: Förderung von Investitionen in Barrierefreiheit, Förderzweck: Barrierefreie Investitionen, Höhe der Förderung: bis 50 % des Investitionsvolumens und einer Fördersumme von max. 7.500 Euro.

Geltungsbereich: Der Geltungsbereich umfasst das gesamte Stadtgebiet inklusive aller Ortsteile für alle Unternehmen mit Hauptsitz in Senftenberg und max. 49 sozialversicherungspflichtigen Mitarbeitern am Standort Senftenberg.

Effekte für Unternehmen: Die Förderprogramme haben für über 20 Neueinstellungen von Hochschulabsolventen bei Senftenberger Firmen gesorgt, insgesamt konnten 48 Unternehmen bei den Investitionen konkret geholfen werden.

2.15 Baustein 15: Nachhaltige Ideenumsetzung und Marketingstrategien

> **Beispiel: 2014 – Einmalig in Deutschland – neue Förderprogramme**

Vier Fördermittelprogramme für gute Investitionen in der Stadt Senftenberg in 2014

Der Wirtschaftsstandort Senftenberg hat im Jahr 2014 Investitionen bei Kleinstunternehmen bis 10 Mitarbeitern im gesamten Stadtgebiet mit einer in Deutschland einmaligen Förderung unterstützt. Da ein besonderer Bedarf der Unternehmen in der Stadt Senftenberg für weitere wichtige Investitionen gegeben war, wurden ab dem 01.02.2014 vier neue Förderprogramme entwickelt.

Gemäß der Beschlussfassung der Stadtverordnetenversammlung Senftenberg trat ab dem 01.02.2014 das Senftenberger Förderprogramm für gewerbliche Investitionen (Fördersumme max. 30 %) und für die Förderung von Investitionen in Barrierefreiheit (Fördersumme max. 50 %), in Kraft. Dabei unterstützte die Stadt Senftenberg Vorhaben mit jeweils max. 7.500 Euro.

Im Jahr 2011 ist die Stadt Senftenberg mit dem Titel „Qualitätsstadt" ausgezeichnet worden. Hier sollen die Prüfgebühr für die Zertifizierung 2014 für die beteiligten Unternehmen mit bis zu 50 % gefördert werden. Im Rahmen des Beteiligungsverfahrens „Bürgerhaushalt" der Stadt Senftenberg ist aus der Bevölkerung der Vorschlag eingebracht worden, eine Förderung zur Neuansiedlung von Fachärzten einzuführen. Die Stadtverordnetenversammlung der Stadt Senftenberg hat deshalb im Rahmen der Beschlussfassung zum Bürgervorschlagsrecht einen Investitionskostenzuschuss von jeweils max. 10.000 Euro für Ärzte, die sich in Senftenberg niederlassen, beschlossen.

Die Finanzmittel für diese vier Förderprogramme in Höhe von 200.000 Euro werden im Rahmen einer einfachen, überschaubaren und für die Unternehmen auch sofort nutzbaren Förderrichtlinie abrufbar sein und bei der Erfüllung der gestellten wirtschaftlichen Ziele des Zuwendungsempfängers weiterhelfen. Selbstverständlich werden diese wirtschaftsförderlichen Aktivitäten bei der Schaffung und dem Erhalt von Arbeitsplätzen einen wichtigen Beitrag leisten.

> **Beispiel: Partner der Firmen – konsequente und aktive Mitgliedschaft in allen Unternehmervereinen**

Woher will eine Stadtverwaltung wissen, wie die Wirtschaft tickt und was sie bewegt? Die Wirtschaftsförderung Senftenberg ist nicht nur direkter Ansprechpartner für die Einzelunternehmen und geht auf diese aktiv zu, sie ist auch in allen 3 Gewerbevereinen der Stadt aktives Mitglied. In den Gewerbevereinsveranstaltungen der Vereine (Gewerbeverein Senftenberg e.V., Gewerbeverein Groß – Kleinkoschen e.V. und im Unternehmerverband Sedlitz e.V.) werden zeitnah die Probleme und Hinweise diskutiert und auf kurzem Wege in die Verwaltung getragen. Effekte für Unternehmen: der gemeinsame Austausch und der kurze Weg führen zu zeitnahen Problemlösungen.

> **Beispiel: Qualität der Dienstleistungen Q – Stadt Zertifikat für Wirtschaftsförderung**

Q-Stadt Senftenberg – gemeinsam wird mit der Wirtschaft auf Qualitätsstandard gesetzt und selbst das Zertifikat erreicht

Qualitätsstadt Senftenberg – Wir machen mit – heißt es bei 25 Unternehmen der südbrandenburgischen Kreisstadt inmitten des Lausitzer Seenlandes.

Am 31. August 2011 erhielt die Stadt Senftenberg den Titel „Qualitätsstadt". Zu den gemeinsamen Servicestandards der Betriebe zählen u. a. Leistungen zu den Themen Fahrradtourismus, Kinderfreundlichkeit und Barrierefreiheit sowie die Erhebung von Gästemeinungen.

Dabei wurden die beteiligten Unternehmen im Rahmen der Initiative Servicequalität Deutschland von der Tourismusakademie Brandenburg zertifiziert und tragen das bundesweit einheitliche Logo mit dem großen „Q" und Deutschlandflagge.

Erstmals in Deutschland wurde der Qualitätsnachweis an eine städtische Wirtschaftsförderung übergeben. Die Stabsstelle Wirtschaftsförderung der Stadt Senftenberg wurde mit dem Zertifikat der ServiceQualität Deutschland in Brandenburg, Stufe 1 ausgezeichnet.

Effekte für Unternehmen: Die Kunden und Gäste nehmen sehr gern die besonderen qualitätsgerechten Angebote in Senftenberg wahr.

> **Beispiel: Marketing und Werbeauftritte mal ganz anders – und damit überregional bekannt**

Nicht alltägliche Werbeaktionen der Wirtschaftsförderung Senftenberg:

- 4 Pylone an den Stadteingängen und 800 Plakattafeln, davon 40 mit der Werbebotschaft: Investieren, Studieren, Flanieren – Wirtschaftsförderung 24 Stunden unter Tel. 01624000762 erreichbar
- Werbetafel „Wirtschaftsstandort Senftenberg" im Stadion von Energie Cottbus und
- Partnerschaft mit dem Fußballvereinen Energie Cottbus und Hertha BSC Berlin
- Für städtische Förderprogramme überregionale Berichterstattung im TV und Funk
- Bundesweite Werbeaktion: „Investieren in Senftenberg – exklusiv Wohnen in dem Lagunendorf"
- Firmenbroschüre mit den 42 wichtigsten Unternehmen aus Senftenberg und dem RWK „Westlausitz". Dieser Baustein aus dem Bereich Binnenmarketing wurde allen Haushalten übergeben
- Senftenberger Werbebotschaften auf Hotelbetten: Übernachtungsgäste haben auf den Senftenberger Hotelbetten gefunden:
  10.000 Stück frankierte Postkarten mit Senftenberg für die Übernachtungsgäste
  20.000 Portionen Sonnencreme für Übernachtungsgäste
  20.000 Stück Tourismuswerbung mit der Sonderaktion „Kalender für „Seejubiläum" mit Gutschein für den Senftenberger Eierlikör „Scharfes Gelb"

Beispiel: Marketingaktion – auf Plakattafeln

Dauerwerbung für Wirtschaftsförderung, städtischen Einrichtungen und Stadtevents auf 200 Plakathaltern im gesamten Stadtgebiet, 600 Plakathalter nutzen kostengünstig regionale Unternehmen.

Effekte für Unternehmen: Der erreichte überregionale Bekanntheitsgrad durch die vielen Aktionen der Wirtschaftsförderung helfen nicht nur den touristischen Leistungsträgern, sondern den Unternehmen in der Region.

Beispiel: Existenzgründungen nicht allein lassen – Verein Lausitzer Unternehmer Centrum (LUC) gegründet

Der Existenzgründerverein – gemeinsam geht vieles einfacher.

Die Wirtschaftsförderung der Stadt Senftenberg ist im Vorstand des LUC e.V. (Lausitzer Unternehmer Centrum), begleitet und unterstützt Existenzgründer und stellt den Kontakt zu den Partnern her, bei denen Existenzgründer für die Umsetzung der Geschäftsidee eine umfassende Beratung und Begleitung bekommen.

Besondere Förderung:

Der Existenzgründerverein LUC e.V. in Senftenberg übernimmt den jeweiligen Eigenanteil bei allen notwendigen Weiterbildungsmaßnahmen in den ersten 5 Jahren der Selbstständigkeit und bietet Beratung und Begleitung während der Gründungsphase an. Der LUC e.V. organisiert: Veranstaltungen, Seminare und Vorträge speziell für Gründer Kontakt- und Kooperationsvermittlung zu Hochschulen, Forschungseinrichtungen und Unternehmen, Auskünfte zu Förderprogrammen, Erfahrungsaustausch mit Jungunternehmen.

Ergebnis: Im LUC e.V. sind derzeit 15 Existenzgründer und Jungunternehmer organisiert.

Effekte für Unternehmen: Jährlich konnte die Wirtschaftsförderung in der Stadt Senftenberg ca. 10–12 Existenzgründungen begleiten. Dabei ist von der Schaffung von jeweils ca. 20 neuen Arbeitsplätzen auszugehen.

Beispiel: Wirtschaftskreisläufe aktivieren – Ausschreibungspraxis und Handwerkerforum

Wirtschaftskreisläufe finden in der Wirtschaftsförderung besondere Beachtung: Geld aus dem Stadthaushalt sollte nach Möglichkeit auch in der Stadt bleiben.

Daher war es dringend geboten, Senftenberger Firmen, Planer, Dienstleistungsunternehmen bei den kommunalen Ausschreibungen einzubeziehen. Hier sind die Lose nach Möglichkeit so auszuschreiben, dass keine Generalauftragnehmer notwendig sind, sondern die Gewerke sich an der entsprechend kleinteiligen Ausschreibung bewerben können. Dies gilt auch für alle Unternehmen und Gesellschaften, bei der die Stadt Senftenberg Anteile besitzt (z. B. Kommunale Wohnungsbau-gesellschaften, Stadtwerke).

Nur wenn Senftenberger Handwerker selbst (und nicht als Subunternehmer) Gewinn erwirtschaften, werden Steuern gezahlt, mehr Arbeitsplätze geschaffen und auch die Vereine können über das Sponsoring durch Unternehmen besser unterstützt werden.

Effekte für Unternehmen: Die Senftenberger Handwerker hatten 2007 einen Anteil von ca. 22 % am Auftragsvolumen der jährlich ca. 10 Mio. Investitionsvorhaben durch die Stadt Senftenberg. Bereits im Jahr 2011 ist dieser Anteil, bei etwa gleicher städtischer Investitionshöhe, auf 59 % gestiegen.

Beispiel: Fachkräftesicherung

Eine überregionale Ausbildungsmesse für 100 Ausbildungsbetriebe von der Wirtschaftsförderung organisiert

Fachkräftesicherung – Aktionen für Unternehmen sind z. B. die Organisation und Ausrichtung von überregionalen Ausbildungsmessen. Hier ist seit 3 Jahren die Wirtschaftsförderung im Rahmen des RWK Westlausitz Initiator einer überregionalen Ausbildungsmesse mit heimischen Ausbildungsbetrieben.

Außerdem ist die Wirtschaftsförderung das aktive Bindungsglied zwischen der Hochschule/Universität Lausitz und der Wirtschaft.

Effekte für Unternehmen: Fachkräftesicherung durch das Förderprogramm für Hochschulabsolventen, die Organisation der Ausbildungsmessen haben dafür gesorgt, dass die Kommune ihren Anteil an der Reduzierung der Probleme beiträgt.

Offene Herausforderungen: Die Probleme des immer noch niedrigen Lohnniveaus und der vielen Pendler, die an den Wochenenden aus den alten Bundesländern kommen, kann die Wirtschaftsförderung kaum (alleine) lösen.

Beispiel: Innovationszentrum – Patententwicklung und hochwertige Produktion am Campus

Die gegenwärtige Umsetzung des Projektes zur Errichtung des Innovationszentrums auf dem Areal der BTU Cottbus – Senftenberg durch die Stadt Senftenberg und dem Landkreis OSL ist Voraussetzung dafür, dass innovative Produkte aus der Biotechnologie und der Medizintechnik hier hergestellt werden. Dabei ist die Schaffung hochwertiger Arbeitsplätze für die an der BTU ausgebildeten jungen Menschen ein hervorragendes Ergebnis.

Effekte für Unternehmen: Im Innovationszentrum bezogen allein im Jahr 2014 fünf neue gegründete Unternehmen geeignete Produktionslabore und Werkstätten. So entstanden 25–30 neue hochwertige Arbeitsplätze.

2.15.3 Effekte für den Arbeitsmarkt in der Stadt Senftenberg

Seit 2008 konnten in der Stadt Senftenberg bis zum Jahr 2012 insgesamt 1.092 neue, sozialversicherungspflichtige Arbeitsplätze registriert werden. Somit stieg die Anzahl dieser

Arbeitsplätze von 9.978 AP (2007) 10.320 (2008) 10.612 (2009) 10.819 (2010) 11.028 (2011) auf 11.070 (2012). 2014 wurden bereits 11.522 Arbeitsplätze festgestellt. Im gleichen Zeitraum sank die Einwohnerzahl aber um ca. 1.500 Bewohner.

Die Arbeitslosenquote in der Stadt Senftenberg konnte von 20,5 % (2007) auf immer noch zu hohe 12,3 % (2014) verringert werden.

Von der positiven Entwicklung des Einpendlersaldos profitieren insbesondere die mittelständischen Unternehmen. Derzeit ist ein Einpendlerüberschuss von etwa 1.400 Pendlern zu registrieren.

In der Region Senftenberg ist seit 2012 die Verfügbarkeit von Ausbildungsplätzen mit der Anzahl von Lehrstellensuchenden nahezu identisch. In der BTU Cottbus -Senftenberg konnte in den vergangenen Jahren trotz Umstrukturierungen einzelner Fachbereiche eine Anzahl von ca. 2.000 Studierenden am Campus Senftenberg gehalten werden. Insgesamt ist eine deutliche Steigerung der Anzahl der Gewerbebetriebe zu verzeichnen. Im Jahr 2007 wurden 905 Firmen durch vorhandene Gewerbeanmeldungen registriert, im Jahr 2012 war die Zahl auf 1.464 gestiegen.

2.15.4 Hardfacts der Stadt Senftenberg

Die Auslastung der Gewerbegebiete in der Stadt Senftenberg hat sich seit 2007 um durchschnittlich 24 % erhöht. Damit sind die Gewerbegebiete GE Grünstraße mit 100 %, Industriepark Kleinkoschen mit 100 %, das GE Laugkfeld mit 100 %, das GE Grenzstraße mit 100 %, das Gewerbegebiet Hosena mit 100 %, das GE Impuls mit 97 % (Restfläche in privater Hand) und das GE Grubenstraße mit 100 % im Jahr 2012 ausgelastet. Das GE Marga (42 %) ist im Eigentum der LMBV.

Daher mussten 2011 und 2012 zwei neue Gewerbegebiete entwickelt werden, auch hier sind die ersten 4 Firmen in der Ansiedelung. Das nächste neue Gewerbegebiet am Sedlitzer Nordufer mit direktem Wasseranschluss weist derzeit eine Auslastung durch die Kaufanträge mittelständischer Bootsbaufirmen von ca. 90 % aus.

Klare Aufgabenstellung der Wirtschaftsförderung: bestmöglichste Begleitung aller Neuansiedelungen und der weiteren Betriebsentwicklungen.

2.15.5 Softfacts der Stadt Senftenberg

Beste Rahmenbedingungen für die Wirtschaftsentwicklung:

Alle Bildungsformen von Grundschule bis Gymnasium, von Privatschule bis zur Universität sind in Senftenberg vorhanden. Jedem Kind kann ein KITA -Platz angeboten werden. Mit dem Theater „Neue Bühne", dem Amphitheater, der Skihalle „Snowtropolis", dem neuen Stadthafen, dem Tierpark, den 1550 Gästebetten in Hotels, Ferienanlagen und 5-Sterne-Campingplätzen, der ältesten Festung Europas, dem Schloss mit Museum, dem Tierpark, dem „rostigen Nagel" als Landmarke, dem Eurospeedway Lausitzring und den

7 km langen Naturstränden am Senftenberger See sind für eine Kleinstadt bedeutende Freizeit – und Ausflugsmöglichkeiten vorhanden.

2.15.6 Weitere Effekte und Erfolge

Der Stadt Senftenberg ist es gelungen, die jährlich verfügbare Investitionssumme auf einem Niveau von über 10 Mio. Euro zu halten. Das sind ca. 30% des gesamten Haushaltsvolumens (vergl. Bundesdurchschnitt 5–8%). Dabei wurden in den vergangenen Jahren alle notwendigen Infrastrukturmaßnahmen für die mittelständischen Unternehmen sehr zeitnah umgesetzt. Weiterhin konnten alle Kindereinrichtungen, Schulen und wichtigen Verkehrsverbindungen saniert bzw. neu gebaut werden.

2.15.7 Netzwerke und Partner

Die wichtigen Hinweise, Kritiken und Stellungnahmen des „Senftenberger Wirtschaftsforums" begleiten stets die Kommunalpolitik und tragen zu sachorientierten und wirtschaftsfreundlichen Entscheidungen bei.

Die Zukunftsagentur Brandenburg (ZAB), die IHK und Handwerkskammer, der BVMW und der BWA Wirtschaftsclub sind neben den Akteuren in den 4 städtischen Gewerbevereinen die wichtigsten Partner und Unterstützer der Wirtschaftsförderung. Weiterhin nutzt die Wirtschaftsförderung Senftenberg die Partnerschaft zum Zweckverband Lausitzer Seenland, zum länderübergreifenden Tourismusverband Lausitzer Seenland und zu den Stammtischen der touristischen Leistungsträger. Ein wichtiger Partner für die Stadt Senftenberg und für die mittelständischen Unternehmen ist die BTU Cottbus -Senftenberg, die TU Dresden, die Uni Potsdam und die Fachhochschule in Wildau. Künftig können die Aktivitäten der großen, überregional wirkenden Unternehmen, wie z.B. BASF Schwarzheide bei der Werbung von weiteren Investoren weiterhelfen.

Die Stadt Senftenberg nutzt als aktives Mitglied im RWK – Westlausitz die Möglichkeiten der Netzwerke einzelner Branchen, wie die Cluster der Kunststoffindustrie, der Metallverarbeitung, Gesundheitswirtschaft und der Tourismuswirtschaft.

Die für den Mittelstand hervorragend aufgestellten Netzwerke der IHK Cottbus, der Außenstelle der IHK in Senftenberg und der Handwerkskammer Cottbus bieten eine sehr gute Grundlage zur Kommunikation mit den Unternehmen der gesamten Region. Außerdem wird das Engagement der Netzwerke „Energieregion Lausitz" und der WIL „Wirtschaftsinitiative Lausitz" für die gezielte Ansage an die mittelständischen Firmen genutzt.

Im Netzwerk Schule – Wirtschaft werden regelmäßig Aktivitäten und Maßnahmen zur frühzeitigen Berufsorientierung mit den Schulen und begleitenden Unternehmen beraten. Die Stadt Senftenberg ist aktives Mitglied in der regionalen Planungsgemeinschaft, in den

Gremien des Deutschen Städtetages, der Fördervereine BTU und Theater, im City Management Verband Ost und im Innenstadtforum Brandenburg.

2.15.8 Erreichbare Zielstellungen

Es ist von zentraler Bedeutung, mit der Begleitung und Unterstützung der Unternehmen aus dem Mittelstand gute wirtschaftsförderliche Entscheidungen zu treffen und gezielte Investitionen zu initiieren. Die konkrete Zielstellung der Wirtschaftsförderung Senftenberg im Jahre 2014 las sich wie folgt:

- Wir werden uns besonders verstärkt der Fachkräftesicherung und der Unternehmensnachfolge widmen.
- Keine Erhöhung von Gewerbe – und anderen wirtschaftsrelevanten kommunalen Steuern.
- Schüler in die Produktion – hier sollen verstärkt Angebote der Unternehmen an die Schulen vermittelt werden.
- Senftenberg soll staatlich anerkannter Erholungsort werden. Aus der ehemaligen Braunkohlehauptstadt des Ostens soll dieser Status 2015 bei der Umsetzung des Rahmenentwicklungsplanes Erholungsgebiet „Lausitzer Seenland" unterstützen.
- Die Auslastung der neuen Gewerbegebiete durch Neuansiedlungen (die 7 vorhandenen Gewerbegebiete sind ja bereits voll ausgelastet) zu 100 % im Jahr 2016
- Alle Rahmenbedingungen zur Senkung der Arbeitslosigkeit auf unter 10 % bis zum Jahr 2016 ausschöpfen.
- Verteidigung der Zertifizierung Q – Stadt Servicequalität der Wirtschaftsförderung im Jahr 2014

Wenn die mittelständischen Unternehmen aus Senftenberg auch weiterhin bei Geschäftspartnern, Zulieferern und in Ihren eigenen Netzwerken für ein gewerbliches Engagement in der Stadt Senftenberg oder in der Region Südbrandenburg werben, dann hat die Wirtschaftsförderung vor Ort vieles richtig gemacht.

2.15.9 Herausforderungen und Probleme der regionalen Wirtschaft

Übergeordnet identifiziert die Wirtschaftsförderung Senftenberg folgende Herausforderungen, denen sie sich in den nächsten Jahren (gemeinsam mit den Unternehmen vor Ort) gegenüber sieht:

- Bürokratismus wird mit der oftmals nicht nachvollziehbaren Flut an Bestimmungen, Gesetzen und Satzungen für den mittelständischen Unternehmer unüberschaubar.

- Rückgang an Fördermöglichkeiten, viel zu bürokratische und zeitaufwendige Bearbeitung der Fördermittelanträge.
- Komplizierte Baugesetzgebung und viel zu lange Bearbeitungszeiten bei der Erteilung von Baugenehmigungen (hier zuständig der Landkreis).
- Der Gesetzgeber bevorzugt Angelegenheiten des Umweltschutzes und des Denkmalsschutzes gegenüber den notwendigen Rahmenbedingungen zur Schaffung neuer Arbeitsplätze.
- Eine Vielzahl von Bürgerinitiativen nach dem Motto „ich bin dafür – nur nicht bei mir" die im Fokus der Öffentlichkeit über den gewerblichen Interessen und vor allem der Schaffung neuer Arbeitsplätze des Mittelstandes liegen.

Lösungsansätze
- Stärkerer Fokus der verantwortlichen Politik auf angemessene gesetzgeberische Begleitung aller Aktivitäten zur Schaffung und zum Erhalt von Arbeitsplätzen.
- Einfachere Handhabungen der Verordnungen zur Erlangung von Baugenehmigungen, Verkürzen der Bearbeitungsfristen.
- Bessere Ermessensgrenzen bei Vergaben von kommunalen Vorhaben und einfachere Bedingungen bei der Einreichung von Angebotsabgaben der mittelständischen Firmen.
- Mehr Eigenverantwortung der Kommunen beim Planungsrecht und den Festlegungen zu notwendigen (oft nicht notwendigen) Bebauungsplänen.
- Einfache, klare und weniger zeitaufwendige Formulierungen und Handhabungen bei Förderanträgen.

Ein wichtiges Ergebnis für Senftenberg 2014
Siehe Abb. 2.39.

Resümee

Die Stadt Senftenberg wird als wirtschaftsfreundliche Kommune mit transparenten, vorher intensiv mit der Unternehmerschaft abgestimmten Entscheidungen alles daran setzen, einen guten sozialen Ausgleich für das Gemeinwohl zu organisieren. Das soll das Ergebnis kommunaler Arbeit sein, die ja auch von den Unternehmen des Mittelstandes finanziert wird. Dabei gilt für die Wirtschaftsförderung – mehr tun als notwendig – auch wenn oft erst mittelfristig Erfolge zu erkennen sind.

Kontroll- und Lernfragen

a. Zu welchen Fragen der gewerblichen Entwicklung kann ein Wirtschaftsforum Unterstützung für die öffentliche Verwaltung geben?
b. Existenzgründerberatung kann im Einzelgespräch oder im Rahmen einer Vereinsarbeit effektiv umgesetzt werden. Welche dieser Form ist in der Praxis für den Existenzgründer geeigneter?

2.15 Baustein 15: Nachhaltige Ideenumsetzung und Marketingstrategien

„Kommune des Jahres 2014" - Stadt Senftenberg
Im Wettbewerb der ostdeutschen Regionen Mecklenburg-Vorpommern, Berlin, Brandenburg, Sachsen-Anhalt und Sachsen konnte dieser Preis als wirtschaftsfreundlichste Kommune errungen werden.

Abb. 2.39 Kommune des Jahres 2014 (eigenes Dokument)

c. Erläutern Sie die wichtigsten Bestandteile der Zusammenarbeit mit einer vor Ort ansässigen Hochschule.
d. Worin begründen sich die Effekte für die Unternehmen bei der Inanspruchnahme einer Förderung für investive Maßnahmen?

Literatur

Alberti, G. v. (2009). *Ferdinand Steinbeis: 1807–1893* (5. überarb. Aufl.). Stuttgart: Steinbeis-Stiftung.

Boyken, F. (2002). *Handbuch zur kommunalen Wirtschaftsförderung.* vergriffen. Frankfurt am Main.

Dallmann, B., & Richter, M. (2012). *Handbuch der Wirtschaftsförderung* (S. 324–328). Dallmann/Richter-Haufe-Lexware: Freiburg.

Gärtner, S., Terstriep, J., & Widmaier, B. (2006). Integrierte Wirtschaftsförderung als „Wissensbasierte Dienstleistung". In S. Gärtner, J. Terstriep & B. Widmaier (Hrsg.), *Wirtschaftsförderung im Umbruch.* Rainer Hampp Verlag: München. http://www.hampp-verlag.de/

Grabow, B., Henckel, D., & Hollbach-Gröming, B. (1995). Weiche Standortfaktoren. In *Schriften des Deutschen Instituts für Urbanistik* (Bd. 89). Stuttgart/Berlin/Köln: Kohlhammer; Stuttgart; Berlin; Köln: Dt. Gemeindeverl.

Haug, P. (2004). *Kommunale Wirtschaftsförderung* (S. 41–51). Hamburg : Kovač.

Innenministerkonferenz (1981): Stellungnahme der, zur Frage der kommunalen Wirtschaftsförderung vom 27.04.1981. https://www.schleswig-holstein.de/DE/Fachinhalte/K/kommunales/kommunalefinanzen/Downloads/Gemeindehaushaltsreform/regelungen/wirtschaftsfoerderung.pdf?__blob=publicationFile&v=2

Kay, R., & Richter, M. (2010). *Fachkräftemangel im Mittelstand: was getan werden muss; Expertise im Auftrag des Arbeitskreises Mittelstand der Friedrich-Ebert-Stiftung.* Bonn. http://library.fes.de/pdf-files/wiso/07079.pdf. Zugegriffen am 11.08.2015.

Klages, K. D., & Lichtblau, Karl Günther (1989). Kommunale Wirtschaftsförderung – eine unternehmerische Aufgabe für Städte und Gemeinden. In: *Städte- und Gemeindebund 4/1989,* (S. 115 – 119).

Rehfeld, Dieter. (2012). *Auf Dem Weg Zur Integrierten Wirtschaftsförderung: Neue Themen Und Herausforderungen.* Gelsenkirchen: IAT, 2012.

Zwicker-Schwarm, D. (2013). *Kommunale Wirtschaftsförderung 2012: Strukturen, Handlungsfelder, Perspektiven. Difu-Papers.* Berlin: Deutsches Institut für Urbanistik.

Abschlusskontrolle 3

Zusammenfassung

Dieses Lehrbuch dient zur Vertiefung und Festigung des Lernstoffes. Es ermöglicht das Nachlesen der Veranstaltungsinhalte, aber auch die Selbstüberprüfung, ob das Gelesene wirklich verstanden wurde. Letzteres geschieht zum einen durch die Kontrollfragen am Ende jeden Abschnittes bzw. Bausteins. Zum anderen werden in diesem Abschnitt drei weitere, deutlich umfassendere Kontrollfragen angeboten, die es dem Lernenden ermöglicht, sein neues Wissen an sehr praxisnahen Anwendungsfällen auszuprobieren. Diese Aufgaben eignen sich hervorragend für Gruppenarbeiten, können aber auch, durchaus unter Verwendung des Skriptes, allein bearbeitet werden.

Schlüsselwörter

Lernkontrolle • Fallbeispiel • Gruppenarbeit • Kontrollfragen • Abschlusskontrolle

3.1 Abschließende Kontrollfragen

3.1.1 Aufgabe 1: Strategie und Planung in der Wirtschaftsförderung

Aufgabenstellung

An einem gut funktionieren Gewerbestandort in einer Stadt mit ca. 20.000 Einwohner im ländlichen Raum ist der Wirtschaftsförderung eine gewerbliche Weiterentwicklung angezeigt worden. Die Aufgabenstellung bedeutet eine dringend notwendige Erweiterung des vorhandenen, voll ausgelasteten Gewerbegebietes. Auslöser sind Erweiterungspläne eines bereits ansässigen „Leuchturmunternehmens" und eine geplante Neuansiedelung eines Zuliefererunternehmens für diesen bedeutenden Arbeitgeber.

Ausgangslage

Das Gewerbegebiet ist am Stadtrand und würde räumliche Erweiterungen durchaus zulassen. Im Flächennutzungsplan ist das Areal noch als Grünfläche vermerkt. Zur möglichen Erweiterungsfläche gibt es noch keine Zuwegung und Erschließung.

Konkrete Aufgabe der Wirtschaftsförderung:
- Handlungsleitfaden zur Erledigung dieser notwendigen Planungen unter Einbeziehung der beteiligten Ämter in der Verwaltung erstellen.
- Kontrollaufgaben formulieren und die fachliche Begleitung der Planungen beschreiben
- Kontaktpflege mit den Investoren dokumentieren
- Politische Mandatsträger einbeziehen
- Förderungen und Erschließungsfinanzierungsmodelle inhaltlich erläutern
- Vorbereitung/Begleitung der Investitionsvorhaben mit Öffentlichkeitsarbeit

Ziel
Projektumsetzung mit der Erweiterung und Ansiedelung der investitionswilligen Unternehmen in einem vertretbaren Zeitraum.

3.1.2 Aufgabe 2: Marketingkonzept für Revitalisierungsaktivitäten

Aufgabenstellung
In der Öffentlichkeit wurde die Revitalisierung einer Altindustriebrache durch entsprechende Berichterstattungen in den Medien zur Kenntnis genommen. Für die künftige Vermarktung der jetzt entstehenden Gewerbegrundstücke ist ein geeignetes Marketingkonzept zu erstellen. Außerdem sind alle Arbeitsschritte zur Veräußerung der Grundstücke vorzubereiten.

Ausgangslage
In einer mittelgroßen Kommune (ca. 100.000 Einwohner) befinden sich Abrisstätigkeiten und Erschließungsarbeiten auf einem Industriealtstandort auf einem guten Arbeitstand. Es ist absehbar, dass in einem Zeitraum von maximal sechs Monaten eine Vermarktung dieser revitalisierten Gewerbeflächen möglich ist. Dabei handelt es sich um ca. 100.000 m² nutzbare Gewerbefläche, die in Parzellen aufgeteilt, nunmehr in den kommenden Monaten veräußert werden können.

Aufgabe der Wirtschaftsförderung:

- Handlungsleitfaden zur Erledigung aller Arbeitsaufgaben unter Einbeziehung der beteiligten Ämter in der Verwaltung und der hierfür nützlichen Netzwerke erstellen.
- Erstellung eines Vermarktung/Marketingkonzeptes zur Platzierung der zu veräußernden Grundstücke am Markt.
- Politische Mandatsträger einbeziehen.
- Öffentlichkeitsarbeit organisieren und das Interesse der Medien wecken.
- Vorbereitung/Begleitung der interessierten Unternehmen bis zur Beschreibung eines Kaufantrages.

Ziel
Die jetzt entstehenden Gewerbeflächen effektiv anzubieten und zu vermarkten und somit Interesse von Investoren für diesen Standort zu wecken.

3.1.3 Standortsicherung für Innenstadthändler

Aufgabenstellung

Belebung der Innenstadt und Verbesserung der Frequentierung durch Kunden aus dem Umland. Dadurch soll der Leerstand verringert werden und die Attraktivität der Innenstadt erhalten bleiben.

Ausgangslage

In einer Kleinstadt (ca. 10.000 Einwohner) mit einem Einzugsbereich von ca. 40.000 Einwohnern existiert eine historische Innenstadt. Der Einzelhandel ist von unterschiedlichsten Angeboten aus den Bereichen Lebensmittel, Bekleidung, Bücher, Spielwaren, Optik, Textilien, Schuhe, Foto, Drogerie, Verwaltung, Bank, Arztpraxen sowie Gastronomie geprägt. Der Leerstand der Ladengeschäfte und Büroräume beträgt ca. 20 %. Insgesamt ist durch die demografische Entwicklung künftig ein deutlicher Rückgang an Kunden und Besucher der Innenstadt zu erwarten.

Für die ca. 8.000 m² Einzelhandelsfläche stehen in unmittelbarem Innenstadtbereich nur ca. 100 öffentliche Stellplätze zur Verfügung.

Aufgabe der Wirtschaftsförderung:

Handlungsleitfaden und Planung für alle Aktivitäten zur Belebung der Innenstadt unter Einbeziehung der beteiligten Ämter in der Verwaltung und der hierfür nützlichen Netzwerke erarbeiten

Prüfung und gegebenenfalls Erstellung eines Einzelhandelskonzeptes und Parkraumkonzeptes

Politische Mandatsträger und alle betroffenen Einzelhandelsbetriebe in die Maßnahmenerarbeitung einbeziehen

Öffentlichkeitsarbeit für jeden einzelnen Aufgabenbereich tätigen

Ziel

Die Rahmenbedingungen für die Einzelhandelsunternehmen sind seitens der Kommune so zu gestalten, dass u. a. mit ausreichendem Parkraum zusätzlich Kunden in die Innenstadt gelockt werden können.

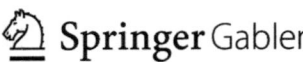

springer-gabler.de

Das Gabler Wirtschaftslexikon – aktuell, kompetent, zuverlässig

Springer Fachmedien Wiesbaden, E. Winter (Hrsg.)
Gabler Wirtschaftslexikon
18., aktualisierte Aufl. 2014. Schuber, bestehend aus 6 Einzelbänden, ca. 3700 S. 300 Abb. In 6 Bänden, nicht einzeln erhältlich. Br.
* € (D) 79,99 | € (A) 82,23 | sFr 100,00
ISBN 978-3-8349-3464-2

- Das Gabler Wirtschaftslexikon vermittelt Ihnen die Fülle verlässlichen Wirtschaftswissens
- Jetzt in der aktualisierten und erweiterten 18. Auflage

Das Gabler Wirtschaftslexikon lässt in den Themenbereichen Betriebswirtschaft, Volkswirtschaft, aber auch Wirtschaftsrecht, Recht und Steuern keine Fragen offen. Denn zum Verständnis der Wirtschaft gehört auch die Kenntnis der vom Staat gesetzten rechtlichen Strukturen und Rahmenbedingungen. Was das Gabler Wirtschaftslexikon seit jeher bietet, ist eine einzigartige Kombination von Begriffen der Wirtschaft und des Rechts. Kürze und Prägnanz gepaart mit der Konzentration auf das Wesentliche zeichnen die Stichworterklärungen dieses Lexikons aus.

Als immer griffbereite „Datenbank" wirtschaftlichen Wissens ist das Gabler Wirtschaftslexikon ein praktisches Nachschlagewerk für Beruf und Studium - jetzt in der 18., aktualisierten und erweiterten Auflage. Aktuell, kompetent und zuverlässig informieren über 180 Fachautoren auf 200 Sachgebieten in über 25.000 Stichwörtern. Darüber hinaus vertiefen mehr als 120 Schwerpunktbeiträge grundlegende Themen.

€ (D) sind gebundene Ladenpreise in Deutschland und enthalten 7% MwSt; € (A) sind gebundene Ladenpreise in Österreich und enthalten 10% MwSt. sFr sind unverbindliche Preisempfehlungen. Preisänderungen und Irrtümer vorbehalten.

Jetzt bestellen: springer-gabler.de

MIX
Papier aus verantwortungsvollen Quellen
Paper from responsible sources
FSC® C105338

If you have any concerns about our products,
you can contact us on
ProductSafety@springernature.com

In case Publisher is established outside the EU,
the EU authorized representative is:
**Springer Nature Customer Service Center GmbH
Europaplatz 3, 69115 Heidelberg, Germany**

Printed by Libri Plureos GmbH
in Hamburg, Germany